大学生创新创业实践研究

张 恒 著

中国商务出版社

图书在版编目（CIP）数据

大学生创新创业实践研究 / 张恒著. -- 北京：中国商务出版社，2020.10
　　ISBN 978 - 7 - 5103 - 3561 - 7

　　Ⅰ．①大… Ⅱ．①张… Ⅲ．①大学生 - 创业 - 研究
Ⅳ．①G647.38

中国版本图书馆 CIP 数据核字（2020）第 194861 号

大学生创新创业实践研究
DAXUESHENG CHUANGXIN CHUANGYE SHIJIAN YANJIU

张恒　著

出　　　版：中国商务出版社
地　　　址：北京市东城区安外东后巷 28 号　　　邮编：100710
责任部门：职业教育事业部（010 - 64218072　295402859@ qq. com）
责任编辑：魏红

总 发 行：中国商务出版社发行部（010 - 64208388　64515150）
网　　　址：http://www. cctpress. com
邮　　　箱：cctp@ cctpress. com

排　　　版：万典文化
印　　　刷：北京七彩京通数码快印有限公司
开　　　本：787 毫米 × 1092 毫米　　　　1/16
印　　　张：13　　　　　　　　　　　字数：200 千字
版　　　次：2020年 10 月第 1 版　　　印次：2022 年 9 月第 2 次印刷
书　　　号：978-7-5103-3561-7
定　　　价：79.00 元

前言 Preface

V

　　大学生是最具创新和创业潜力的群体之一。在高校开展创新创业教育，积极鼓励高校学生自主创业，是教育系统深入学习实践科学发展观、服务于创新型国家建设的重大战略举措；是深化高等教育教学改革、培养学生创新精神和实践能力的重要途径；是落实以创业带动就业、促进高校毕业生充分就业的重要措施。培养大学生的创新创业素质，鼓励大学生主动创新创业，是紧跟国际大学生创新创业教育潮流的必然要求，是促进高等教育教学改革、培养学生创新创业精神和实践能力的重要措施。有力推进大学生的创新创业，整合社会资源，增强国家综合实力，实现中国梦，是时代赋予我们的历史重任。

　　近年来，党和国家越来越重视大学生创新创业，大学生对创新创业教育的愿望和要求也越来越迫切。这些都为我们开展创新创业教育提供了良好的思想理论基础和得天独厚的优势。大学生创新创业是一个需要我们持续关注和继续实践的课题。如何让大学生的创新创业之路走得更远、更顺、更踏实，如何使大学生创新创业教育开花结果，还需要各方的不断探索和共同努力，因为创新创业教育只有起点，没有终点！

　　在本书的策划和编写过程中，参阅了国内外有关的大量文献和资料，从中得到了启示；同时也得到了有关领导、同事、朋友及学生的大力支持与帮助。在此致以衷心的感谢！本书的选材和编写还有一些不尽如人意的地方，加上作者学识水平和时间有限，书中难免存在缺点和谬误，敬请同行专家及读者指正，以便进一步完善提高。

目 录 Contents

第一章　大学生创新创业基础研究

相较于西方发达国家，我国的大学生创新创业研究尚比较落后，甚至有学者认为当前高校创新创业教育还停留在一种意识的或是感性的层面，缺乏系统化。而良好的创新创业教育不仅有助于培养、发扬创新人才资源优势，还能增强大学生的国际竞争能力并促进教育理论的创新。因此，无论从现实还是理论的角度考虑，研究大学生创新创业都是一件迫在眉睫的事情。

第一节　大学生创业准备

大学生是时代的骄子，是文化的传承者，更是知识资本的承载者。在大学生进行创新创业之前需要做好充足的准备，不能头脑一热盲目跟风，否则极容易满盘皆输。

一、创业观念

众所周知，如同世界上没有完全相同的两片树叶一样，人和人的思维、想法也是完全不同的，每个人对于创业的认识也不一致，所持的态度当然也是不一样的。我们主张以积极的态度对待创业活动，将创新一直贯穿于创业观念中，因为思想陈旧、没有创新观念的创业是不能成功的。同时希望广大学子在创业前冷静、客观地进行分析，不要盲从。

（一）赚钱观念

毋庸置疑，经济效益在某种程度上来说是对创业成功与否的客观检验。但是，在创业初期如果只将经济效益放在首位，而不考虑企业的长足发展、社会口碑等因素，可能最后会铩羽而归。因此，对那些知名的创业家来说，当企业经营到一定规模时，企业发展的重要性已经大于个人赚钱的重要性。企业家考虑的是企业的发展战略，只有企业发展了才有个人的利益。

创业者赚多少钱才是真正的成功者，在这个问题上没有统一的标准。大学生也没必要与那些行业顶级人物或亿万富豪比较，比起过去的自己，无论赚多少钱都可以说已经发了"财"，已经拥有了自己的企业和资产，这是自己和团队共同辛勤努力获得的资

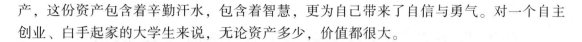

产，这份资产包含着辛勤汗水，包含着智慧，更为自己带来了自信与勇气。对一个自主创业、白手起家的大学生来说，无论资产多少，价值都很大。

（二）服务观念

新时期的大学生在国家尊重知识、尊重人才的春风下成为创业者，使自己的聪明才智得到充分的发挥，为社会创造更多的财富和价值。但是在创业过程中，如果未将诚信、童叟无欺的观念融入其中，未将回馈社会的信念融入其中，这样的企业注定是无法长久的。因为"群众的眼睛是雪亮的"，如果一家企业造假，服务质量也不好，消费者就会对这家企业失去信任与信心，而民众对企业的信任是一家企业的"生命线"，失去"生命线"的企业终将自食苦果。所以，创业不是投机取巧的活动，创业者要具备信誉意识，要以企业的诚信获得人们的认可。这种认可是千金难买的。

二、创业知识

任何事情的开展，只有愿望是远远不够的，它只是为创业提供了方向性的指引，要想真正实现创业的目标，还要有过硬的本领，还需要掌握方方面面的知识，下面几种知识是创业者必须具备的。

（一）专业知识

有句话说得好：专业的人做专业的事。可见，专业知识对于创业者确定创业目标具有直接的、至关重要的作用。因为创业不是简单的谋生，而是对理想较高境界的追求。要到达理想的彼岸，就必须在专业方向上打下坚实的知识基础。纵观近年来在高科技领域取得成功的创业者，无一不具有深厚的专业知识。其中有些人虽然没经过系统的专业知识教育和培训，但他们在实践中不断摸索总结事物发展的规律，积极学习，充实自己，最终掌握了过硬的专业技能和理论知识。所以，大学生必须在创业前和创业实践中不断丰富和发展自己的专业知识。

（二）财务管理知识

即如何合理、有效地运用和调配资金来源来获得更多的利润。企业的经营活动必须有一定的财产、物质作为基础，这些物质、财产的货币表现称为资金。在企业的生产经营各项活动中，资金不停地循环周转，形成资金运动。对任何企业而言，财务管理同经营管理一样重要。

（三）经营管理知识

当决定创业时，要根据公司内部和外部的环境，运用各方面的知识促进公司的发展，谋求更多的利益。如果将企业比喻成一棵大树，那么经营管理相当于大树的躯干，只有这个躯干健康、没有虫蛀，这棵大树才能够枝繁叶茂。所以说，经营管理是企业发展的命脉。

（四）税收知识

国家通过制定强制性法律规范赋予征税机关征税权，纳税人必须根据税法的规定依法纳税，否则就要受到法律的制裁。纳税是政府调节经济的重要方式，依法纳税是每个公民应尽的义务，我国的税种主要有以下几种。

增值税：是对我国境内销售货物或者提供加工、修理修配劳务以及进口货物的单位和个人所征收的一种价外流转税。增值税纳税人分为一般纳税人和小规模纳税人。两种纳税人分别采取不同的方式征收：一般纳税人按照规定征税率征收，小规模纳税人按简易办法征收。

营业税：是对从事商业、物资供销、交通运输等经营服务事业单位或个人征收的一种税。

城市维护建设税：是对缴纳产品、增值税和营业税的单位和个人征收的，专用于城市维护建设的一种税。

印花税：是对在中国境内书立、领受具有法律效力的凭证的行为所征收的一种税。

（五）法律知识

作为法治国家的一名企业经营者，必须知法、懂法、守法、不触犯法律，这样才能促使企业长久运营。经营者必须认真学习有关的法律知识，懂得哪些法律直接与企业的生产经营有关，从而使生产经营活动依法进行，并得到法律的保护。创业者一般应对《公司法》《合同法》《劳动法》等相关法律条文有所了解，并且在企业中要设立"法务部门"和聘请法律顾问。

第二节　大学生创业时机选择和影响因素

一、大学生创业的时机选择

机遇是可遇而不可求的，对于大学生而言，能否发挥自己的潜能，把握社会机遇非常重要。在当前情况下，大学生选择创业的时机主要有以下两种。

（一）在校创业

在大环境的驱使下，许多在校学生已经对创业小试牛刀，并且取得了一定的成效。在创业过程中，学生真正做老板，不是为别人打工，而是为自己打工。这就要求大学生有创业的意识，了解相关的创业知识，自觉接受创业的培训，做好创业知识、能力、素质准备。当然在进行创业的同时，必须将创业与学业的关系进行合理调配，以不影响学业为前提才可实施创业。对于大学生在校期间该不该创业，有两种截然不同的观点：一种观点认为学业和创业可以同时进行，只要时间安排得当，二者可以相得益彰；另一种观点则相反，认为学习最重要，创业完全可以等完成学业走向社会后再进行，因为只有学好专业知识才能有"资本"创业。

学业和创业其实是一个互相促进的运作过程，我们应倡导学生以科学精神创业，而不是盲目冒险和为了创业而创业。所以，在校创业是有一定条件的，并不是人人能够做到的：一是要具备一种创业意识，善于抓住机遇；二是要有较高的学习能力；三是要正确处理好学业与创业的关系。

（二）休学创业

为了鼓励大学生创业、优化创业环境，目前，部分地区的政府教育主管部门和有些学校制定了允许学生休学创业的政策，目的是给找到好的创业机会的学生提供方便，避免在他们身上产生不必要的围绕学业和创业的激烈冲突。大学生在提出休学创业时，往往以比尔·盖茨为例，事实上，比尔·盖茨休学创业成功不是普遍现象，仅是个案。因此，选择休学创业要慎重，必须具备较为成熟的主客观条件，也就是说，待创业条件成熟的时候再去创业，这样创业成功的可能性会大一些。

总的说来，高校对大学生创业的态度是，鼓励大学生有创业的意识，并积极主张大学生在校期间多了解有关创业的知识，接受系统的创业教育，做好创业的培训，储备创业的知识、能力和素质；鼓励学生毕业时选择自主创业的道路。

二、影响大学生创业的因素

大学生创业除了应掌握一些创业知识、具备创业意识和创业能力等主观因素之外，家庭、学校、社会等客观因素对大学生创业选择也会产生重要的影响。

（一）学校因素

大学阶段是大学生社会化的阶段。人生是一个不断适应社会的过程，大学阶段正是各项社会生活的储备期，人的思想理念、道德品格都在这期间逐步成形。首先，个人职业趋向基本稳定。有别于中学时期的基础教育，大学更注重的是分阶、职业方向的确定，很多学生从步入大学的一刻起，就要面对职业规划问题。所有的基础课程、专业教育都是围绕职业发展方向开展的，为其今后思维方式与知识结构的形成提供专业的保障。其次，思想理念趋于稳定。通过不断的知识积累和多方位的文化涉猎，大学生的思维模式逐渐成形，他们特有的思维方式和知识储备为他们面对人生、社会不同层面的问题进行独立思考提供了理论基础。在此过程中，对于社会、人生，他们也开始形成自己的观点，人生观、世界观、政治观等都逐渐稳定、日趋成熟。

中国目前的教育观念主要是让学生从小到大接受更多的理论知识，把主要精力放在书本知识上。传统的人才培养模式是侧重于课堂上理论知识的教学，缺乏对动手实践和创新能力的培养，从而出现学生眼高手低的普遍现象。进入大学之后，大学生们由于这种惯性思维而更容易接受这种被动的教育方式。但是社会现实告诉我们，这样的培养方式使得大学生们在未来的工作当中严重缺乏实践能力，从而不适应社会环境，甚至频频受挫。近年来，高校虽然增加了一些综合性、设计性的实验教学环节，实践教学比例逐年增加，以培养大学生的实践创新能力，但高校的课堂依然是以理论知识的传授为主，学生处于被动接受的状态，若要改变这种传统的人才培养模式，必须改变培养思路，建立新的培养模式，探索实践能力、创业能力的培养模式。因此，对大学生加强创新创业实务指导具有现实的意义。

所以，处于人生中重要时期的大学阶段时，大学生不仅要以学业为重，完成各项学习任务，还要对其他领域有所涉猎。因为，传统的高校课程设置偏重于理论化、评价标准体系单一化，这种培养模式忽略了学生本身的个性化发展，无法培养他们的主动思维和创新创业的意识和能力，不利于激发学生的创新创业潜能，这样培养出来的学生无法满足当今社会对人才的需求。所以，大学生要多学习关于创新创业领域的知识，了解当今社会各领域的职场动态与趋势，为自己今后的职场道路夯实理论基础。

（二）家庭因素

营造良好的家庭职业文化环境有利于大学生今后的职业发展。家庭职业文化环境是指父母的职业、地位、家庭结构、家庭经济状况、居所条件等。父母的职业生活方式会熏陶子女，影响其对个人生涯的规划与选择。职业社会学的理论与实践告诉我们，父母的职业、地位不但影响子女的职业意向，而且对子女的职业伦理的养成也具有一定作用，所谓"将门虎子""世家风范"说的就是这个道理。在日常生活中，我们都有这样的感觉，不同职业背景的家庭其文化也是大异其趣的，教师家庭中平常讨论、闲谈的话题多与教育、考试、学生有关；公务员家庭的话题多与官员职务升迁、地方政府作为、行政领导言行等有关；商人的家庭谈论的多是市场投资、经济内容。因此，父母如果选择自主创业，那么通常他们的子女也会选择这样的就业模式。目前，来自学生家长方面的意见大体分为两种：对低年级本、专科生创业，大多数家长认为条件不成熟，持否定态度；对研究生和高年级本、专科生创业，大多数家长持支持态度。可见家庭对于一个人的影响是至关重要的。同时，大学生要了解自己，将自己的优点、特长、爱好发挥出来，转化成创业的资源和动力，这才是创业者要面对的重要问题。此外，同学、朋友的创业经历也是影响大学生创业的因素之一。

第二章　大学生创业的流程

第一节　分析市场需求

一、市场需求的含义

市场需求是指一定的顾客在一定的地区、一定的时间、一定的市场营销环境和一定的市场营销方案下对某种商品或服务意愿且能够购买的数量。市场需求是消费者需求的总和，主要有两个构成要素：一是消费者愿意购买，即有购买的欲望；二是消费者能够购买，即有支付能力。两者缺一不可。

二、影响市场需求的因素

市场需求总量是一个多变量的函数，它的影响因素主要有以下几个。

（一）产品

市场需求量的预测需要确定产品种类的范围，否则就难以衡量和说明市场的大小，例如，一个金属果盒的制造商必须明确它的市场是限定在金属果盒用户范围内，还是包括塑料、瓷器等在内的全部果盒用户。

（二）顾客

市场需求的衡量可以针对整个市场或任何细分市场，如服装制造商需要明确其市场是针对儿童还是妇女，或是所有顾客。因此，确定目标顾客的范围将会影响对市场需求的预测。

（三）地理区域

市场需求的衡量必须明确界定地理边界。例如，汽车销量预测是指北京、上海、全国还是全世界的用户购买量。

（四）时限

市场需求的衡量应该有一个时限，如一年、五年或更长时间，一般来说，由于影响市场需求因素的不确定性，预测的时间越长，其准确性就越差。

（五）营销环境

在预测市场需求时，必须详尽地列出从人口统计、经济、技术、政治、法律和思想文化等方面所做的假设。

第二节　定位目标市场

目前，许多企业都开始从事目标化经营，为目标市场提供更完美的产品或服务，把一个或几个细分市场作为其服务的目标市场。进行目标市场定位，可从以下几方面入手。

一、市场细分

美国市场学家温德尔·史密斯最早提出了市场细分的概念。市场细分是指营销者通过市场调研，依据消费者的需求和欲望、购买行为和购买习惯等方面的差异，把某一产品的市场整体划分为若干消费者群的市场分类过程。每一个消费者群就是一个细分市场，每一个细分市场都是由类似需求倾向的消费者构成的群体。

二、选择目标市场

目标市场选择是指在对每个细分市场的吸引力程度进行评价的基础上，选择进入一个或多个细分市场。

（一）评价细分市场

评价细分市场是指企业对各个细分市场进行评价，并确定具体的细分市场作为服务对象的活动。企业在评价各种不同的细分市场的时候，必须考虑以下三个重要因素。

首先，细分市场的规模和增长程度。企业必须首先搜集和分析各类细分市场的现行销售量、增长率和预期利润量。企业只对有适当规模和增长特征的市场感兴趣。

其次，细分市场结构的吸引力。细分市场可能具备理想的规模和增长速度，但是在利润方面还缺乏吸引力。企业必须查明影响细分市场长期吸引力的重要结构因素，包括竞争对手的压力、替代品的威胁、客户议价能力等。

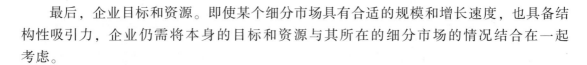

最后，企业目标和资源。即使某个细分市场具有合适的规模和增长速度，也具备结构性吸引力，企业仍需将本身的目标和资源与其所在的细分市场的情况结合在一起考虑。

（二）选择细分市场

根据各个细分市场的独特性和公司自身的目标来选择，常见的有密集性市场营销。

密集性市场营销是指公司将一切市场营销努力集中于一个或少数几个有利的细分市场。一般而言，实力有限的中小企业多采用这种市场策略。例如，高考结束后，不少家长都会带着考生外出旅游放松，这时一些旅行社便会推出对考生优惠的营销策略，以吸引这类群体。

三、市场定位

如何让消费者在众多产品中将本企业产品优选出来，并且对本企业产品产生高度的信任感，这就要提高市场定位。例如著名洗化品牌——舒肤佳，当我们每个人提到舒肤佳的时候，脑海里的第一反应是：除菌。主要原因是企业通过一定的营销运作赋予了产品一定的个性、特色。而恰恰是这种特色与品牌塑造，使得企业产品能够区分于其他同类产品，市场定位做得好可以促进企业的长足发展。

市场定位是企业在所选择的目标市场中将企业的产品、品牌、服务定义成与众不同的个性，这个个性是符合产品特色的，也正是这个特色使得本企业的产品能够区分于其他企业。

第三节 组建创业团队

一个好的管理团队对企业的成功具有举足轻重的作用。创业企业的发展潜力与创业团队的素质密切相关，好的团队可以增强创业团队的市场竞争力，使得创业团队立于市场不败之地。

一、组建创业团队的条件

如何组建高绩效团队是每个创业者必须面临的问题，组建团队有五个必不可少的关键因素。

1. 每个团队必须有一个灵魂人物

他是团队的定海神针，而且必须是单一的核心。如果大家都很平均，没有核心，那么形成股份公司后股权也较为分散，这就人为地为以后的发展留下隐患。

2. 合伙人之间的彼此信任

彼此的信任是团队攻坚克难的必不可少的因素。信任能让团队拥有 1 + 1 > 2 的力量，因此，缺乏信任就会引起掣肘、内耗，这样的团队必然会被淘汰。

3. 打造具有互补性优势的团队

互补性团队比相似性团队要好，就像一支足球队，前锋、中场、后卫，每个人都有自己的定位。一个团队里没有一个人的能力是足够全面的，没有一个人能拥有各方面的资源，所以，一个互补性强的团队组成的创业队伍是比较完善且有较强竞争力的。

4. 创业团队成员应该是各自领域内的专业人士

创业团队成员宁缺毋滥，团队里的每个人都必须要有专业特长，能在各自位置上真正发挥作用，因为创业初期，每个合伙人都是会负责相应的核心业务，如果合伙人的能力不强，就会影响团队的整体水平。

5. 必须有共同的理念

创业团队的成员必须具有共同的创业理念，因为团队的最佳组合方式是基于共同的理念，这也是企业文化的基石，只有合伙人的理念相同才能让企业在发展的路径中取得一致。不然，可能最终会不欢而散，宣告创业团队组建失败。

所有的企业都有其组建、成长、衰退的过程。一个创业团队更是如此，每个人必须意识到如何组建团队、使其持续成长，这是创业准备期组建团队的关键因素。

二、组建创业团队的程序

组建团队是一个系统的工程，创业者在有了创业想法之后，就需要按照以下程序组建创业团队。

（一）撰写创业计划书

通过撰写创业计划书，进一步使自己的思路清晰，也为寻找合作伙伴奠定基础。

（二）优劣势分析

认真分析自我，发掘自己的特长，确定自己的不足，创业者首先要对自己正在或即将从事的创业活动有足够清醒的认识，并使用 SWOT（优劣势）法分析自己的优点与缺点、性格特征、能力特征、拥有的知识、人际关系以及资金等方面的情况。

（三）确定合作形式

通过优劣势分析，创业者可以根据自己的情况，选择有利于实现创业计划的合作方式，通常是寻找那些能与自己形成优势互补的创业合作者。

（四）寻求创业合作伙伴

创业者可以通过媒体广告、亲戚朋友介绍、各种招商洽谈会、互联网等形式寻找自己的创业合作伙伴。

（五）沟通交流，达成创业协议

找到有创业意愿的创业者后，双方还需要就创业计划、股权分配等具体合作事宜进行深层次、多方位的全面沟通。只有前期进行充分的沟通和交流，才不会在正式创业后因沟通不够导致迅速解体。

（六）落实谈判，确定责、权、利

在双方充分交流达成一致意见后，创业团队还需对合作条款进行谈判，明确责、权、利。

第四节　搜集创业信息

信息是联系消费者、客户、公众和创业者的纽带。在创业的前期阶段，信息对创业者来说至关重要。因此，大学生创业者必须重视创业信息的搜集。

一、创业信息的内容

创业信息的搜集可从创业市场信息和创业环境信息两方面展开。

（一）创业市场信息

创业市场信息具体包括以下内容。

1. 市场可行性方面的信息

搜集市场可行性方面的信息，主要是为了了解市场规模，分析市场前景。市场调研是创业的前提，如果市场调研未做好，那么创业团队也无法准确定位，定位出现错误对创业来说是致命的。所以必须认真对待，细致分析，了解市场潜力通常要考虑人口的数量、购买力和购买欲望，同时也要了解当前市场的饱和度以及各品牌的市场占有率等。通过谨慎的科学比对后，作出正确的创业选择。

2. 市场竞争信息

竞争是商战中最具有战略性的因素，也是创业者必须时刻密切关注和进行调查的内容。创业者应该了解行业竞争的整体形势，具体来讲，主要指市场上存在着多少竞争品牌、它们分别是什么、各种竞争产品的特点、在市场中所处的位置、市场推广、促销手段和价格策略以及不同的产品在满足消费者需求方面的优势和劣势等。通过竞争分析，创业者才能做到"知己知彼"。

3. 产品信息

创业者必须了解自己要提供的产品在消费者心目中是什么样子的，产品的哪一方面特点最为突出等问题，这方面的信息直接服务于自己的品牌定位决策。创业者还要搜集自己将要提供的产品在造型设计、性能等方面存在的优点和不足，评估其是否符合市场目标对象的要求，产品是否需要改进等方面的信息。同时应当了解自己要提供的产品有什么新用途、应采取何种原料、保养等方面的信息。

4. 价格信息

了解市场中各竞争品牌以及各种产品类型的定价；探究价格在品牌选择中的重要性，定价策略对产品销售的影响；分析消费者对价格的弹性要求、对价格变动的反应以及价格的理想点，找出有利于促进产品销售的定价策略等。

5. 消费者信息

消费者是市场的主要参与者，是产品的最终购买者。创业者要想获得成功就必须了解消费者的需求和偏好，使自己的产品能够获得消费者的认可。因而，对消费者行为的研究是市场信息搜集工作的重中之重。

6. 特定市场的特征信息

在商品竞争激烈的环境下，一种产品往往只能占有相当有限的市场份额。对产品所占市场的特征进行分析，有利于创业者采取针对性的措施来稳固市场和开拓市场。

（二）市场环境信息

市场环境分析主要是为了对现有市场条件、创业者所不能控制的外部环境因素可能带来的影响有一个深刻的认识。市场环境主要包括文化环境、行业需求、原材料供应商等内容。

1. 文化环境信息

文化环境是影响顾客购买决策的重要因素之一，正是社会文化环境的复杂变化，才引发消费需求、购买动机和购买行为的复杂性和多变性，创业者要搜集的是所在地整体消费的社会习惯、生活准则、价值观念、民族风俗等与产品销售有关的文化环境因素方面的信息。企业可以从民族风情、民间习俗以及消费者心理的角度进行调查分析和预测。

2. 行业需求信息

我们都知道，研发产品是为了满足市场需求，更是为了满足消费者的需求，消费者对产品需求度越高，企业效益自然越好。因此，在进行创业之前，对研发产品的行业需

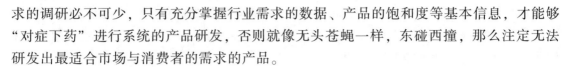

求的调研必不可少，只有充分掌握行业需求的数据、产品的饱和度等基本信息，才能够"对症下药"进行系统的产品研发，否则就像无头苍蝇一样，东碰西撞，那么注定无法研发出最适合市场与消费者的需求的产品。

3. 原材料供应商的信息

众所周知，众人划桨开大船，对于创业来说也不例外，因为一个创业团队不可能将所有的事情都大包大揽地完成，比如，在设计产品后，提供产品原材料工作几乎都需要寻找专业的原材料供应商来完成，以保障材料的质量与数量。那么对原材料供应商信息的收集就需要专人来完成，因为供应商所供应的材料的品质、规格、企业口碑等内容都是值得创业者关注的。如果与一家口碑差、曾经以次充好、没有信用的供应商合作，对创业企业来说就会产生不可估量的损失，将创业者辛苦创立起来的良好口碑瞬间摧毁。

可以说，运用所获得的信息资源，并对这些要素进行认识及评价，将会对创业企业的运作及其成功提供强有力的支持。

二、搜集创业信息的程序

创业者在搜集创业信息时应按照以下程序进行。

（一）明确研究的目的

对创业者来说，开始搜集市场信息的最有效方式是准备一份信息搜集的清单。这份清单的内容要包括，同类产品的市场份额如何，同类产品是否已经达到饱和状态等内容，只有这样才能做到"知己知彼、百战百胜"，不会盲从、不会跟风，以免使自己的前期投入付之东流。

（二）从第二手资料中搜集信息

对创业者来说，最明显的信息来源是已有数据或第二手资料。所谓二手资料是指经过编排、加工处理的数据，如利用互联网进行数据调研。近年来，通过网络进行数据调研是一种时尚和潮流，互联网可以提供有关竞争者和行业的深层信息，创业者可以基于互联网从很多方面获得有关的信息，并可以对其加以拓展作为搜集第一手资料以及购买第二手商业资料的一种方式。在考虑第一手资料和商业信息资料之前，创业者应该尽其所能获取所有免费的第二手资料。

（三）信息搜集结果的分析和汇总

在获取了足够的资料之后，创业者就可以着手进行有关的分析研究。如果在分析研究中发现资料仍不充分，就有必要进一步采集所需的有关事实状况的数据资料。

第五节　制订创业计划

创业计划是创业者敲响投资大门的"敲门砖"，也是创业者必须经历的一个步骤。

一、创业计划的作用

创业计划在创业过程中发挥着重要的指导性作用，主要体现在以下几点。

（一）明确创业方向和目标

创业者将自己的创意以创业计划的形式表现出来，可以冷静地分析自己的创业理想是否真正切实可行，清醒地认识自己的创业机会，明确自己的方向和目标，进而规划创业蓝图。

（二）安排创业活动

创业计划的内容涉及创业的类型、资金规划、阶段目标、财务预估、行销策略等所有的创业活动。这些都要充分体现在创业计划书中，不能有所遗漏，不能以敷衍的态度对待这项工作。

（三）寻求外部资源支持

制订创业计划可使创业者发现所必需的资源，了解所需资金、设备、人员等各方面的情况。当创业者自身创业资金不足，需要寻求他人投资或者其他经济、技术支持时，一份完备、详细的计划书可以充当"介绍者"，帮助潜在投资者了解创业者的整体规划，评估项目价值，然后再决定是否投资或提供技术支持。

二、制订创业计划的步骤

（一）创业构思

在进行创业构思时，具体可从以下几方面入手。

1. 市场机遇与开发谋略

社会面临的问题、准备开发的产品或服务以及产品或服务的潜在销售额、创造销售额的方式等问题都是创业者需要考虑的。

2. 产品与服务构思

如何做好产品和服务是创业者在确定创业主体后应该考虑的主要问题，因为创业产

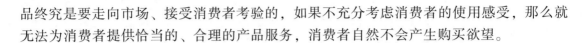

品终究是要走向市场、接受消费者考验的，如果不充分考虑消费者的使用感受，那么就无法为消费者提供恰当的、合理的产品服务，消费者自然不会产生购买欲望。

（二）市场调研

市场调研主要是为了更好地了解所要进入的市场的环境。

1. 行业环境分析

迈克尔·波特的五种力量模型较好地反映了创业企业的行业环境因素。可以利用五种力量模型来分析行业环境，这五种力量分别是潜在进入者、现有市场的竞争、替代产品、供应商和购买者。

（1）潜在进入者

潜在进入者可能拥有新的生产能力，获取大量的资源和市场份额，他们会对创业企业造成威胁，但行业中也存在壁垒阻碍潜在者的进入。创业者评价潜在进入者的威胁就需要评价可能存在的进入壁垒，它们分别是现有企业已经被认可和接受的产品、巨额的资金需求、高额的转换成本、获得产业已占领的分销网络的可能性以及政府准入、限制政策。

（2）现有市场的竞争

如果要考察现有市场的竞争强度就需要评价产业内竞争者的数量、产业增长速度、竞争对手及自身的产品或服务特征、竞争对手和自身固定成本的多寡比较、生产能力比较、自身的退出壁垒高度等。需要注意的是，评价要采取动态的方法，了解随着时间的推移这些因素会有哪些发展变化。

（3）替代产品

替代产品就是那些看起来不一样，但能够满足同样需求的其他产品。比如说洗涤产品，消费者可以选择使用奥妙洗衣液，也可以选择使用雕牌皂粉，影响产品替代作用的主要因素是产品转换成本。

（4）供应商

为创业者所在行业提供产品和服务的供应商的数量、特点和态度都是要评价的因素。供应商供应产品质量的好坏是创业者关注的第一件事情，在同等条件下，性价比越高，应用范围可能就会越广。供应商供应产品的特点和双方合作的态度则关系到相互关系的稳定性和融洽程度，也关系到创业者超过竞争对手、取得与供应商良好合作关系的难易程度。

（5）购买者

对购买者的评价包括购买者的数量、特点和态度。购买者的数量决定了其在商务谈判中的地位并影响行业的竞争程度。购买者的特点影响企业的竞争方式。购买者的态度，体现在品牌忠诚度、满意度等方面，决定着创业者进入这个行业竞争的难度。

2. 市场调查的内容

进行市场调查具体可从以下几方面入手。

（1）现有企业调查

如果创业者对自己的创业方向有一个大概的确定，此行业内的现有企业是创业机会的另外一个来源。创业者对现有行业内企业的产品或服务进行跟踪、分析和评价，发现现有企业产品或服务存在的不足，从而有针对性地找到更加高效的改进方法，或者寻找行业内现有企业尚未涉足或者比较薄弱的领域。

创业者不仅可以在现有企业的市场中寻找创业机会，而且可以发现其他领域的相关创业机会。一家汽车维修企业，往往给这个地区提供了零部件和物流产业的发展机会；一家商场的开业，往往意味着周边电影院、餐饮业、娱乐业等行业的商机。

（2）消费者调查

消费者是企业产品需要面对的最终购买者，直接到消费者中间去，让消费者表述自己的观点，了解和分析消费者的需求，是创业者需要做的重要一步，也是创业机会的重要来源。很多企业自以为很了解他们的消费者，实际上却往往以自己的感受代替了消费者的感受，或者以点带面，不能全面地、客观地分析消费者的需求，导致自己的产品不对路。相反，另外一些企业或创业者就通过和消费者的交流获得了一些出其不意的商机。

创业机会好不好，产品有没有市场，消费者最有发言权，创业者需要对不断变化的消费者需求保持足够的敏感，对不断涌现出来的新生消费者的需求要快速识别。创业者需要学会从消费者对产品的评价甚至抱怨中获得创业的思路。很多创业者之所以能找到创业机会，只是在日常生活中留意到身边的人的需求。因此，创业者应深入到消费者之中，对身边任何人的需求保持一份敏感，这是获取创业机会的重要源泉。

（3）销售渠道调查

很多企业由于条件限制，并不能切实地了解消费者需求，而分销渠道直接和消费者接触，对消费者和市场的了解程度远远高于企业。分销渠道是企业和消费者之间的桥梁，是企业产品推向市场的直接通道，创业者不仅能从它那里获取消费者的信息，而且可以依靠它推广自己的产品，很多新产品的推广工作就是由分销渠道进行的。保持和分销渠道的密切关系，有利于创业者获取第一手市场信息并提高在市场开拓上的效率。特别是创业者对进入的行业没有太多经验的时候，分销商还能起到参谋的作用，很多创业的好点子都是通过对分销渠道的调查得出来的。

（4）政策环境调研

理论上讲政府并不参与市场，但企业的经营是处于政府的种种法规管制之下的，很多市场也受到政府政策的影响。一方面创业者可以通过查询在政府部门注册的相关专利发现值得开发的创业机会；另一方面，可以通过了解政府对相关产业的政策法规及其变化发现商机。

在我国，由于缺乏中介机构，专利管理部门拥有大量的专利技术信息，创业者对这些专利技术的需求只有通过政府才能解决，政府部门很多时候充当了企业家和研发者之间的桥梁，很多政府部门都定期或不定期地举办一些项目推介会或者提供一定的平台供创业者查询技术专利。而在美国，专利部门每周还出版专利目录，创业者可以通过这个目录了解最新的技术成果，寻找适合的创业机会。随着中国专利部门服务意识的加强，相关信息服务也在不断完善。

在我国，政府部门是创业机会的重要来源，政府制定法规和各种发展规划，有时对企业的发展起着决定性作用。相关政策的变化，往往意味着创业机会的出现。

（三）撰写创业计划书范例

创业项目：布艺设计会所创业

1. 项目简介

色彩点亮布艺，布艺点亮生活，布艺设计会所为您的生活增色添彩。从丝绸之路到唐人街，从米兰到东京，人们已经把服装看作是布艺品，而且现在布艺品已经广泛应用于家居的装饰，成为我们生活的必需品。布艺品设计的需求越来越多已是不争的事实，那么，如何让我们的服饰、家居用品等其他装饰布艺品（十字绣、刺绣、针织饰品等）更舒服、更具有个性呢？

2. 基础服务

布艺设计会所为您提供创作发挥的空间，提供创作布艺品所需的一切材料、缝纫器械，使您在舒适的工作室内完成自己的服装、家居用品（窗帘、沙发套、被单、桌布等）、十字绣、刺绣、针织饰品的设计制作或改造。我们将进行专业的指导培训，和您一起花样大翻新，保证您快速、愉悦地完成制作。如果您没时间自己完成布艺品制作，可以由我们的技术人员按您的意愿在最短时间内帮您完成布艺品。

3. 特色服务

（1）我们为儿童设有特殊服务区"儿童布艺乐园"，使家长可以和孩子一同感受创作乐趣，培养孩子的耐心和创新能力。为有天赋的孩子提供广阔的平台，也让家长有更多的时间和孩子在一起。

（2）布艺设计会所为旧衣物的再次利用、多次利用提供技术支持，实现人们的环保梦。旧衣物改造打折收费，鼓励变废为宝。在这里能实现您对布艺品的所有设计制作的愿望。

4. 市场机遇

（1）市场需求

①很多人家里有许多布料很好的衣裳，只是样式过时了，或短小了，不想就这样丢掉，所以希望修改一下，将旧衣裳变成自己喜欢的模样。尤其是一些年轻妈妈希望能把一些旧衣服裁剪了给孩子穿，但目前裁缝店改制衣服的效果并不好。②市场上购买的衣饰不符合自己的心意，满足不了对个性时尚的追求，再加上市场上的服饰总是或多或少存在一些不足之处，所以有些人想自己设计，但又没有材料和工具。③每个人都希望自己的家居布艺品符合自己的个性，更舒适、更有品位。但市场上的家居布艺品大同小异，没有多少差异，尤其不能满足年轻人对个性时尚的追求。④当前市场很流行十字绣、刺绣、针织品这些布艺品，但很多人只是懂一点操作的知识，做得不是很好，期待

着有人能帮助自己把布艺品完成得更好。⑤在勤俭环保的理念下很多人想把旧衣物改造成有用的东西，个人不愿为此投资购买缝纫设备。所以，如果能有一家店能帮助他们按自己的意愿随意设计服饰、布艺品那就好了。

（2）市场前景

随着物质生活水平的提高，大家对服饰、家居用品等布艺品的要求也不断提高，追求个性时尚的心理越来越强烈。目前市场上能满足消费者对服饰修改、修饰、设计的场所和对家居布艺品的加工设计的场所很少，而且这些场所不能给顾客提供按照自己的意愿亲自去修改、修饰、设计自己的服饰和布艺品的服务。只是提供简单的修改或加工服务，未必能让顾客满意。

布艺设计会所有专业且经验丰富的设计、裁剪、缝纫等工种技术人员为消费者修改、修饰、加工衣服和家居布艺品等，还给消费者提供自由修改、设计的空间。不仅满足了消费者对物质的需要，也更符合大多数消费者对时尚个性的心理追求。

5．企业综述

（1）法律构架

个人独资企业。有关法律规定个人独资企业投资人为一个自然人，有合法的企业名称，有投资人申报的出资，有固定的生产经营场所和必要的生产经营条件，有必要的从业人员。

（2）经营行业

①企业理念

将培养员工的价值观和道德准则作为第一要务。布艺设计会所将价值观和道德准则浓缩为一则信条：我们的服务标准是让每一位顾客都露出满意的微笑。

我们追求的目标是：和您共同走在时尚前沿。

②企业目标

短期目标是和附近大专院校学生会联系，和会所附近居委会联系。开始是免费为人们改制旧衣服。进一步利用微博、QQ等媒体组织"变废为宝"的旧衣物改造竞赛，使人们认识会所。再借助报纸杂志、网络等媒体大力宣传会所，提高知名度，吸引更多消费者关注布艺设计会所，了解会所的服务。

长期目标是建立全国连锁机构，收取加盟连锁费或建立子公司，使各地消费者均享受到布艺设计会所的服务。扩大产业链的同时尽可能多与服装公司合作，使个人设计作品投入生产，进入市场。

6．资金来源

贷款和个人投资。

7．市场营销

（1）目标客户

第一客户：追求时尚个性的年轻人。

第二客户：年轻妈妈（帮孩子修改、制作服饰，陪孩子一起制作布艺品）。

第三客户：维修衣物、帮孩子制作家居用品的中年妈妈。

（2）市场计划

具体服务：为顾客提供自由维修、改制、设计衣物和其他布艺品的场所和设施。专为儿童设有布艺乐园。另外布艺设计会所有专业且经验丰富的剪裁设计技术人员为顾客提供维修、改制、制作衣物和家居布艺品等服务。

布艺设计会所针对学生、情侣及家庭，提供了更多的情侣套件和家庭套件，让顾客可以亲自手绘并创作自己的情侣装和家庭装。

附加服务：凡是本店会员，在活动日期间享受赠礼物活动。会所根据顾客的要求定购有关服装和布艺品设计的书刊等，供会员免费阅读。

（3）定价策略

凡是在本店消费的顾客均可免费获赠会员卡。自助进行消费的会员一小时收费30元人民币，会员设计服装所需的布料由会所专门定制，价格合理。由布艺设计会所技术人员维修、改制、制作的衣物和家居布艺品等，按照同行业标准收取费用。

（4）营销策略

①准备名片

名片上印有会所的名称、服务项目、地址、电话、员工的名字和职务。要求每一位员工无论走到哪里都要带上一些名片，随时向消费者宣传介绍会所服务。

②打折优惠

在节假日和会所周年纪念日推出服务打八折活动。会员在生日当天消费可获得折上折优惠并获赠精美礼物一份。

③建立企业网站

采用微博、博客等低廉的宣传方式降低广告成本，也可与其他网站建立网络关系，允许他们产品的广告显示在会所网站的页面上，以此作为交换，在他们的网站粘贴会所的广告，增加广告的浏览次数，进而提升会所知名度。还要尽可能利用赶集网等免费媒体进行低成本宣传。

④促销产品

旧物改造打折收费，倡导环保理念，制作印有会所名称的T恤衫、精美布艺品（收纳布兜、购物袋等），赠送给顾客和员工身边的亲戚朋友。

8. 经营管理

（1）经营地点

普通居民住宅区和大专院校集中区。

（2）经营场所

店面在普通居民住宅集中区附近，服务半径（1 000 米）内能够覆盖的有效客户不低于1 000 户。

（3）固定设备

裁剪设备（2台），缝纫设备（10台），锁眼设备（1台），包缝设备（1台），黏合设备（1台），熨烫设备（2台），钉扣设备（1台）以及其他小型配套设备。

（4）材料

各种布料、装饰品。

9. 市场调研

主要竞争优势在于我们会所给顾客自由发挥的创作空间，让每一位消费者切身感受创作过程的快乐和拥有创作成果的喜悦。不仅满足了物质需要而且更是丰富了精神生活。另外，会所拥有专业且经验丰富的剪裁设计技术人员为顾客维修、修饰、加工服饰和其他布艺品，让顾客享受到更优质的服务，不用再为服务质量而担心。

布艺设计会所紧跟流行趋势，满足不同人群的需要，如今，情侣装、母婴装、家庭装倍受追捧，会所将有针对性地满足顾客需要。为顾客提供布料、纽扣、画笔等设计服饰所需的用品。帮助顾客设计改造自己的作品，如布艺沙发套、窗帘、杯垫、儿童布贴画、十字绣及各类服装，同时，根据顾客自身情况，改造服装，旧物利用，节约成本，让每一位顾客感受到创造和节约的乐趣。

经过调查，热爱服装和布艺品设计制作的人数众多。与那些服装设计培训机构相比较，会所的优势在于提供更好的服务，价格低廉。在时间安排上不会与会员的工作、学习发生冲突，只要顾客有时间，会所随时为顾客服务，保证让广大设计爱好者更方便快捷地享受服务。同时让对此感兴趣的顾客，尤其是年轻人掌握一门新的技能，挖掘出另一条就业途径，从而拓宽就业渠道。对于那些有设计梦想的有志青年，可以更好地通过实践锻炼自己，提高能力，积累实际经验，在设计的路上走得更远。

同时为一部分有技术的下岗女工和此专业的学生提供就业实习岗位，对减轻就业压力起到积极作用。

10. 财务规划

财务预算：会所共投资4万元，资金主要用于必需的固定资产以及服务过程中所需的直接原材料、直接人工、制造费用及其他各类费用等。

11. 风险分析

（1）可能存在的风险

短期内会员量上不去，会员对服务不满意，要求退出会所，投资资金在预期内收不回。

（2）风险降低方法

会员量上不去可能因为宣传力度不够，会所的业务不够完善。所以要在实际经营中预想可能出现的问题，提前制订解决方案。采用边经营边发展的策略，尽可能利用赶集网等免费媒体低成本宣传。对于资金收回问题，会所在投入前期应尽量降低成本，缝纫设备采用租赁方式。

12. 其他

（1）公益计划

①定期免费为孤寡老人和孤儿制作衣物，让他们在党和人民群众的关怀下生活得更幸福。另外，在设计服装时加入环保元素，宣传环保，同时提高大家的环保意识。②布艺设计会所本身就有公益性，这些作品给大家带来美感，激发人的创造力，提高人们的创新意识。③用博客的形式组织草根服装设计者的星光大道——"变废为宝"服饰设计大赛。一方面可提高会所知名度，另一方面为草根服装设计爱好者提供展示平台。

（2）产业链延伸

①根据顾客的要求，会所对于顾客的原创作品，将做宣传销售，为顾客带来经济效益。原创设计人只需支付给会所适当的宣传费用。②在市区店面基础上，另开辟网上购物空间。为顾客采购布料及用品提供方便快捷的途径，并进行免邮费销售。③如针对市面鞋垫的使用性差的问题，会所将推出不易变形、防臭的手工鞋垫。同时，致力于与国内运动品牌的合作，打开传统鞋垫的市场，争取得到各大品牌的经营合作和宣传。④聘请服装设计师为顾客量身设计制作衣服，让顾客穿着舒服，并体现出顾客与众不同的形象气质。

第六节　筹集创业资本

筹集创业资本即融资，在大学生创业中发挥着重要的作用，它直接影响着创业企业能否正常运营。

一、创业融资的渠道

资金是在创业过程中大部分人要面对的第一个问题，许多人有了好的创业构思、目标定位，但是苦于缺乏资金，所以，资金问题是影响创业成败的重要因素。根据调查，相当多的大学生创业者的创业资金主要来源于亲友的支持。因此，拓展大学生创业融资渠道是大学生创业活动中面临的现实且紧迫的难题。大学生创业者的创业融资渠道主要有如下三种。

（一）债务融资

目前适合大学生选择的债务融资方式主要有以下两种。

1. 私人借贷

私人借贷主要是指从家人、亲戚、朋友那里筹借资金。亲人间产生借贷往来是创业者首选的方式，因为彼此间的完全信任，使得资金筹措速度较快，数额较多，同时，许多人出于亲情的考虑，不会对借款者提出收取利息的要求。通过名人传记或者媒体采访，我们会发现，许多成功创业的人士在创业初期都借用过家人或朋友的资金。

2. 商业贷款

商业贷款是较为普遍和常见的贷款方式，但对于创业企业而言，要想取得商业贷款并不是一件容易的事，一般情况下，除非创业者拿得出抵押物或有贷款担保，否则银行是不愿意将钱借给创业企业的。

（1）抵押贷款

抵押贷款是指借款人以其所拥有的财产作为抵押向银行贷款。在抵押期间，借款人可以继续使用其用于抵押的财产；当借款人不能履约还款时，贷款人有权依照相关法规处理抵押财产用于偿还贷款。一般用于抵押的财产包括不动产、动产和无形资产三类。不动产如土地、房屋；动产如金银首饰、股票、国债、企业债券或银行承认的有价证券等；无形资产一般指专利技术。

（2）担保贷款

担保贷款是指借款方向银行提供符合法定条件的第三方保证人作为还款保证，当借款方不能履约还款时，贷款人有权按约定要求担保人履行或承担清偿贷款等连带责任的贷款方式。

（二）股权融资

股权融资是一种通过给予投资者在企业中某种形式的股东地位进行融资的方式。投资者获得公司一定比例的所有权，并期待随着时间的推移原始投资额可换取更高的利润回报。目前常见的股权融资有以下三种。

1. 风险投资

风险投资是指由专业投资者将资本投入拟创立的创业企业或刚刚创立还处于起步阶段的创业企业，以期获得高回报，同时又承担着高风险的一种投资。

创业企业由于前景的不确定性和较高的风险性，一般难以从金融机构获得贷款支持，风险投资较好地弥补了这一不足。高新技术企业与传统企业相比更具备高成长性，因此风险投资往往把高新技术企业作为主要投资对象。

2. 天使投资

与风险投资不同，天使投资往往是一次性投入，后期一般不再注入新资金；投入金额也较风险投资少。在我国，天使投资每笔投资额为 5 万～50 万美元。投资者的个人喜好成为投资的第一条件。获得天使投资的途径主要有以下三种。

（1）寻找"天使"人员

目前国内天使投资行业主要有三类群体，其中富有的投资者和非正式风险投资机构占大部分，第三类为国内成功的民营企业家，他们可能是未来中国天使投资的主力军。经过 40 年改革开放的发展，民营企业已成为中国经济发展不可缺少的重要组成部分，

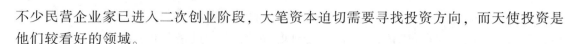

不少民营企业家已进入二次创业阶段，大笔资本迫切需要寻找投资方向，而天使投资是他们较看好的领域。

（2）接触"天使"人员

接触"天使"人员的方式主要有以下三个。

第一，通过朋友或亲戚介绍来约见天使投资者，这往往对后期的投资行为有助推作用。

第二，创业者也可直接去找自己心目中的"天使"，即通过直接上门的方式说服对方。

第三，创业者还可利用中介，如财务顾问、法律顾问或相关金融咨询机构联系天使投资者。

（3）争取天使投资

当创业者有机会与天使投资人会谈时，除了要准备一份高质量的商业计划书让天使投资人明确创业企业的吸引力、技术、市场、利润优势外，还要特别展示自己的职业素质和创业精神，这是天使投资与风险投资最大的区别。因为天使投资者往往更看重创业者个人的素质和品格，带有强烈的感情色彩。

（三）政府基金

政府基金主要体现了国家对创业企业的扶持倾向，既包括通过财政拨款设立创新（创业）基金的方式直接对创业企业进行资助，也包括通过财政补贴、税收优惠、政府采购、财政担保机制以及建立创新企业发展园区等方式对创业企业进行间接资助。

获取政府基金的具体途径如下：

第一，主动接触政府部门。可通过政府各部门的网站，也可以到政府有关部门行业协会、专家、中介机构等了解政府的有关产业政策和扶持政策。

第二，准备工作要做得充分。找会计师、律师等专业人士评估本企业的核心技术、市场优势、发展潜力、财务状况等，形成价值报告或申请书。

第三，按照规定程序提交申请材料。

二、创业融资的过程

一般而言，创业融资过程包括融资前的准备、资本需求量测算、确定融资来源及展开融资谈判等方面的内容。

（一）融资前的准备

创业者一定要在融资之前做好充分的准备工作：对融资过程有一定了解，建立和经营个人信用，积累自己的人脉资源，学习估算创业所需资金的方法，知晓融资渠道的途径，熟悉商业计划书的结构和编写策略，提升自己的谈判技巧等，以提高融资成功概率。

（二）资本需求量测算

创业者必须明白，企业所使用的资金都是具有一定成本的，这并不是说，筹集的资金越少越好，因为任何一家顺利经营的企业都需要基本的周转资金，如果筹集的资金不足以支持企业的日常运转，则企业会面临资金断流，进而导致破产清算；但这也不意味着筹集的资金越多越好，如上所述，资金都是有成本的，如果在资金使用过程中不能创造出高于其成本的收益，则企业会发生亏损。因此，创业者在筹集资金之前，要能够运用科学的方法，准确地计算资金需求量。

（三）确定融资来源

确定了创业企业需要的资金数额之后，创业者需要进一步了解可能的筹集渠道和不同筹集渠道的优缺点，根据筹资机会的大小以及创业者对企业未来的所有权规划，充分权衡利弊，确定所要采用的融资来源。

（四）展开融资谈判

选定所拟采取的融资渠道之后，创业者即需要与潜在的投资者进行融资谈判。要提高谈判成功的概率，就要求投资者首先对自己的创业项目非常熟悉，充满信心，并对潜在投资者可能提出的问题作出猜想，事先准备相应的答案。另外，在谈判时，要抓住时机陈述重点，做到条理清晰；如果可能的话，向有经验的人士进行咨询，会提高谈判成功的概率。

第七节　开办创业企业

一、创业企业的组织形式

企业组织形式是指企业财产及其社会化大生产的组织形态，它表明一个企业的财产构成、内部分工协作与外部社会经济联系的方式。

（一）企业的类型

根据企业的法律组织形式分为业主制、合伙制和公司制企业三类。

1. 业主制

业主制也称为独资企业。独资企业是以一个自然人投资，并对企业事务有完全控制支配权的企业。独资企业的投资自然人完全依据投资人的自我意志进行经营活动，享有企业的全部收益，并承担企业的全部风险。独资企业不具备法人资格，投资人对企业债

务承担无限责任。

2. 合伙制

合伙制是两人以上以营利为目的，依照合伙协议共同投资、共同经营、共担风险的企业。在法律形态上不具备完全独立的法律地位，不具有法人资格，企业没有独立于合伙人的法律主体资格，合伙人须对企业债务承担无限连带责任。

3. 公司制

公司制是由若干承担有限责任的股东组成的独立法人主体。以营利为目的，由一定的投资者共同投资组建，投资人以其投资额为限对公司负责，公司是以其全部财产对外承担民事责任的企业法人。公司有独立的财产，公司财产完全独立于投资股东的财产，公司对其全部财产享有独立财产权，投资者个人无权直接处分公司财产；公司对其财产拥有独立的支配权，以其全部财产对外承担民事责任。投资股东不对公司的债务直接承担责任，投资股东仅以其出资额或所持股份为限对公司承担责任。

（二）企业组织形式的选择

对一个企业而言，在制度设计和策略运用上，如何选择适当的组织形式，主要从以下六个方面考虑。

1. 法律上对某些产业、行业的限制

从原则上讲，企业对组织形式有选择的自由，但对于从事某些产业的企业，法律上会给予一定的组织形式的限制，如一些专门职业（律师等）被要求以合伙方式组成，其原因包括道德或者管理上的因素，如执业时对客户的无限赔偿责任、基于信任的职业特点等。此外，如银行、保险等金融事业，也基于特殊的行业特质或者管制要求，法律要求必须以公司的形式进行组织。

2. 税负

选择企业组织形式，必须考虑税负的问题，主要是有关企业营业所得的课税。不同的组织形式在法律上可能有不同的意义，连带在税法上也可能有不同的规范处理。例如，对于独立法人企业，要缴纳企业所得税，其股东对分得的红利要缴纳个人所得税；对于合伙企业而言，则没有企业所得税，而只需其投资者（合伙人）缴纳个人所得税。

3. 组织正式化程度与运营成本

一个企业刚成立的时候，由于没有任何经营经验，且在创业初期所能吸引的资本有限，合伙这一组织形式在简单化、弹性化、非正式化以及成本等方面，较其他组织形式有优势。合伙在处理事务时，决策、沟通都比公司制度来得简单迅速。对一个规模尚且不大的企业而言，合伙可能是较适合的组织形式。

4. 企业经营期限

公司组织在法律上具有法人资格后，除了能成为交易主体外，另一个意义在于使该企业能够永续经营。例如，合伙主要是由人组成，但合伙人系自然人，生命有限制，除非不断补入新合伙人，否则合伙企业的寿命也有限。但法人却不同，除有法定解散事由或者决议解散外，原则上是可能永远存在的，此外，个人的死亡、破产都将造成合伙制企业的解散；相反，公司并不受股东死亡、破产等事由的影响。企业的经营期限也是选择企业组织形式值得注意的因素之一。

5. 管理集权化

公司法多规定，公司设董事会是公司的经营决策和执行机关，即集权化管理制度。如果公司的投资成员众多，每件事项皆须获得全体投资人（股东会）的决议通过，不但在时效上很不合理，现实层面上也不可能。因此必须设置一个管理中枢，由股东选出少数人代表大众处理一般事务，甚至由董事会选任单一的专业经理人处理日常事务。

6. 权益移转的自由度

从理论上讲，股份有限公司尤其是上市公司股东持有的股份（即投资权益）是可以自由转让的，即所谓股份的流通性，但实际上，这个原则也有例外，如发起人所持有的股份在一定时期内不得转让。此外，股份公司的高管人员转让股份也受到一定限制。

总之，投资者在选择企业组织形式时，应从法律上对产业的特殊要求、投资者的责任限制、税负的轻重、企业组织正式化程度与运营成本、企业经营期限、管理的集中程度、权益移转的自由性等方面进行综合考虑。

二、创业企业的选址

科学而行之有效的选址，对创业企业的成长至关重要，在进行选址时，应做到以下两点。

（一）考察与评估备选地址

创业者要对多个备选地址进行实地考察，并采用科学的定量分析方法对备选地址进行考察与评估。经过对备选地址的实地考察与定量分析，按照创业企业"必需的"和"希望的"选址条件，对备选地址进行详细的比较分析后，选择出最佳地址。

（二）咨询与听取多方建议

创业者经过咨询有经验的企业家或相关人士，把创业企业选址的备选方案与最佳地址呈现出来，听取他们的意见与建议，获得有益的帮助；并综合分析各种信息、意见和建议，制作详细的备选地址优势与劣势对比表，按照创业企业进入的行业产业特点与创业企业的市场定位等特征，综合运用选址的评估方法，最终作出创业企业的选址决策。

三、创业企业命名

创业企业的名称是创业企业的称谓，是一个创业企业区别于其他企业的标志，代表着创业企业的自身形象。

（一）创业企业命名的原则

好的创业企业名称一般都应遵循以下两个原则。

1. 易识别性

易识别性是企业区别于其他企业的标志，要求具有独创意义、力避雷同，让人一目了然。

2. 传播性

名字的本质是代言符号，是为了降低描述和传播的成本，并能传达价值。公司名称简明、清晰、易写、易记，是传播的必要条件。一个好的名字是企业成功的基础；一个好的名字可以传神地表达企业的特征，给消费者留下深刻的印象，从而节约大量的传播成本。

（二）创业企业命名的技巧

为创业企业或店铺命名是一门大学问，在给创业企业命名时，应做到"简""准""新""高"。

1. "简"

"简"就是名字单纯、简洁明快，易与消费者进行信息交流，而且名字越短，越可能引起公众的联想，含义愈加丰富。企业名字的字数不应太多，这里主要是指企业名称中的表征部分，表征部分应控制在 3~4 个字，不宜过短，也不可过长。

2. "准"

"准"是指创业企业名称要和创业企业的市场定位、主营商品、服务宗旨、经营目标等相一致，有助于创业企业形象的塑造。

3. "新"

"新"是指名称要有新鲜感，紧随时代潮流，创造新概念。在个性化风潮大兴的现代，不按牌理出牌的、怪的、可爱的店名反而能达到吸引顾客上门一探究竟的效果。

4. "高"

"高"是指创业企业名称要有气魄，有远见。在为创业企业命名时，要考虑创业企业未来的发展方向，命名不宜过窄、过细，否则当创业企业发展壮大以后，会出现名称不适合的情况。

四、创业企业的申办程序

（一）工商户登记

根据企业规模的大小、规范化程度，创业企业可以分为个体工商户和私营企业两种，这两种初创企业在注册登记方面是不一样的，下面对其进行具体分析。

1. 个体工商户登记

个体工商户简称个体户，是指生产资料归个人或家庭所有，以个人或家人的劳动为基础，劳动成果归个人或家庭占有和支配，在法律允许的范围内，依法经核准登记、从事工商业活动。个体工商户可以个体经营，也可以家庭经营。个体工商户申请开业登记应做到以下两点。

（1）个体工商户办理登记注册程序

申请人到当地工商所咨询、领取申请表，提供需提交的登记材料—经专管员实地勘察—经所长审批—到内勤缴纳相关费用—携带登记材料到注册登记科办理相关登记。

（2）个体工商户登记需提交的各种材料

第一，提出并递交申请书。申请人（个人经营的，以经营者本人为申请人；家庭经营的，以家庭主持经营者为申请人）向户籍所在地的工商行政管理所递交从事个体工商业的书面申请，申请书的内容包括申请人、从业人员的身份和经营目的、经营范围、方式等。

第二，进行字号名称预先核准。

第三，"个体工商户申请开业登记表"一式两份。

第四，所有从业人员（含经营者）身份证明及复印件，经营者一英寸免冠照片。

第五，计划生育证明。凡参加经营的育龄妇女及从业人员年龄在 16～49 岁的要出具计划生育证明。

第六，经营场所证明。

2. 私营企业登记

私营企业是指生产资料属于私人所有，雇工八人以上的营利性的经济组织。私营企业包括独资企业、合伙企业、有限责任公司三类。私营企业申请开业登记手续如下。

（1）工商行政管理部门办理企业名称预先核准

申请企业名称预先核准，应提交下列文件。

第一，股东或者发起人的法人资格证明或者自然人的身份证明。

第二，企业登记机关要求提交的其他文件。

（2）到会计师事务所办理验资

经营者（委托人）委托验资机构验资需按规定办理委托手续填写委托书，并提交下列文件。

第一，企业名称预先核准通知书。

第二，企业章程。

第三，投资人的合法身份证明。

第四，公司地址证明。

第五，如果单位出资，需提供投资单位营业执照和资产负债表。

第六，各类资金到位证明。

（3）到社会有关职能部门办理特殊行业许可证

私营企业的经营范围中属于法律、行政法规限制的项目在进行企业登记之前，必须依法经过批准作为企业登记的前置条件。例如，到卫生防疫站办理卫生许可证；需体检的企业员工到所在地区的卫生局的卫生防疫部门进行培训，以便办理个人健康合格证。

（4）到工商行政管理局申请开业登记

提供的手续必须符合相关要求，具体如下。

第一，申请书，申请书应写明申请人姓名、性别、年龄、文化程度、住址，申请从事的行业或经营范围、拟办私营企业种类、经营场地地址和名称、资金数额及来源等，合伙企业和有限责任公司还应包括所有合伙人或投资者的姓名、住址、出资额等。

第二，填写"私营企业申请开业登记注册书""私营企业负责人履历表""私营企业名称预先核准通知书"。

第三，申请人身份证明。合伙企业和有限责任公司还应提交其他合伙人或投资者的身份证明。

第四，营业场所证明。

第五，资金使用证明（验资报告）需由具有法定资格的验资机构出具。有限责任公司的注册资本的最低限额按照企业法人的规定执行。

第六，与雇佣者签订协议或雇工意向书。

第七，有限责任公司申请登记时，应提供公司章程。

第八，合伙企业申请登记时，应当提交所有合伙人的书面协议。

第九，其他有关文件的证明（如特殊行业许可证等）。

3. 企业代码与银行开户

（1）办理组织机构代码证

在我国实行组织机构代码管理制度，办理组织机构代码证应注意以下四点。

第一，具有法人资格的单位提交法人代表身份证及复印件，不具备法人资格的单位提交负责人身份证及复印件。

第二，经办人员身份证及复印件。

第三，申领组织机构代码证申报表。

第四，换证单位应将旧代码证正本、副本一并交回。

（2）银行开户

银行账户是单位为办理存款、贷款、结算以及现金取付，而在银行开立的户头。根据现行国家有关制度规定，每个独立核算的经济单位都必须在银行开户，供各单位之间办理款项结算，除现金管理办法规定可用现金外，均须通过银行结算。企业开立银行存款账户是与银行建立往来关系的基础，只有在银行开立账户，才能委托银行办理资产往来业务，所以私营企业、个体工商户申领营业执照后应立即到银行办理开户。私营企业（个体工商户）在银行开户的步骤如下。

第一，向银行提供营业执照和组织机构代码证书，证明是经法律许可登记注册的私营企业（个体工商户），具有生产经营的权利，并已办理组织机构代码证书。

第二，填写开户申请书，申请书内容写明申请开户理由，并按照银行提供的表格填写，力求真实、准确、明了，此申请书由单位盖章后交由银行审查。

第三，银行编发账户。开户单位的账号有几位账户代码是由银行根据单位的行政隶属关系、资金性质、指定使用相应的科目，并加上开户单位的顺序号组成。

第四，确定账户的使用方法。单位在银行设立的账户，从使用方法上分为支票户和存折户。企业须确定使用哪种账户方式。

第五，交存开户款项。

第六，领购业务凭证。

（二）税务登记

税务登记又称纳税登记，是税务机关对纳税人实施税收管理的首要环节和基础工作，是征纳双方法律关系成立的依据和证明，也是纳税人必须依法履行的义务。办理税务登记的步骤具体如下。

第一，申请人直接向主管税务机关领取税务登记表并按要求填写。

第二，申请人提交相关材料。

第三，主管税务机关在收齐申请人应当提交的资料后，作出核准登记或不予登记的决定。

第四，申请人到指定窗口领取税务登记证的正、副本或领回所有提交的资料。

第三章　职业生涯规划

第一节　大学生需要职业生涯规划

职业生涯是指一个人一生中的所有与职业相关联的行为和活动，以及相关的态度、价值观和愿望等连续性经历的过程。美国学者罗斯威尔将职业生涯定义为人一生中与工作相关的活动、行为、态度、价值观、愿望的有机整体。对职业生涯的狭义理解，专指个体职业发展的历程，即从个体踏入社会、从事工作直到职业劳动的最后结束、离开工作岗位为止这段人生的职业工作历程。广义的职业生涯，是指从职业学习、职业兴趣的培养、职业能力的获得、职业选择、就职等，直到最后完全退出职业劳动这样一个完整的过程。

职业生涯规划，是指组织或者个人把个人发展与组织发展相结合，对决定个人职业生涯的个人因素、组织因素和社会因素等进行分析，制订有关个人一生中在事业发展上的战略设想与计划安排。

一、职业的定义、特点、功能与意义

（一）职业的定义

职业存在于社会分工中，在不同工作性质的岗位上，人们从事的工作在目标、内容、方式和场所上有很大的区别。一定社会分工或社会角色的持续实现，就形成了职业。

美国学者塞尔兹认为，职业是一个人为了不断取得个人收入而连续从事的、具有市场价值的特殊活动，这种活动决定着从业者的社会地位。日本职业问题专家保谷六郎认为，职业是有劳动能力的人为了生活所得而发挥个人能力，向社会作贡献而连续从事的活动。

在现实生活中，人们总是要在一定的工作岗位上实现就业，但人们对"职业"一词却有着不同的理解。有人认为职业就是"工作"；有人认为职业就是一种"生活来源"；有人认为职业是一种身份。

（二）职业的特点

职业具有以下六个特点。

1. 社会性

职业是个人和社会存在和发展的基础，因为职业给人们解决了生活的来源问题。人们为了生存，必须从事职业活动，人们的各种社会生活也大多建立在职业的基础上。有了职业生活，才构成其他一切社会生活的基础。进一步说，人类社会的各种文明，大多建立在职业分工、分化、分类，即职业范畴进步的基础上。职业是人类在劳动过程中的分工现象，它体现的是劳动力与劳动资料之间的结合关系，也体现出劳动者之间的关系，劳动产品的交换体现的是不同职业之间的劳动交换关系。这种劳动过程中结成的人与人的关系无疑是社会性的，他们之间的劳动交换反映的是不同职业之间的等价关系，反映了职业活动成果的社会属性。

2. 时代性

职业的时代性有两个含义：一是职业随着时代的发展而变化，一部分新职业产生，一部分过时的职业消失了；二是每一个社会有自己的"时尚"，它表现为该社会中人们所热衷的职业。有鉴于此，职业产生和消亡的客观规律要求我们在选择职业类型时不仅要考虑个人职业发展意愿，更要考虑时代前进的步伐所引起的社会需求趋势的变化。

3. 多样性

随着劳动分工的细化、技术的进步、经济结构的变动和社会的发展，新职业不断产生。由于人类的社会分工，存在多种多样的职业，不同职业之间可能有着巨大的差异。职业差异导致了不同职业者有不同的社会人格，以及人在职业转换中的矛盾与困难。当今社会，职业差异还在继续加大。

4. 技术性

不同职业都有自己的知识经验、技能技巧。在现代社会里，要从事某种职业，必须经过较长时间的知识、技能的培训，具备所从事职业必备的知识、技能、技巧。职业的技术性，是一切职业共有的性质。不同之处在于不同职业的知识经验、技能技巧有难易之分。有的需要经过长期地、专门地学习和训练，有的则在职业实践中就可获得。

5. 规范性

职业的规范性应该包含两层含义：一是指职业内部操作要求的规范性，二是指职业道德的规范性。不同的职业在其劳动过程中都有一定的操作规范，这是保证职业活动的专业性要求。当不同职业在对外展现其服务时，还存在一个伦理范畴的规范性，即职业道德。这两种规范性构成了职业规范的内涵和外延。

6. 功利性

职业的功利性也叫职业的经济性，是指职业作为人们赖以谋生的手段所具有的逐利

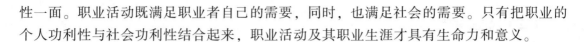

性一面。职业活动既满足职业者自己的需要，同时，也满足社会的需要。只有把职业的个人功利性与社会功利性结合起来，职业活动及其职业生涯才具有生命力和意义。

（三）职业的功能

1. 职业是我们谋生的需要

职业生活是人生的重要组成部分，人们的职业生活首先表现在必须通过参加社会劳动获取生存必需的生活资料。我们把为了获取一定的报酬以作为生活资料来源的那一部分劳动称为职业劳动。人们通过参加一定职业岗位的职业劳动来换取职业报酬，满足谋生的需要，同时也积累了个人的财富。

2. 职业可以满足人们的精神需要

职业是个人获得名誉、地位、权利、成就、尊重以及自我实现等精神需要的重要来源。由于职业劳动是按照一定的社会规范和内在规律运行的，每种职业都有其独特的活动内容和要求，对从业者的生理和心理必然产生重大的影响。当这种工作能够使个人的才干得到发挥、个性得到不断发展和完善时，它就成为促进个性健康发展的途径。

3. 职业是人们为社会做贡献的途径

人们的职业劳动在满足个人需要的同时，也为社会创造了财富，职业劳动生产出的物质财富和精神财富，构成了社会发展的基础。现代社会的劳动有着十分明确的分工，只有通过社会成员各自劳动成果的交换，才能满足彼此的需要，在这种平等的相互交换劳动成果的过程中，既体现出为他人服务的程度，又衡量出对社会和国家所作贡献的大小。

（四）职业的意义

1. 职业是社会发展的动力

职业分工及其结构，是社会经济制度与社会经济结构的重要部分，是社会经济发展水平的反映。职业劳动生产出社会财富，为社会的存在和发展提供了物质基础。职业的社会运动，包括个人改善职业的向上流动、与社会经济结构相联系的职业结构变动、不同职业间的矛盾冲突及解决等，构成了社会发展和社会进步的动力。此外，人们为了追求未来的"好职业"而进行人力投资，努力学习，更成为推动社会发展的巨大动力。

2. 职业是社会存在的内容

职业是构成社会运行的一种具体方式，同时也是构成社会成员的阶层划分与社会地位的基础。职业，涉及人们从事社会生活的动力；涉及人的社会关系；涉及社会的矛盾与冲突；涉及社会财富和利益的分配；涉及人的价值观与整个社会风气；涉及一个社会的平等与效率选择。可见，职业作为一种社会存在，不仅是人的社会身份、地位的体现，其本身也构成了人类社会存在的一个内容。

3. 职业是社会控制的手段

职业是人的重要生活方式，解决好社会成员的就业出路和职业生涯发展问题，使人们在从事劳动和选择职业方面各得其所，是作为社会管理者的政府的责任。鉴于职业问题的重要性，政府为公众创造职业岗位、执行促进"充分就业"的政策，就是为了减少社会问题、达到社会控制的目的。

4. 职业是事业成功的载体

从个人角度看，人生的核心正是职业生涯。人在一生中，奔波辛劳，拼搏奋斗，垂暮之年最感欣慰的往往就是自己的事业成就。这就是说，职业活动本身体现了生命的意义。面对我国市场经济体制，每个人都有了越来越多的职业选择机会和越来越大的事业发展空间。人在多变的社会中摸索着职业道路，寻找着更好的发展空间，扮演着适合自己的人生角色。对个人来讲，职业是事业成功的载体和幸福生活的源泉。

二、大学生职业规划的必要性和意义

第一阶段：工科学习。中学时代，比尔·拉福就立志经商。他父亲是洛克菲勒集团的一名高级职员，发现儿子有商业天赋，机敏果断，勇于创新，但经历的磨难太少，没有经验，更缺乏必要的知识。于是，父子俩进行了一次长谈，并描绘出生涯发展的蓝图。因此升学时他没有像其他人一样直接去读贸易专业，而是选择了工科中最基础的机械制造专业。比尔·拉福在麻省理工学院的 4 年，除了本专业，还广泛接触了其他课程，如化工、建筑、电子等，这些知识在他后来的商业活动中发挥了举足轻重的作用。

第二阶段：经济学学习。大学毕业后，比尔·拉福没有立即进入商海，而是考进芝加哥大学，开始了为期 3 年的经济学硕士课程。在市场经济下，不了解经济规律，不学习经济学知识，就很难在商场立足。

第三阶段：政府部门工作。比尔·拉福拿到经济学硕士学位后考取了公务员，在政府部门工作了 5 年。在环境的压迫下，比尔·拉福养成了强大的自我保护意识，由稚嫩的热血青年成长为一名老成、处事不惊的公务员，并结识了各界人士，建立了关系网络，为以后的发展提供了大量的资源和便利条件。

第四阶段：通用公司。任职五年的政府工作结束之后，比尔·拉福完全具备了成功商人所需的各种素质，于是辞职去了通用公司。在国际著名的通用公司任职，比尔·拉福找到了一个强大的实践平台，学习到了丰富的管理经验，完成了原始的资本积累，这也是大学生创业应该借鉴的地方，除了激情还应该考虑到更多的现实。

第五阶段：自创公司。两年后，他已熟悉掌握了商情与商务技巧，便婉言谢绝了通用公司的高薪挽留，开办了拉福商贸公司，开始了梦寐以求的商人生涯，实现了多年前的计划。

比尔·拉福的成功给了我们很好的启示，折叠的人生能让我们到达更高的高度。有一个著名的假说：假如有一张足够大的白纸，把它折叠 51 次，会有多高？答案五花八门，一张桌子高，一栋摩天大楼高……但这些答案都不对——它的高度是地球和太阳之间的距离！你想不到吧。一张普通的白纸，仅仅折叠 51 次就能达到如此的高度，但如果只是将 51 张白纸简单地叠在一起，它还是 51 张的高度。

人生如果是三张白纸，我们是把整个人生折叠起来，还是把人生分成每一天简单地累加在一起？如果我们对自己的人生没有方向、缺乏规划，就如同将白纸简单叠加在一起，今天做做这个，明天做做那个，每次的努力之间没有联系，如此一来，哪怕每天都做得很出色，但对整个人生来说，不过是简单地叠加；如果我们能规划好自己的人生，认定一个方向做下去，将会达到别人不可企及的高度。

在这个不断变化的世界中获得成功，我们需要不断探索自我：①要正确认识自身的个性优势，即现有与潜在的资源优势，不断认清自己的价值定位并使其持续增值；②对自己的综合优势与劣势进行对比分析；③明确自身职业发展的目标与职业理想。同时，还需要不断探索我们所处的外部世界，观察与实际之间的差距，学会运用科学的方法，采用可行的步骤与措施，不断提高职业竞争力，实现职业目标与理想。因此需要做好职业生涯规划。

职业生涯规划（career planning）简称生涯规划，又叫职业生涯设计，是指个人与组织相结合，在对一个人职业生涯的主客观条件进行测定、分析、总结的基础上，对自己的兴趣、爱好、能力、特点进行综合分析与权衡，结合时代特点，根据自己的职业倾向，确定最佳的职业奋斗目标，并为实现这一目标做出行之有效的安排。职业生涯设计的目的绝不仅是帮助个人按照自己的资历条件找到一份合适的工作，实现个人目标，更重要的是帮助个人真正了解自己，为自己筹划未来，拟定一生的发展方向，根据主客观条件设计出合理且可行的职业生涯发展方向。

大学生职业生涯规划属于个人职业生涯规划的范畴，其规划主体是在校大学生。大学生是一个特殊的群体，具有高素质、见识广、期望高及心智逐渐成熟等特点。大学生职业生涯规划是指大学生根据自身情况，结合发展机遇，对决定个人职业生涯的主客观因素进行分析、测评和总结，确定其事业奋斗目标，选择合适的职业，制订出相应的学习培训计划，并对每一步骤的时间、顺序和方向作出合理的安排。特别应结合自己所学专业特长、知识结构和职业社会状况，选择好将来所要从事的职业，作出方向性的计划和安排，并对大学期间学习等各方面活动进行客观合理的规划。

根据萨帕的职业生涯发展理论，大学生处于职业生涯的探索阶段，且正好跨越了该阶段的过渡期（18～22 岁）和试验承诺期（22～24 岁）的两个时期。在这两个时期，大学生的个体能力迅速提高，职业兴趣趋于稳定，逐步形成了对未来职业生涯的预期；而又完成了职业学习和职业准备，大学生毕业后则会走上初次就业岗位，正式开始职业生涯。因此，在试验承诺期内，许多大学生往往需要就自己的未来职业生涯作出关键性的决策。所以，大学期间是职业生涯规划的黄金阶段，这对大学生个人的未来职业走向和职业发展具有十分深远的影响。

大学生首先要认识到职业生涯规划的重要意义，职业生涯活动将伴随我们的大半生，拥有成功的职业生涯才能实现完美人生。

第一，职业生涯规划可以发掘自我潜能，增强个人实力。

一份行之有效的职业生涯规划将会：①引导你正确认识自身的个性特质、现有与潜在的资源优势，帮助你重新对自己的价值进行定位并使其持续增值；②引导你对自己的综合优势与劣势进行对比分析；③使你树立明确的职业发展目标与职业理想；④引导你评估个人目标与现实之间的差距；⑤引导你将理想与实际相结合，确立职业定位，搜索或发现新的或有潜力的职业机会；⑥使你学会如何运用科学的方法、采取可行的步骤与措施，不断增强你的职业竞争力，实现自己的职业目标与理想。

第二，职业生涯规划可以增强发展的目的性与计划性，提升成功的机会。

职业生涯发展要有计划、有目的，不可盲目地"撞大运"，很多时候我们的职业生涯受挫就是由于职业生涯规划没有做好。好的计划是成功的开始，古语讲，凡事预则立，不预则废，就是这个道理。制订科学有效的职业生涯规划，有助于大学生提升主体意识，积极弥补自身劣势，实现个体与职业的合理匹配，体现价值的最大化，最终实现其职业目标和理想。

第三，职业生涯规划可以提升应对竞争的能力。

当今社会处在变革的时代，到处充满着激烈的竞争。物竞天择，适者生存。职业活动的竞争非常突出，尤其是我国加入 WTO 后。要想在这场激烈的竞争中脱颖而出并保持立于不败之地，必须设计好自己的职业生涯规划。这样才能做到心中有数，不打无准备之仗。不少应届大学毕业生不是首先坐下来做好自己的职业生涯规划，而是拿着简历与求职书到处乱跑，总想会撞到好运气找到好工作。结果是浪费了大量的时间、精力与资金，到头来感叹招聘单位有眼无珠，不能"慧眼识英雄"，叹息自己英雄无用武之地。这部分大学毕业生没有充分认识到职业生涯规划的意义与重要性，认为找到理想的工作靠的是学识、业绩、耐心、关系、口才等条件，认为职业生涯规划纯属纸上谈兵，简直是耽误时间，有那时间还不如多跑两家招聘单位。这是一种错误的想法，实际上未雨绸缪，先做好职业生涯规划，磨刀不误砍柴工，有了清晰的认识与明确的目标之后再把求职活动付诸实践，这样的效果要好得多，也更经济、更科学。

第四，职业生涯规划可以有助于促进人的全面发展，达到人职和谐。

人和职业的和谐是职业适合个人发展和个人适应职业发展两方面的有机结合。职业生涯与个人的全面发展有着密不可分的关系。职业生涯规划是实现个人全面发展的重要措施，通过职业生涯规划，可以认清自己，制订出一个符合自己实际的、知环境之利弊、扬长避短、切实可行的职业生涯规划。正确掌握人生方向，运用科学的方法，最大限度地开发和发展自己的内在潜能，获得个人的全面发展。

通过对自己职业生涯的规划，大学生可以解决好职业生涯中的"四定"——定向、定点、定位、定心，尽早确定自己的职业目标，选择自己职业发展的地域范围，把握自己的职业定位，保持平稳和正常的心态，按照自己的目标和理想有条不紊、循序渐进地努力。

职业生涯规划的训练有助于全面提高大学生的综合素质，避免学习的盲目性和被动性；规划个人的职业生涯，可以使职业目标和实施策略了然于心，以便于从宏观上予以调整和掌控，能让大学生在职业探索和发展中少走弯路，节省时间和精力；同时，职业生涯规划还能对大学生起到内在的激励作用，使大学生产生学习、实践的动力，激发自己不断为实现各阶段目标和终极目标而进取。

三、大学毕业生职业生涯规划的流程

要做好职业生涯规划就应按照职业生涯设计的流程，职业生涯设计的具体步骤概括起来主要有以下六个方面。

（一）自我评价

自我评价就是要全面了解自己。一个有效的职业生涯设计必须是在充分且正确认识自身条件与相关环境的基础上进行的。要审视自己、认识自己、了解自己，做好自我评估，包括自己的兴趣、特长、性格、学识、技能、智商、情商、思维方式等。即要弄清我想干什么、我能干什么、我应该干什么、在众多的职业面前我会选择什么等问题。

（二）确立目标

确立目标是制订职业生涯规划的关键，通常目标有短期目标、中期目标、长期目标和人生目标之分。长期目标需要个人经过长期艰苦努力、不懈奋斗才有可能实现，确立长期目标时要立足现实、慎重选择、全面考虑，使之既有现实性又有前瞻性。短期目标更具体，对人的影响也更直接，也是长期目标的组成部分。

（三）环境评价

职业生涯规划还要充分认识与了解相关的环境，评估环境因素对自己职业生涯发展的影响，分析环境条件的特点、发展变化情况，把握环境因素的优势与限制。了解本专业与本行业的地位、形势以及发展趋势。

（四）职业定位

职业定位就是要为职业目标与自己的潜能以及主客观条件谋求最佳匹配。良好的职业定位是以自己的最佳才能、最优性格、最大兴趣、最有利的环境等信息为依据的。职业定位过程中要考虑性格与职业的匹配、兴趣与职业的匹配、特长与职业的匹配、专业与职业的匹配等。职业定位应注意：①依据客观现实，考虑个人与单位、社会的关系；②比较鉴别，比较职业的条件、要求、性质与自身条件的匹配情况，选择条件更合适、更符合自己特长、更感兴趣、经过努力能很快胜任、有发展前途的职业；③扬长避短，看主要方面，不要追求十全十美的职业；④审时度势，及时调整，要根据情况的，变化及时调整择业目标，不能固执已见，一成不变。

（五）实施策略

实施策略就是要制订实现职业生涯目标的行动方案，要有具体的行为措施来保证。没有行动，职业目标只能是一种梦想。要制订周详的行动方案，更要注意去落实这一行动方案。

（六）评估与反馈

整个职业生涯规划要在实施中去检验，看效果如何，及时诊断职业生涯规划各个环节出现的问题，找出相应对策，对规划进行调整与完善。

第二节 大学生职业生涯规划的影响因素与原则

大学生职业规划与创业就业指导是保障大学生顺利、及时、充分就业的重要条件之一。近年来，国家和政府高度重视大学生创业就业工作，各高等学校加强学习国内外高校职业规划与创业就业的有益经验和做法，并结合实际，努力探索、创新大学生职业发展与创业就业的基本内容，对大学生个人发展，乃至社会经济建设的作用也日益突显。

一、影响大学生职业生涯规划的主要因素

与职业生涯发展息息相关的影响因素有身心健康状况、社会阶层、教育情况、性别因素、社会环境和机遇。任何因素的改变都可能减少或增加大学生的选择范围，影响大学生的职业生涯发展。

（一）身心健康状况

职业生涯设计不仅要考虑个人的身体和心理状况，还要考虑身体的身心状况与职业的特点是否相符合。不仅如此，职业适应也与身心状况有着内在的联系，如有的职业要求视力、身高、体重达到标准，有的职业要求反应敏捷，有的职业要求耐心、细心，有的职业与物打交道多，有的职业与人打交道多，有的职业需要不断创新，有的职业需要不断地重复按程序操作，等等。这些职业的需求特点直接要求员工的身心要与之相符合，所以，在做职业规划时，就应该考虑自己的实际状况。

（二）社会阶层

首先，属于某一社会阶层的人必然构成某种形态，由此形成不同的兴趣和追求。其

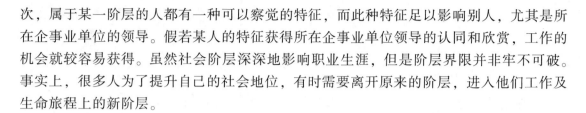

次，属于某一阶层的人都有一种可以察觉的特征，而此种特征足以影响别人，尤其是所在企事业单位的领导。假若某人的特征获得所在企事业单位领导的认同和欣赏，工作的机会就较容易获得。虽然社会阶层深深地影响职业生涯，但是阶层界限并非牢不可破。事实上，很多人为了提升自己的社会地位，有时需要离开原来的阶层，进入他们工作及生命旅程上的新阶层。

（三）教育情况

教育是赋予才能、塑造人格，从而促进个人发展的活动。教育程度不同的人，在职业选择或被选择时，具有不同的能量。一般来说，接受过较高水平教育的人，就业以后会有较大的发展；在职业不如意时，再次进行职业选择的能力和竞争力也较强。另外，人们所接受教育的专业、学科门类对职业生涯起着重要作用，人们在选择职业、转换职业时往往与所学的专业有一定的联系，或以该专业的理论知识、技术能力为基础，流动到更高层次的岗位上。

（四）性别因素

虽然男女平等的观念已普遍被现代社会接受，但在就业过程中，性别因素仍扮演着重要的角色。事实上，很少有人能完全漠视性别问题。因此，我们每个人都必须明确自己的理想，以便充分发挥自己的性别特色和优势，使自己成功就业。

（五）社会环境

社会环境主要是指社会的政治和经济体制、人才市场的管理体制、社会文化习俗、职业的社会评价等。社会环境决定了社会职业岗位的数量、结构、层次等，决定了人们对不同职业岗位的接受、赞誉或贬低的程度，决定了个人步入职业生涯的基本方式、开始职业生涯的基本态度及由此引起的个人职业生涯的变化。

（六）机遇

机遇是影响职业生涯的偶然因素，但对个人职业生涯而言，有时又具有决定性作用。机遇本身是客观存在的，但机遇只垂青那些有准备的人。个人能动性会帮助我们寻求到新的发展机会，或者自己创造机会。

二、大学生职业生涯规划的原则

大学生职业生涯规划对大学生的成长成才具有重要的意义，在制订职业生涯规划时必须谨慎，规划既要有利于个人、社会发展，又要避免目标难以达成。因此，要掌握制订职业生涯规划的原则。

（一）清晰明确原则

由于每个个体所处的具体职业发展阶段不同，能力、性格、职业发展愿望等不同，每个人所处的组织环境也有所差异，因此在进行职业生涯规划时，不能照搬其他人的职业发展模式和职业规划，要因人而异。职业发展目标和达到目标的措施也必须是清晰而明确的，实现目标的步骤也应直截了当。

（二）职业关联原则

专业与职业之间是否有关联，不是以专业或职业本身之间的关联来衡量的，而是以将来要从事职业的要求来判断的。正是因为考虑到职业关联的原则，面对不喜欢自己专业的大学生，专家们常常建议他们寻找专业与兴趣的结合点，而不是鼓励他们转换专业。

（三）挑战性原则

应考虑目标或措施是否具有挑战性，还是仅保持其原来状况，目标选择能否对自己起到内在的激励作用，完成计划能否带来成就感。不具有挑战性的规划对个人发展来说是没有多大意义的。

（四）变动性原则

应考虑目标或措施是否有弹性或缓冲性，是否能随着环境的变动而作出调整。

（五）激励性原则

应考虑目标是否符合自己的性格、兴趣和特长，是否能对自己产生内在激励作用。

（六）合作性原则

应考虑个人的目标与他人的目标是否具有合作性与协调性。

（七）一致性原则

应考虑主要目标与分目标是否一致，目标与措施是否一致，个人目标与组织发展目标是否一致。

（八）全程性原则

拟订规划时必须考虑到职业生涯发展的整个历程。人生的各个发展阶段应该持续连贯地衔接下来，作全程性的考虑。

（九）实际性原则

实现职业生涯目标的途径很多，在规划时必须要考虑自己的特质、社会环境、组织

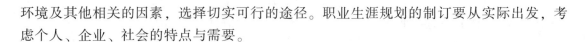

环境及其他相关的因素，选择切实可行的途径。职业生涯规划的制订要从实际出发，考虑个人、企业、社会的特点与需要。

（十）可评量原则

设计应有明确的时间限制或标准，以便评量、检查，使自己随时掌握执行情况，并为规划的修正提供参考依据。

第三节　职业生涯规划的主要理论

本节主要阐述职业生涯规划与管理的基础理论。理论能为行动提供指南，职业生涯规划的理念和方法全都建立在这些理论的基础上，只有充分理解相关理论才能有效地实施职业生涯规划和管理过程，也才能更好地解决职业生涯问题和作出职业生涯决策，提高自身职业成熟度。与职业生涯相关的理论主要关注职业选择理论，包括帕森斯的特质因素理论、霍兰德的人格类型理论和施恩的职业锚理论等。另一类职业生涯理论是职业发展阶段理论，舒伯、克朗伯兹、金斯伯格等人研究了职业生涯的阶段性及不同阶段的发展任务。有一点值得注意的是，上述大多数理论均以西方发达国家为研究对象，所以，当这些理论运用于中国时必须考虑具体情况并作出一定的调整和完善。

职业生涯规划理论肇始于心理学，随着实践的发展，哲学、社会学、教育学、管理学以及人力资源等学科知识也融入职业生涯规划的理论与实践，促进了职业生涯规划理论的发展，使得职业生涯规划理论变成了一个综合性的学科。20 世纪 60 年代前后，是西方职业生涯规划理论成型和成长的重要时期。不少著名的职业生涯规划理论都是在这个阶段被提出或发展起来的。职业生涯规划理论大量涌现，促成了 20 世纪后期生涯辅导学界百家争鸣的局面，将职业生涯规划推向一个以注重个体发展历程为重心的方向。职业生涯规划最终取代了职业辅导的地位，扩展了职业辅导范围，使职业辅导成为职业生涯辅导的一个组成部分。职业生涯规划理论主要可以分为两类：结构取向理论和过程理论。结构取向理论把职业生涯问题和决策看作是在一个时间点上发生的事情。即在个人生活当中某一个时刻所发生的事，强调选择什么以及将个人与环境匹配。这类理论的主要代表有：帕森斯的特质因素理论、霍兰德的人格类型理论、罗伊的亲子影响理论、鲍丁的心理动力理论、施恩的职业锚理论等。过程取向理论则把职业生涯问题和决策看作各种事件和选择在一生中的发展过程，这一发展过程随个人年龄增长变得日渐复杂。这类理论强调最先的选择，然后是指向某一目标的一系列事件或任务。其主要代表有：舒伯的终身职业生涯发展论、克朗伯兹的社会学习理论、金斯伯格的生涯发展阶段理论等。

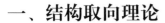

一、结构取向理论

（一）帕森斯——特质因素理论

美国波士顿大学教授弗兰克·帕森斯创立地方职业局，提出自我认识—环境评估—匹配选择的择业"三步范式"，首开职业指导活动先河。至今，他的理论仍是用于职业选择和职业指导的最经典的理论之一，对职业生涯规划和职业心理学的发展有重要的指导意义。

帕森斯提出要选择职业而不是寻找工作，他在《选择职业》一书中提出职业选择的三个步骤：首先，清楚了解自己，了解自己的能力、应向、技能、兴趣、资源、局限以及其他品质；其次，了解各种工作成功所必备的要素与条件、优缺点、薪酬、机会以及发展前途；最后，合理解释上述两部分事实之间的关系。具体而言，帕森斯强调在作出职业选择之前需要首先评估个人的能力，因为个人选择职业的关键就在于个人特质与特定行业的要求是否相配；其次是要进行职业调查，即强调对工作进行分析，包括研究工作情形、参观工作场所、与工作人员进行交谈等；最后要以人职匹配作为职业指导的最终目标，即选择一种职业需求和个人特质相匹配的职业。

帕森斯认为职业与人的匹配有两种类型：第一，条件匹配，即职业找人，是所需专门技术和专业知识的职业与掌握该种专门技能和专业知识的择业者相匹配。如劳动条件差的职业，需要能够吃苦耐劳、体格健壮的从业者。第二，特长匹配，即人找职业，某些职业需要从业者具有一定的特长，如具有敏感、易动感情、不守常规、独创性、个性强、理想主义等人格特性的人，宜从事审美性的、自我情感表达的艺术创作类职业。

帕森斯提出的这一套指导人们职业选择的客观标准和评价方法，经过几十年的发展，获得了相当大的成功。后来的学者进一步修正和完善了特质因素理论，提出认知—互动观、人与环境匹配理论等。特质因素理论把职业选择看作直接的认知过程，通过对择业者的问题进行诊断以及实施多种测验，然后解释测验的结果并基于这一结果选择一种职业。因此，也开发了很多基于特质因素理论的评估工具，包括能力倾向测验、兴趣量表、价值观问卷、人格问卷等。

（二）霍兰德——人格类型—职业匹配理论

1. 六类职业性向与环境类型

美国霍普金斯大学心理学教授约翰·霍兰德发展了一种被他称为"类型学"的理论，这是关于人格类型和与之匹配的职业环境类型的理论。霍兰德提出具有广泛社会影响的个性—工作适应性理论，并编制出霍兰德职业人格能力测验。他的理论得到了广泛的探讨，并不断地得到改进与完善，被广泛运用于心理测量工具的编制和应用中。多数研究结论证实这一理论充满活力，颇具实效。

霍兰德认为，职业选择是个人人格在工作世界中的表露和延伸，某一类型的职业通常会吸引具有相同人格特质的人，而具有相同人格特质的人对许多生活事件的反应模式也是相似的，他们创造了具有某一特色的生活环境（包括工作环境）。在同等条件下，人和环境的适配性或一致性将会增加个体的工作满意度、职业稳定性和职业成就感。

霍兰德认为，职业性向，包括价值观、动机和需要等，是决定一个人职业选择的重要因素。他基于自己对职业性向的测试研究，将个人的职业性向分为现实型（R）、调研型（I）、艺术型（A）、社会型（S）、企业型（E）、事务型（C）六种类型。同时，他将职业类型也相应地分为上述六种类型。职业性向理论强调个人的职业性向与职业类型相适应。

2. 六种类型之间的关系

霍兰德以一个六边形形象地描述了六种类型之间的关系。六个角分别代表六种职业性向和六种职业类型。每种职业性向和每种职业类型之间存在着一定的相关关系，连线距离越短，相关系数就越大，适应程度就越高。即相邻类型间有一定的共同特点，而相隔一角的类型之间一致性。其次，相对角之间的类型一致性最弱。若人们无法在个人职业性向偏好的领域内找到合适的工作，那么，在六边形的近距离选择往往比远距离选择更为合适。以社会型和现实型为例，社会型的人喜欢帮助别人，在团队工作中，看重人际间的互动；现实型的人则偏好用机器来工作，不喜欢以人群为工作的对象。如果你属于社会型，那最理想的是找社会型的职业，其次理想的情况是找开拓型或艺术型的职业，最不理想的是从事现实型的职业。

（三）罗伊——亲子影响理论

帕森斯、霍兰德和罗伊是对职业选择研究领域的知识基础有着最重要影响的人物。职业生涯教育和咨询领域所使用的大多数测验工具和技术都建立在他们的研究基础上。

安娜·罗伊是一位临床心理学家，她认为儿时经历与职业选择有很大关系。心理分析之父弗洛伊德说："儿时早期的经历造就一个人的人格。"我们也常讲，"一岁看大，三岁看老"。尽管一个人的成长受到很多因素、很多人的影响，但儿时经历的确会影响你成为怎么样的人。罗伊的理论要求你审视自己的早期生活，想想你所生长的家庭的氛围，是温暖的还是冷漠的？你如何描述你的父母？他们对你是关注还是忽视、接纳还是拒绝？根据罗伊的结论，你对这些问题的回答对选择什么样的职业会产生影响。

罗伊运用了马斯洛的需要层次理论，她从需求被满足或受挫折的角度概述了亲子关系，并分析了三种基本的亲子关系类型。

第一种是依赖型，包括从过度保护到过度要求。这两种类型的父母都吝于表现出他们的爱和赞许。孩子的生理需求可以满足，但由于达不到父母的期望，他们的心理需求往往得不到满足。被过度保护的孩子学会迎合他人的愿望以求得到赞赏，渐渐变得依赖于他人，显示出较多的人际倾向。过度要求的父母则对孩子期望甚高，孩子若达不到标准就会焦虑，因此这类孩子在做职业选择时会较为困难。

第二种是回避型，其程度可从忽视到拒绝。忽视与拒绝既有物质上的也有情感上的。尽管有时候不是有意忽视，但孩子的生理、心理需要都被冷落。这类孩子日后会害怕和他人相处，宁可在自己的工作岗位上埋头苦干，靠自己的努力满足自己的需求。

第三种是接纳型。也许出于偶然，也许是在爱的基础上，孩子的生理、心理需求都能得到满足。父母以一种不关心也不参与的态度或者是以积极的方式鼓励了孩子的独立和自信。这类家庭的氛围基本上是温暖的。在温暖、民主氛围下长大的孩子，各类层次都得到满足，长大之后也能作出独立的选择。

每一个家庭对子女的教养方式都不尽相同，这种差异致使个人心理需求的满足方式、层次和程度也会有所不同。童年的经历与职业选择有极大的关系，所以应该让孩子从小去发展自己的能力倾向及职业兴趣，这样他们对择业行为才有正确的观念及选择能力。

罗伊把职业分为服务、商业、组织、技术、户外、科学、文化、艺术和娱乐8个职业组群，然后又依其难易程度和责任要求的高低分为高级专业及管理、一般专业及管理、半专业及管理、技术、半技术和非技术6个等级。这8个职业组群和6个专业等级，组成了一个职业分类系统，包括48组职业类型。

根据罗伊的理论，个人所选的工作反映了其儿时的家庭心理氛围。如果个人的家庭温暖、慈爱、接纳或过度保护，其可能会选择服务、商业、组织、文化和艺术娱乐类等与人打交道的职业。如果个人经历的家庭氛围是冷漠、忽视、拒绝或过度要求的，其可能会选择技术、户外、科学之类等与物体、动植物而非与人打交道的职业。

（四）鲍丁——心理动力理论

美国心理学家鲍丁、纳奇曼、施加等人以弗洛伊德个性心理分析理论为基础，吸取了特性—因素论和心理咨询理论的一些概念和技术，对职业团体进行了大量的研究，于20世纪60年代后期提出了一种强调个人内在动力和需要等动机因素在个人职业选择过程中的重要性的职业选择和职业指导理论，称之为"心理动力论"。

心理动力论者认为职业选择为个人综合快乐原则与现实原则的结果。个人在人格与冲动的引导下，通过升华作用，选择可以满足其需要与冲动的职业。职业指导的重点应着重"自我功能"的增强。若心理问题获得解决，则包括职业选择在内的日常生活问题就会顺利完成而不需再另行指导。

鲍丁等人依据传统精神分析学派的观点，探讨职业发展的过程，视工作为一种升华作用，而影响个体职业选择的动力来源则是个人早期经验所形成的适应体系、需要等人格结构。它们影响个人的能力、兴趣及态度的发展，进而左右其日后的职业选择与行为有效性。个人生命的前六年决定着他未来的需要模式，而这种需要模式的发展受制于家庭环境，成年后的职业选择就取决于早期形成的需要。如果缺少职业信息，职业期望可能因此受到挫折，在工作中会显示出一种婴儿期冲动的升华。若个人有自由选择的机会，则必将选择能以自我喜欢的方式寻求满足而又可免于焦虑的职业。

心理动力论者认为，社会上所有职业都能归入代表心理分析需要的、分属以下范围的职业群：养育的、操作的、感觉的、探究的、流动的、抑制的、显示的、有节奏的运动等，并认为这一理论除了对那些由于文化水平和经济因素而无法自由选择的人之外，可以适用于其他所有的人。

（五）施恩——职业锚理论

职业锚理论产生于在职业生涯规划领域具有"教父"级地位的美国麻省理工学院的著名职业指导专家埃德加·施恩教授领导的专门研究小组，它是在对该学院毕业生长达12年的职业生涯研究中形成的。

职业锚指一个人进行职业选择时，始终不会放弃的东西或价值观。职业锚强调了能力、动机和价值观的互动作用，是人们选择和发展自己职业时所围绕的核心。例如，某个人在决定到底是接受公司将自己晋升到总部的决定，还是辞去现职，转而开办和经营自己的公司时，过去的所有工作经历、兴趣、资质、潜能等会集合成一个富有意义的职业锚。这个职业锚显示，对他个人来说什么东西才是最重要的，于是他可以作出最合适的决定。

在个人职业生涯规划时，职业锚是一个非常重要的概念。它有助于进行职业的定位，是目前职业生涯规划领域的重要理论。那如何明确自己的职业锚类型呢？施恩认为职业生涯发展实际上是一个持续不断的探索过程，随着一个人对自己越来越了解，就会越来越明显地形成一个占主要地位的职业锚。也就是说，一个人的职业锚是不断变化的，是在不断探索的过程中产生的动态结果，在实践中选择、认知和强化。多数人认为职业锚往往产生于早期职业阶段，新员工工作若干年，习得工作经验后，演化和发展了自己的职业锚。由于职业锚是个人和工作情境之间互相作用的产物，所以不可能像职业性那样容易通过各种测评来预评。

在工作实践中，人们依据内省和已被证明的才干、动机、需要和价值观，可以现实地选择和准确地进行职业定位。虽说对职业锚提前进行预测是很困难的，但对尚未参加工作的大学生而言，还是可以通过对自己的能力、动机需要、态度和价值观等进行自省，并借助一定的测验工具，初步探索自己的职业锚，然后再在实际工作中加以验证或修正。

施恩提出了五种职业锚类型，但随着该理论的不断发展，现在普遍认为存在八种职业锚类型。这八种职业锚类型可能存在交叉，但是每一种都有一个最突出、最鲜明、最易识别的特性。

1. 技能职能型

始终不肯放弃的是在专业领域中展示自己的技能，通过施展技能获取别人的认可，乐于接受技术工作挑战，将不断提高自己的技术能力，也可能愿意成为职能领域的管理者，但极力避免全面管理的职位。

2. 管理型

始终不肯放弃的是升迁至组织中更高的管理职位。明显地表现出向上发展的愿望，渴求更多的领导机会，愿意承担更大的责任。对技术工作并不感兴趣，视此为必要的经验积累。

3. 自主/独立型

始终不肯放弃的是按照自己的方式工作和生活，希望留在能够提供足够的灵活性并由自己来决定何时及如何工作的组织中。无法忍受任何程度上的组织约束，为了自主独立宁可放弃升职加薪的机会。可能会选择教育、咨询行业，为了能有最大限度的自由和独立，也可能选择创业。

4. 安全稳定型

始终不肯放弃的是稳定的或终身雇佣的职位，关注财务安全和就业安全。政府部门和事业单位对这些人很有吸引力，他们会为自己的组织感到自豪，对组织忠诚，即使他们没有担任很高的或重要的职位。

5. 创造/创业型

始终不肯放弃的是凭自己的能力和冒险愿望，扫除障碍，设计属于自己的东西或创立属于自己的公司。他们希望向世界证明自己有能力创建一家企业，在为别人打工的同时会学习和评估未来的机会，一旦时机成熟，会尽快开始自己的创业历程。

6. 服务奉献型

你始终不肯放弃的是做一些对社会有意义的事情。希望职业能够体现个人价值观，关注工作带来的价值，而不在意是否能发挥自己的才能。

7. 挑战型

始终不肯放弃的是解决看上去无法解决的问题、战胜强硬的对手或克服面临的困难。对其而言，职业的意义在于战胜不可能的事情，新奇、多变和困难是挑战的决定因素。如果一件事情非常容易，它马上会变得令人厌倦。这个挑战可能是高智商的活动、高难度的任务、处理复杂的关系、激烈的竞技比赛等。

8. 生活型

始终不肯放弃的是平衡并整合个人的、家庭的和职业的需要。希望生活中的各个部分能够协调统一、向前发展，因此希望职业有足够的弹性满足自己的需求，职业对其来说，并不那么重要，所以有些时候可能会放弃职业中的某些方面，如晋升等。

职业锚理论对大学毕业生职业生涯规划带来了许多启示：

首先，职业生涯规划要进行自我定位。自我分析、自我定位是职业生涯规划的首要环节，它决定着个人职业生涯的方向，也决定着职业生涯规划的成败。求职之前先要进行职业生涯规划，进行职业生涯规划之前先要进行准确的自我定位。先要弄清自己想要干什么、能干什么，自己的兴趣、才能、学识适合干什么。可通过自我分析，评估自己的职业倾向、能力倾向和职业价值观，这是职业生涯规划的基础。

其次，职业生涯规划是一个动态变化过程。当今社会处于激烈的变化过程中，大学毕业生的就业观念也要相应地改变，打破传统的"一业定终身"的理念，就业、再就业是大趋势，职业生涯规划也随之根据各种变化来调整。所以环境的变化导致自我观念的变化，反映到职业生涯规划上来，就不能一次把终生的职业生涯的每一个具体细节都确定下来。

最后，大学毕业生职业生涯规划的重点内容是职业准备、职业选择与职业适应。从职业生涯发展过程来看，职业生涯发展经历了不同时期，一种观点认为职业生涯的阶段主要可分为：①职业准备期，职业准备期是形成了较为明确的职业意向后，从事职业的心理、知识、技能的准备以及等待就业机会。每个择业者都有选择一份理想职业的愿望与要求，准备充分的就能够很快地找到自己理想的职业，顺利地进入职业角色。②职业选择期，这是实际选择职业的时期，也是由潜在的劳动者变为现实劳动者的关键时期。职业选择不仅仅是个人挑选职业的过程，也是社会挑选劳动者的过程，只有个人与社会成功结合、相互认可，职业选择才会成功。③职业适应期，择业者刚刚踏上工作岗位，存在一个适应过程，要完成从一个择业者到一个职业工作者的角色转换。要尽快适应新的角色、工作环境、工作方式、人际关系等。④职业稳定期，这一时期，个人的职业活动能力处于最旺盛时期，是创造业绩、成就事业的黄金时期。当然职业稳定是相对的，在科学技术发展迅速、人才流动加快的今天，就业单位与职业岗位发生变化是很正常的。⑤职业结束期，由于年龄或身体状况原因，逐渐减弱职业活动能力与职业兴趣，从而结束职业生涯。

大学毕业生职业生涯规划的侧重点在职业准备、职业选择、职业适应三个阶段。大学生的职业准备包括物质、心理、知识、技能等各方面的准备，还要根据各方面的分析与自己的职业锚合理客观地对职业作出选择。对即将踏入的职业活动要有一定的合理的心理预期，包括对工作的性质、劳动强度、工作时间、工作方式、同事以及上下级关系都要快速适应，迅速成为一个成功的职业者。

二、过程取向理论

过程取向理论包括舒伯的终身职业生涯发展理论，克朗伯兹的社会学习理论，金斯伯格的生涯发展阶段理论，克内菲尔坎姆、斯列皮兹的认知发展理论等。

（一）舒伯的终身职业生涯发展理论

舒伯是美国一位具有代表性的职业管理学家，他将全面的学术性带进了职业行为与职业发展的领域。舒伯的理论涵盖了人的生命全程，较为全面完整地阐释了将个人特征与职业进行匹配的动态过程，并将制约个人职业选择和发展的心理因素、社会因素有机地结合在一起，具有较高的理论价值和实践价值。

要理解舒伯的阶段理论，必须掌握一个重要概念。舒伯认为"选择职业实际上是在选择实现自我概念的方式"。也就是说，职业选择部分基于个人的自我概念，即个人通过职业选择来寻求自我概念的实现。自我概念可以说是人们对自己的信念，即"你怎样看待自己"，是对"我是谁"这个问题的回答。当选定一个职业时，人们实际上在说"我是这样或那样的人"。当人们在某种职业中工作并调整时，他们可以发现这个工作是否与其相适应并允许其扮演自己希望在生活中扮演的角色。在某个职业中工作是用现实来测试自己的自我概念，并判断能否实现对自己的想象。

要掌握舒伯的理论还必须理解其所提出的以下 14 条建议：

（1）人们在能力、人格、需要、价值观、兴趣、特征和自我概念上都存在着不同。（2）由于每个人具有不同的特点，每个人都有其胜任的职业。（3）每种职业要求特定的能力特征和个人素质，但这些要求具有一定的弹性，即一个人可以适合一些不同的职业，同一职业可以由一些不同的人来做。（4）由于职业偏好和胜任特征的差异，以及人们生活和工作环境的不同，尽管自我概念是社会学习的结果，而且会随着时间和精力而改变，但还是会在青春期后期到成人期后期这段时间内越来越稳定，为职业选择和调整提供连续性。（5）变化的过程可以总结为一系列的生命阶段（一个大循环），成长、探索、建立、维持、衰退……阶段之间的转换时期，或遇到环境变化（如经济衰退、人力供需情况改变），或个人生活发生改变（疾病、受伤）时，即产生一个小循环。不定的或多次尝试的就业包括了新的成长、探索和建立（再循环）。（6）职业模式的本质就是已达到的职业水平以及尝试性工作和稳定性工作的顺序、频率和持续时间是由一个人的社会经济水平、智力、教育、技能、个人特征和职业成熟度及其面临的机遇所决定的。（7）在任何既定的职业生涯阶段，能否成功地处理好环境和个体的需要，取决于个体对处理这些需要的准备程度（即其职业成熟度）。职业成熟度是身体、心理以及社会多方面特征的集合。从心理学讲，它既是认知又是反应，包括成功解决职业发展的早期阶段或子阶段的需要的程度，特别是最近的需要。（8）职业成熟度是一个假设的结构。它的操作性定义可能和智力一样难以确定，但是它提出的历史更短，学术或者应用上的前景甚至还不明朗。与一些学者的说法相反，职业成熟度并不是单调地增长；也不是某种单一的特征。（9）整个生命周期的发展都是可以给予指导的，一部分是通过促进能力和兴趣的成熟，一部分是通过帮助进行真实的测验和完善自我概念。（10）发展和完善职业的自我概念是个体生涯发展历程的核心。这是一个综合和调节的过程，在这个过程中，自我概念是禀赋、生理组成、观察与扮演各种角色的机会以及上级与同事对其扮演角色所给予的评价等因素交互作用下的产物（交互学习）。（11）在个体和社会因素之间、在自我概念和现实之间进行综合或调整，是一种角色扮演，它既可以是在咨询面谈的幻想中的角色扮演，也可以是在班级、俱乐部、兼职工作或进入工作中真实生活的活动中的角色扮演。（12）工作满意度和生活满意度取决于个体在多大程度上找到实现能力、需要、价值观、兴趣、人格特质和自我概念的途径。这些途径依赖于人们建立一种工作类型、工作情境和生活方式，在这种工作类型、工作情境、生活方式中，人们可以扮演个人成长或探索过程中让自己感觉称心如意的角色。（13）人们从工作中获得的满意程度和他们完善自我概念的程度存在一定的相关性。（14）工作和职业给大部分男性和女性的人格系统提供了十个聚焦点，尽管对一些人来说，这个聚焦点无足轻重甚至根本不存在。另外的聚焦点，如休闲活动、持家活动等也可能成为中心（同个体差异一样，社会传统，如性别角色的旧习和模式、种族和民族偏见以及机遇，对工人、学生、持家者等这些角色的偏好都是重要的决定因素）。

1. 职业生涯发展阶段

舒伯以美国人为研究对象，依据年龄将个人职业生涯划分为五个阶段：成长阶段、探索阶段、确定阶段、维持阶段和衰退阶段，前三个阶段又各自划分了子阶段。其中有三个阶段与金斯伯格的分类相近，只是年龄和内容稍有不同。另外，舒伯增加了就业以及退休阶段的生涯发展。

2. 职业发展任务

舒伯的阶段论为职业行为和职业态度提供了一个框架，即职业发展任务。一个发展任务就是个体在生活中的某点上需要面对的新的成就或责任，此任务的完成会带来幸福和成功。

3. 职业生涯彩虹图

舒伯创造性地描绘了一个多重角色职业生涯发展的综合图形——职业生涯彩虹图。舒伯认为职业发展是人生成长一部分，人们还会在一定的年龄扮演某些其他角色，如子女、学生、休闲者、退休者、配偶或伴侣、持家者、父母或祖父母等，这些角色中，有些是从生物学和遗传学的角度定义的，还有一些是可被个人选择的。

个体的工作和职业是处在整个生命之中的，所以它只是个体一生中所扮演的多种角色之一。在人生生涯彩虹图中检验不同角色时，会发现角色的重要性变化得很明显，对每个人来说，每一种生活角色的强度随着时间而发生变化。在青年期，探索是重要的，会产生职业决策。在成年早期，主要是职业逐渐建立并找到适合自己的发展道路。在中年，重点应该放在工作维持、工作满意度和调整工作变化上。在成年后期出现职业发展减速状况及对不同的职业焦虑进行调适。

在职业生涯彩虹图中，最外层面代表着一生的生活广度，又称为大周期，包括成长期、探索期、建立期、维持期和衰退期。里面的各层面代表上下生活空间，由一组角色和职位组成，包括子女、学生、休闲者、公民、退休者、配偶或伴侣、持家者等主要角色。各种角色之间是相互作用的，一个角色成功，特别是早期角色成功，将会为其他角色提供良好基础；反之，某个角色失败，也可能导致另一个角色的失败，但如果你为了某一个角色的成功付出太大的代价，也有可能导致其他角色的失败。职业生涯规划和管理最难的一点就是平衡个人、家庭与工作之间的关系。

舒伯职业生涯彩虹图（见图3-1）表明了个体一生中的角色是不断变化的。个体生涯中关心的重点及职业生涯与生活角色的关系在变化，各种生活角色的结合和强度是个人生涯的基础。彩虹图中的阴影部分表示角色的相互替换、盛衰消长。它除了受年龄的增长和社会对个人发展、任务期待的影响外，往往跟个人在各个角色上所花的时间和感情投入的程度有关。成长阶段最显著的角色是子女；探索阶段是学生；建立阶段是工作者和持家者；维持阶段工作者的角色突然中断，又恢复了学生角色，同时公民与休闲者的角色逐渐增加，这正如一般所说的"中年危机"的出现，暗示这时必须再学习、再调适才有可能处理好职业与家庭生活中所面临的问题；衰退阶段工作者角色则安全退出，休闲者和持家者的角色最突出。

舒伯从个人的自我概念、年龄和生活角色的角度来强调生涯发展，帮助我们更清楚地理解生涯发展和决策制定所涉及的内容。显然，生涯规划不仅仅是选择一个大学专业、一份职业或一个工作地点，它还包括彻底地分析我们自身和我们在生活中所扮演的角色。

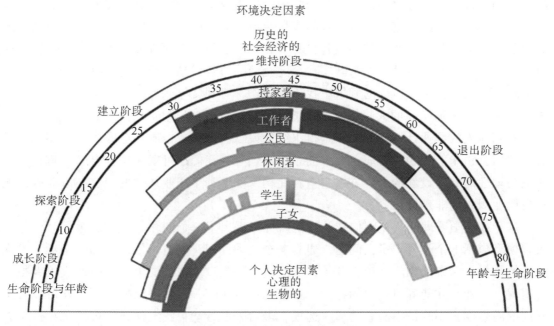

图3-1 舒伯职业生涯彩虹图

（二）克朗伯兹的社会学习理论

社会学习理论关注职业心理学中的那些被人们带入其工作环境中的遗传及社会传承

的特质。这些特质与环境因素互相作用形成了一些自我看法，进而影响个体与工作有关的行为。约翰·克朗伯兹的社会学习理论关注职业咨询的自我系统，并强调职业生涯决策中的行为和认知。

克朗伯兹提出了对职业选择的生涯决策的四种影响因素。一是基因特征（种族、性别、外形、身体残疾），它可以拓展或限制你的职业偏好和能力，如智力、音乐艺术才华、肌肉协调性等。二是环境条件，如只能在某些地域找到某些工作、雇主或政府官员限定了任职要求、劳动法规和行业协会的规定、自然灾害（洪水、干旱、地震、飓风）、自然资源的供需情况、尊重的新发展等。三是过去的学习经验。克朗伯兹指出了两种学习经验——自身作用于环境的与环境作用于自身的。四是个人处理新任务、新问题时所形成的技能、绩效标准和价值观。

克朗伯兹认为，职业生涯发展是一个了解我们自身和我们的各种选择可能性的过程，他的理论解释了职业生涯选择的来源。过去的学习以多种方式影响着我们的职业生涯决策，人们对某些职业的偏好折射了其所习得的反应。假如我们曾在某些科目上有过积极的经验，那么我们会倾向于更多地了解这些领域。另一方面，消极的经验会使我们回避它们。我们也通过观察别人和想象自己在那些情境中会如何行动来学习。角色榜样和良师益友为我们提供了多种途径来学习有关职业生涯规划过程的知识。

我们发现有些学生会因为做与某项职业有关的事而得到正反馈就会对职业有所偏好。比如，曾在中学时化学得了满分的学生会比不及格的学生更有可能成为化学家，或只是因为某一次画画课上得到过老师的表扬，或认为的成功人士所从事的职业或敬仰的人鼓励自己从事某项职业等都会激起自身对某些职业的正面评价和想象。没有反馈或因自身的偏好、技能、行动受罚会减弱甚至完全消除自身对某一职业的偏好。例如，在校成绩较差，看到他人在所选的领域里找不到工作，听到父母或他人贬损某些职业，看到电影中把从事某项职业的人描述成腐败堕落的形象，自己做的职业规划总是被他人否决，看到他人的职业计划受挫，于是得出结论说自己也无法控制自己的未来、不能确定有关的信息、未能成功获得职业要求的教育培训等，我们还可以应用社会学习理论，采用更为理性的、建设性的思维方式来重新建构一些不利于职业规划的想法，以克服影响自身职业规划的非理性信念。

基于社会学习理论，克朗伯兹及其他研究者提出了一个问题解决的决策模型。这个决策模型包括七个步骤：定义问题，建立一个行动计划，澄清价值观，确认选项，发现可能的结果，系统地剔除选项，开始行动。整个决策过程主要要求职业生涯决策者根据价值观、兴趣和才能等对获得的各种职业信息进行比较，然后决定哪一项工作可以带来更高的满意度，剔除最不满意的一些选项，最后采取行动去找工作或学校，包括做个人简历、报名参加大学入学考试、参加面试等。

（三）金斯伯格的职业意识发展阶段理论

美国著名的职业指导专家、职业生涯发展理论的先驱和典型代表人物金斯伯格通过对个体的童年到青少年阶段职业心理发展过程的研究，将个体职业心理的发展划分为幻想期、尝试期和现实期三个阶段，后两个阶段又进一步划分为子阶段。金斯伯格的职业生涯阶段理论实际上揭示了初次就业前人们职业意识或职业追求的发展变化过程，对实践活动产生过广泛的影响。

当你意识到你喜欢某些东西、不喜欢某些东西，兴趣阶段就开始了。当你发现某些事情你比别人做得好，你就进入了能力阶段。当你发现某些东西对你比对别人更重要，价值阶段出现了。综合阶段你变得更为自信，更有职业意识，这会带你进入现实期。第三阶段是现实期。现实期的试探阶段是你刚刚进入大学或开始全职工作，探索几种不同职业，这时你可能还不需要选定一种职业。下一阶段是具体化阶段，你选定了主修专业或某种职业方向，职业模式出现了。最后是专业化阶段，你在研究生院专攻某个学科或选择了特定的工作。有些人很早就选定了职业不再改变，也有很多人在确定职业模式前换过很多工作。有些人则从未完成这个过程，从未确定自己的职业模式。试问自己："我在金斯伯格的职业发展阶段中处于什么位置？"

尝试期开始注意并培养对某些职业的兴趣，开始以个人能力为核心，衡量并测验自己的能力，同时将其表现在各种相关的职业活动上，逐渐了解自己的职业价值观，并能兼顾个人与社会需要，以职业的价值性选择职业。将上述三个阶段的职业相关资料综合考虑，以此来了解和判定未来的职业发展方向。

第四章　自我认知与职业规划

认识自己不是简单地认识自己的方方面面，而是深入地了解自己的需要，了解自己的行为模式，了解自己的内心，了解自己是如何成长的。自我认知是人一辈子的功课，人生的经历、遇到的人或事，都会改变你的想法。所以越能认清你自己，就越能掌握自己。虽然每个人对自己认识得越全面越好，但是我们相信有四个因素，即价值观、兴趣、能力和人格是个体在进行职业规划时最需要考虑的部分。

第一节　自我认知的内涵

自我认知是对自己进行全面的分析，通过自我剖析来认识自己、了解自己，以便准确地定位自己。自我认知的重点在于通过全面认识自己测评出管理能力、人际交往能力、知识水平、职业导向因素、价值观念和相对独立性等。自我认知是个人职业规划的基础，它将直接关系到个人的职业成功与否。

一、价值观

（一）职业规划中的价值观

从 20 世纪 50 年代开始，唐纳德·舒伯、马丁·凯茨以及其他心理学家开始研究职业价值观在职业规划选择中的作用。研究结果发现，价值观的确是影响职业生涯决策的因素之一，并且价值观与随后的工作满意度水平有关。当人们依循自己的价值观生活时，会有很大程度的幸福感。所以从字面上来看，价值观就是某些对你来说很重要或是你很想要的东西。

（二）价值观的类型

各个国家的专家和学者根据不同依据，将价值观分类。下面主要介绍三种被人们广泛认同并使用的价值观类型。

1. 斯普兰格价值观类型

德国教育学家和哲学家斯普兰格将人的性格分为五种类型（理论型、经济型、审美型、社会型和权力型)，所以他的价值观类型也依据他对人的性格类型进行分类。

（1）理论型

推崇求知，面对人和事，重视从中认识真相，找出规律。科学是理论价值的最高体现。

（2）经济型

具有经济价值观的人，基本上是对"有用"的人发生兴趣，关心的是生产商品、提供服务和积累财富。他们是彻底的实用主义者，完全按照商人通行的框框办事，追求物质利益。

（3）审美型

该类型的人以美为最高人生意义，不大关心实际生活，总是从美的角度来评价事物的价值。以自我完善和自我欣赏为生活目的。艺术家属于这种类型。

（4）社会型

人与人之间的快乐交往、关爱，社会福利、善、道德，这些都是社会价值的表现。

（5）权力型

具有权力价值观的人感兴趣的主要是权力。这种人不一定是一个政治家。由于竞争和奋斗在他一生中起很大作用，他在任何需要有高权力价值观才能获得成功的职业或工作中，会做得很好。

2. 罗克奇价值观

米尔敦·罗克奇一生致力于价值观的研究，他发展出了罗克奇价值观测验来研究价值观。他认为有 18 种价值观，包括我们的概念体系中类似自由、平等、美丽的世界、和平的世界或拯救的含义。具体内容如下：

①舒适的生活；②振奋的生活；③成就感；④和平的世界；⑤美丽的世界；⑥平等；⑦家庭安全；⑧自由；⑨幸福；⑩内在和谐；⑪成熟的爱；⑫国家的安全；⑬快乐；⑭救世；⑮自尊；⑯社会承认；⑰真挚的友谊；⑱睿智。

3. 凯茨工作价值观

20 世纪 60 年代末，凯茨研究了大约 250 种职业，找出了 10 种与工作有关的价值观，它们可以帮助一个人澄清在某个工作中所能得到的回报与满足。这 10 种价值观具体如下。

（1）高收入

指除足够生活费用以外还有可以随意支配的钱。

（2）社会声望

指是否受到人们的尊重。

（3）独立性

指可以在职业中有更多自己做决定的自由。

（4）帮助别人

愿意把助人作为职业的重要部分，帮助他人改善健康、教育与福利。

（5）稳定性

在一定时间内始终有工作，不会被轻易解雇，收入稳定。

（6）多样性

所从事的职业要参与不同的活动，解决不同的问题，不断变换工作场所，结识新人。

（7）领导力

在工作中可以控制事情的发展，愿意影响别人，承担责任。

（8）在自己感兴趣的领域中工作

坚持所从事的职业必须是自己感兴趣的领域。

（9）休闲

把休闲看得很重要，不愿意让工作影响休闲。

（10）尽早进入工作领域

涉及一个人是否在意进入工作领域的早晚，是否希望节省时间和不支付高等教育的费用而尽早地进入工作领域。

（三）价值观的自我认知

针对以上价值观的介绍，我们可以分别问自己以下八个问题。

（1）我重视的价值观是什么？

（2）我所标示的这五个价值观是我一直都重视的吗？如果曾经有改变，是在什么时候？

（3）有哪些价值观是我父母认为最重要的，而我却不同意呢？有哪些价值观是我和父母共同拥有的呢？

（4）价值观的改变是否曾经改变我安排生活的方式？

（5）我理想的工作形态与我的价值观之间是否有任何关联？

（6）是否因为谁说的一句话或某件事情，例如考试的成绩，而对自己的价值观感到怀疑？

（7）以前我曾经崇拜哪些人？他们目前对我有什么影响？

（8）我的行为可以反映我的价值观吗？例如重视工作的变化、成长与突破的你，会选择单调枯燥、一成不变的工作吗？你会在爸妈的期许下，选填自己不喜欢的专业吗？

以上八个问题，是了解价值观的基础。给以上问题列出答案并不是一件容易的事，也不是短时间就能有完整的答案。因为价值观可以是很明显、清楚的，例如对金钱的重视或不重视；也可以是非常抽象，无法用实物进行衡量的。但更常发生的情况是，价值观伴随着很多个人的主观、莫名、甚至无法解释的情绪因素，让人无法琢磨。价值观决定着人生的方向，是最需要自我思量的方面，每个人都要认真把握。

二、兴趣

职业心理研究有个很有趣的发现，每个人对工作的兴趣模式，与这个人比较持久的特质是相吻合的。很多证据显示，这些和工作相关的兴趣模式早在青春期就已存在，而且在历经青春期以后，到了成年阶段，兴趣更加坚定一致。所以兴趣会影响一个人的职业规划甚至是创新创业的成功与否。

和青少年相比，成年人更了解自己的兴趣模式，他们能够通过生活与工作，来加深对自己的认识。显然，个人兴趣发展会受到工作环境里的新经验的持续影响，但是无论怎样波动，它都离不开真正的兴趣模式范围。技能评估当然很重要，但是在职业发展上，"我应该做什么"远没有"我想做什么"更重要；"我是否有能力做好某件事"的重要性也比不上"我是否对某件事有兴趣"。

三、能力

（一）能力与能力倾向的概念

能力有两层含义：一是某项任务或活动的现有成就水平，是指已经发展成为或表现出来的实际能力；二是容纳、接受或保留事物的可能性，是指潜在能力。

能力倾向，也称"性向"，是指个体得益于进一步训练的潜在能力。关于能力倾向的定义，众说纷纭。Warren 认为，所谓能力倾向，即构成某种知识、技能和一定行为模式的各种个人特质的状态和组合。Super 认为，能力倾向是一些对不同职业的成功，在不同程度上有所贡献的心理因素。他们是各自比较稳定的、单一的独立因素。

（二）能力倾向测验的用途

能力倾向测验是为了判定能力倾向的有无和程度，是为了测量潜在的成就或预测未来的业绩水平。因此，被标准化了的能力倾向测验，具有两种机能：一是判断个人具有什么样的能力，即所谓诊断机能；二是测定在所从事的活动中，成功和适应的可能性，即所谓预测机能。

职业领域的性向测验又可分为特殊性向测验和一般性向测验。前者用于人事选拔，后者主要用于职业指导和咨询。与职业活动有关的能力倾向，最重要的有以下三个方面。

第一，什么样的职业适合某人（职业选择和指导）；

第二，为了胜任这个工作，什么样的人最合适（人员甄选和配置的问题）；

第三，为了使这个人适合某种职业，对什么地方进行改善最好（适合职业的开发和职务再设计）。

（三） 能力倾向测验的分类和内容

现在所使用的能力倾向测验，大致区分为：职业能力倾向测验，辨别能力倾向测验，升学能力倾向测验，音乐、艺术能力倾向测验，准备性测验，专门职务、管理监督能力测验等。在日常生活中，一般被人们所了解的是职业能力倾向测验。

职业能力倾向测验的内容如下。

（1）身体运动的机能测验

例如，握力、背肌力、听力、视力等身体机能测验，以及投射、击球等复合运动机能测验。

（2）作业动机机能测验

例如，简单反应测验，敲打速度测验等速度测验，金属丝作业，双手协调等精巧测验。

（3）智力能力测验

包括一般智能测验、记忆力测验、注意力测验、形态盘测验等个别智力检查。

（4）性格兴趣测验

如职业兴趣测验。

四、人格

人格，在美国心理学界，有的心理学家又称之为性格，指一个人在现实的稳定态度和习惯化了的行为方式中所表现出来的个性心理特征。

我们每个人都有着不同的性格特征。有的乐观开朗，有的沉默寡言，有的风风火火，有的慢条斯理，有人感情丰富，有人却不动声色……这一切都是人格在起作用。现简要介绍当今世界范围内最为流行的人格测试：梅尔斯—布瑞格类型指标（MBTI）。

（一） 梅尔斯—布瑞格类型指标（MBTI）

梅尔斯—布瑞格类型指标（MBTI）是布瑞格在第一次世界大战期间发展起来的，是所有人格测试之母，也是当今世界上最为流行的人格测试。

她的理论建立在荣格的人格理论基础上，经过她的女儿伊萨贝尔·布瑞格·梅尔斯的进一步发展，最终在20世纪70年代形成了标准的梅尔斯—布瑞格类型指标。

通过对荣格理论的深入研究，伊萨贝尔·布瑞格·梅尔斯总结出我们每个人都有一种主导行为方式来处理下列问题。

1. 你从哪里获得精力

我们从自身以外（外向型）还是从自己内部（内向型）获得？

2. 如何收集周围世界的信息

直陈性地、有序地（感觉型），还是比喻性地、随机地（直觉型）？

3. 如何作出决定

客观地、不涉及人情（思考型），还是主观地、顾念人情（情感型）？

4. 日常的生活方式

你喜欢事先做决定、做计划，过得井井有条（判断型），还是宁愿灵活多变、在生活中顺其自然（感知型）？

（二）MBTI 的人格类型

MBTI 用四个维度上代表偏好的字母来表示一个人的类型，例如，一个人的偏好依次是内向、感觉、思考、判断，那么他的类型用 ESTJ 表示。由于每个维度有两种偏好，有四个维度，所以所有的类型组合一共有 16 种。

第二节　个性与职业规划

一、气质与职业

气质是在人的生理素质的基础上，通过生活历练，在后天条件影响下形成的，并受到人的世界观、价值观和性格等因素的控制。它的特点一般是通过人们处理问题、人与人之间的相互交往显示出来的，并表现出个人典型的、稳定的心理特点。

公元前 5 世纪，古希腊名医希波克拉底认为人体内有四种体液，哪种体液占主导地位，其行为方式、反应和情绪表现就带有这一类型的特点，这就是他的气质类型的体液说。希波克拉底把人的气质分为多血质、胆汁质、黏液质、抑郁质四种。四种气质类型和其表现出的典型特征如下。

1. 胆汁型

精力充沛，情绪发生快而强，言语动作急速难以自制，内心外露，率直，热情，易怒，急躁，果断。

2. 多血型

活泼爱动，富于生气，情绪发生快而多变，表情丰富，思维言语动作敏捷，乐观，亲切，浮躁，轻率。

3. 黏液型

沉着冷静，情绪发生慢而弱，思维言语动作迟缓，内心少外露，坚忍，执拗，淡漠。

4. 抑郁型

柔弱易倦，情绪发生慢而强，易感而富于自我体验，言语动作细小无力，胆小扭捏，孤僻。

20 世纪 30 年代，俄国著名的生理学家巴甫洛夫经过多年对人的高级神经活动的研究，把四种神经类型科学地解释为气质的生理基础。巴甫洛夫对四种气质作了如下解释。

（1）胆汁质相当于神经活动的强而不均衡型

这种气质的人易兴奋、脾气暴躁、性情直率、精力旺盛，能以很高的热情投身事业。兴奋时，决心克服一切困难；精力耗尽时，情绪又一落千丈。

（2）多血质相当于神经活动的强而均衡的灵活型

这种气质的人热情，有能力，适应性强，喜欢交际，精神愉快，机智灵活。注意力易转移，情绪易改变，但是办事重兴趣，富于幻想，不愿做耐心细致的工作。

（3）黏液质相当于神经活动的强而均衡的安静型

这种气质的人平静，善于克制忍让，生活有规律，不为无关事情分心，埋头苦干。有耐久性，态度持重，不卑不亢，不爱空谈，严肃认真；但不够灵活，因循守旧。

（4）抑郁质相当于神经活动的较弱型，兴奋和抑制过程都弱

这种气质的人沉静，易相处，人缘好，办事稳妥可靠，做事坚定，能克服困难；但比较敏感，易受挫折，孤僻、寡断，疲劳不易恢复，反应缓慢，不思进取。

二、兴趣与职业

人的兴趣差异对职业意向的影响主要表现在以下五个方面。

1. 兴趣对象的差异

有的人偏重于物质生活，有的人偏重于精神生活。

2. 兴趣空间的差异

有的人兴趣较广泛，有的人兴趣比较单调。

3. 兴趣稳定性的差异

有的人在短时期内对某一种活动的兴趣很浓，有的人则不同，兴趣持久稳定。

4. 兴趣效能的差异

兴趣的效能指兴趣在择业中能够产生的效果，包括就业准备和求职行为。

5. 兴趣的可行性差异

有的人职业兴趣脱离主观条件，往往想得好，做不到；有些人职业兴趣建立在切实可行的基础上，因此很容易心想事成。

根据兴趣的不同，可以将择业者分为若干类型，每类兴趣都有相应的职业：

第一类兴趣是爱与物打交道（这里的"物"指工具、器具、仪表等），不爱与人打交道，爱做技术性强的工作。

第二类兴趣是爱与人接触，与人为善，助人为乐，为人谋福利，擅长做领导工作、组织工作、发动工作、服务工作，与之相适应的是社会型职业。

第三类兴趣是爱活动，喜欢冒险，希望得到较多的报酬，与之相适应的是企业型职业。

第四类兴趣是爱做室内有规律的具体工作，宁愿被别人管，不愿管别人，与之相适应的是事务型职业。

第五类兴趣是爱自由自在，不受过多的约束，与之相适应的是艺术型职业。

第六类兴趣是爱动脑筋，寻根问底，独立思考，不随大流，与之相适应的是研究型职业。

由此可见，选择职业时要选择和自身兴趣相适应的职业，这样就能保持较高的积极性，即使有繁重的任务也会兴致勃勃、乐此不疲。

三、性格与职业

性格的类型是指一类人身上所共有的性格特征的独特结合。按一定原则和标准把性格加以分类，有助于了解一个人性格的主要特点和揭示性格的实质。由于性格结构的复杂性，在心理学的研究中至今还没有大家公认的性格类型划分的原则与标准，现将有代表性的观点加以简单介绍。

德国教育学家和哲学家斯普兰格从文化社会学的观点出发，根据人对生活方式的价值观，把人的性格分为六种类型，即经济型、理论型、审美型、宗教型、权力型、社会型。

经济型的人：以追求财富、获取利益为个人的生活目的。实业家多属此类。

理论型的人：以探求事物本质为人的最大价值。哲学家、理论家多属此类。

审美型的人：以感受事物美为人生最高价值，他们的生活目的是追求自我实现和自我满足。

宗教型的人：把信仰宗教作为生活的最高价值，相信超自然力量，坚信永存生命，以爱人、爱物为行为标准。

权力型的人：以获得权力为生活目的，并有强烈的权力意识与权力支配欲，以掌握权力为最高价值。

社会型的人：重视社会价值，以爱社会和关心他人为自我实现的目标，并有志于从事社会公益事业。

四、能力与职业

具备一定的能力是个人职业成功的首要条件。美国哈佛大学的心理学家曾指出，智商高并不一定会成为成功人物；相反，智商平平但具有以下的一种或几种才能的人，很有希望获得成功。

1. 具有数字和逻辑才能的人

能解答高深复杂的数学问题，而且能有层次地推理事物，有机会成为成功的科学家。

2. 具有语言天才的人

语言天才是成功人士的资本，具有卓越的表达能力或容易学习新语言和文字的人，便有条件成为出色的作家。

3. 对空间特别敏锐的人

通常以三维空间来观察事物，这类人极有机会成为出色的艺术家和建筑师。

4. 具有与别人沟通才能的人

沟通是当教师、推销员、政治家及宗教领袖的重要条件。

5. 自我感觉能力高的人

可以成为演员、音乐家及创作人才，因为他们非常了解本身的行为及感情，并使用所得的知识与技巧。

6. 懂得控制肌肉和身体活动

是舞蹈家和运动员的重要条件之一。

第三节　自我认知的方法

自我认知的方法有很多，日常生活中人们比较常用的主要有以下三种：橱窗分析法、自我测试法和计算机测试法。通过采用不同的方法测试，可以帮助我们全面了解自己、认识自己，并以此为基础规划和设计自己的职业生涯。

一、橱窗分析法

橱窗分析法是自我剖析的重要方法之一。心理学家常把对个人的了解比成一个橱窗——为了便于理解，我们可以把橱窗放在一个直角坐标系中加以分析。坐标的横轴正向表示别人知道，负向表示别人不知道；纵轴正向表示自己知道，负向表示自己不知道。

"潜在我"是影响一个人未来发展的重要因素，因为每个人自身都蕴藏着巨大的潜能。许多研究都表明，人类平常只发挥了大脑功能的极小部分。如果一个人能够发挥出其一半的大脑功能，他将很轻易地就能学会40种语言，背诵整套百科全书。著名的美国心理学家奥托指出，一个人所发挥出来的能力，只占他全部能力的4%。控制论的奠基人美国数学家维纳也曾指出："可以有把握地说，每个人，即使他是做出了辉煌成就的人，在他的一生中利用他自己的大脑潜能也还不到百亿分之一。"由此可见，认识与了解"潜在我"是自我剖析的重要内容之一。

"潜在我"是准确地对自己进行评价的一个重要方面。如果能诚恳地、真心实意地对待他人的意见和看法，就不难了解"潜在我"。

二、自我测试法

自我测试法是通过回答有关问题来认识自己、了解自己，这是一种比较简捷、经济的自我分析法。其测试题目大部分都是由心理学家经过精心研究设定的，只要如实回答，就能在相当程度上了解自己的有关情况。在自测回答问题时，切忌寻找标准答案，而应该是自己怎么想、怎么认识就怎么答，这样得到的测试结果才有实际意义。

自我测试的内容和量表有很多，具体涉及方方面面，如性格测试、气质测试、情绪测试、智力测试、技能测试、记忆力测试、创造力测试、观察力测试、应变能力测试、想象力测试、管理能力测试、人际关系测试等。

常用的六种测试工具，包括自我访谈记录、斯特朗—坎贝尔个人兴趣调查问卷、奥尔波特·弗农·林赛价值观问卷、24 小时活动日记、"重要人物"访谈记录和生活方式描述。

自我访谈会给每一个问题发一份提纲，其中有 11 道问及他们自己情况的问题，要他们提供有关自己生活（有关的人、地、事件）、他们经历过的转折以及未来的设想，并让他们在小组中互相讨论。这篇自传摘要体裁的文件将成为随后的自我分析依据的主要材料。

1. 斯特朗—坎贝尔个人兴趣调查问卷

这份包含有 325 项的问卷填好后，就能据此确定他们对职业、领域、交往的人物类型等的喜恶倾向，为每人与不同职业中成功人物的兴趣进行比较提供依据。

2. 奥尔波特·弗农·林赛价值观问卷

此问卷中列有多种相互矛盾的价值观，每人需对之作出 45 种选择，从而测定这些参加者对多种不同的关于理论、经济、美学、社会、政治及宗教价值观接受和同意的相对强度。

3. "重要人物"访谈

记录每位参加者要对自己的配偶、朋友、亲戚、同事或其他重要人物中的两个人，就自己的情况提出一些问题，看看这些旁观者对自己的看法，这两次访谈过程需要录音。

4. 生活方式描述

每位参加者都要用文字、照片、图画或自己选择的任何其他手段，把自己的生活方式描述一番。

三、计算机测试法

计算机测试是一种现代测试手段。这种测试与自我测试法相比，其科学性、准确性较高，是一种了解自己、认识自己的有效的方法。目前，用于测试的软件多种多样，许多网站也都开设有网上测试。国外目前最常使用的四种计算机辅助指导系统为："发现""职业辅导信息系统""职业信息系统"和"互动式指导及信息系统"。如今，应用计算机技术作为获得职业信息的方法已经应用得越来越普遍了。

通过自我剖析认识自身的条件和整体综合素质，可以对自己进行比较准确的综合评估，以便根据自身的特点设计自己的职业发展方向和目标。

第五章　职业环境认知

第一节　职业环境分析

职业环境就是某职业在社会大环境中的发展状况、技术含量、社会地位、未来发展趋势等，职业环境分析分为外部环境分析和组织（企业）环境分析两部分。

一、外部环境分析

为了更好地进行职业选择与职业生涯规划，必须对外部环境进行分析，了解环境对职业发展的要求、影响及作用，对各种影响因素加以衡量、评估，并作出反应。

（一）家庭环境分析

家庭环境分析包括对家庭软环境和硬环境的分析。家庭软环境，是指个人所处家庭的气氛，它作用于人的内在情绪和感受，对人起着潜移默化的作用，是家庭生活中人与人之间相互联系时所形成的一种氛围。家庭硬环境，是指家庭中物质条件的集合，它是人得以发展的基础条件。家庭环境对个人职业规划的影响不一而足。

1. 软环境分析

软环境分析主要分析家庭的心理道德环境。心理道德环境作为家庭环境的核心，是人类社会化发展的"温床"。它对家庭成员之间的关系、父母的道德水平、孩子的教育方式、人的自我概念的发展、师生关系、行为问题等均有较大影响。当今社会的主题是和谐，讲求的是人与自然、人与人以及人与社会的和谐。而家庭软环境就是和谐中分出的一个大的课题。以和谐为主题的生活、家庭软环境的协调性是最重要的。

2. 硬环境分析

硬环境主要指家庭中可以用量化指标来评判和衡量的环境因素，比如家庭的成员结构、资源分配、生活方式等。良好的家庭硬环境无疑有利于学生的成长，反之则不利于学生的成长。不良学生成长的家庭硬环境均存在家庭结构缺陷、家庭资源的配置不合理、父母道德文化水平低下或职业状况较为不良等情况，这些不良的家庭硬环境严重影响着他们的道德修养、学习习惯、行为方式等，从而可能导致学生品行不佳。

家庭环境因素包括内环境与外环境。家庭内环境指自己家里的人或事，不被外人容易获知。一般家庭内环境都是说夫妻和睦相处，家长对子女的教育方式等相关问题。外环境是指家庭外的，如家庭的周围环境、周围人群情况、外部活动场所、外部人际关系。

（二）学校环境分析

学校环境是指所在学校的教学特色与优势、专业的选择、社会实践经验等。随着近些年来各校的扩招和扩建，面对严峻的就业形势，职业发展受到市场供需比例的影响。所以，要求毕业生在做职业生涯规划时，不必太苛求自己，可以尝试向边缘化方向发展。以计算机专业为例，毕业生可选择的就业面还是非常广的，如果性格外向、乐于与人沟通，可以尝试做 IT 方面的销售；如果思维敏捷，乐于挑战，可以尝试应聘 IT 工程师或系统运维岗位……一个专业大致可以对应五种职业：技术、销售、媒体、咨询与支持服务。

（三）社会环境分析

人脱离不了社会，因此对社会环境进行了解和分析也是职业生涯规划的内容之一。所谓社会环境分析，包括对社会政治环境、经济环境、法律环境、科技环境、文化环境等宏观因素的分析。社会环境对我们的职业生涯乃至人生发展都有重大影响。通过对社会大环境的分析，了解国家或地区的政治、经济、科技、文化、法制建设、政策要求与发展方向，有助于寻找各种发展机会。对社会环境因素的了解主要包括以下几个方面。

1. 就业政策

就业政策在这里发挥了重要作用。目前我国的就业政策以市场调节为主，即毕业生在国家和学校的指导、帮助下，自行与用人单位沟通，进行双向选择，也就是毕业生自主择业，国家不再进行任何干预。这就使得应届生的就业竞争十分激烈，就业形势非常严峻。毕业生在做职业规划时要对就业形势有了解，不要盲目乐观，也不要无端悲观。

2. 市场需求

市场需求高的更容易获得职位，相反，已经饱和的就很难再进入。这是应届生做职业规划时应该用心关注的地方。

对于市场的需求，要考虑行业和地区两个方面。大城市由于机会比较多，更容易吸引应届生，应届生则要在职业规划的时候就弄清楚选择大城市的利弊。已经非常热的行业也要慎重，这种行业往往已经进入卖方市场，用人单位更挑剔，要求也更严格。

应届生在做职业规划时要弄清楚自己想从事的职业在各个地区的不同状态。如果真的是想做某个职业，那就应该选择更适合自己的地方去发展。

总体来说，我们现在面临着一个非常好的宏观环境：社会安定，政治稳定；经济发展迅速，并逐步与全球接轨；法制建设不断完善；文化丰富繁荣自由；尖端技术、高新技术突飞猛进。这些情况非常有利于职业发展。

二、组织（企业）环境分析

组织（企业）环境分析大致可分为：职业环境分析、行业环境分析、企业环境分析、地域（城市）环境分析等。

从微观角度来看，组织（企业）环境主要包括：组织规模和组织结构；组织文化、组织氛围和人际关系状况；组织发展战略和发展态势；组织政策和组织制度；组织人力资源开发与管理状况，如人力资源需求、晋升发展政策、薪资和福利、教育培训、工作评估等；工作设施设备条件和工作环境等。

（一）职业环境分析

所谓职业环境分析，就是要认清所选职业在社会大环境中的发展过程和目前所处的社会地位，社会发展趋势对此职业的影响，包括职业的发展趋势，职业内涵中的五个因素（社会分工、专门知识技能、创造财富方式、报酬水平、满足需求的程度）发展变化的趋势。

为什么要做职业环境分析？国家经济的发展和科技的进步，定会导致社会职业结构的变化，新的职业会出现，还有一些职业会衰退，或是有些职业虽然存在，但其相关属性或内涵已经发生了变化。是否能预测一种职业的发展趋势，是否能预测职业内涵的演化，对一种职业是否有深刻的认识将关系到我们能否在把握社会环境变化的基础上，为自己人生的发展找到或创造适宜的职业平台，有效地规划职业生涯。

如果希望抓住机遇，建立明确的职业目标，有效降低机会成本和降低选择的风险，那么深入的职业环境分析是必不可少的重要一环。

（二）行业环境分析

行业环境分析包括：对目前所从事行业的分析和将来想从事的目标行业的分析。

分析内容包括：行业的发展状况，国际国内重大事件对该行业的影响，目前行业优势与问题何在，行业发展趋势等。

在分析行业环境时，社会大环境的发展趋势是不可忽视的。新时代发展背景下，有些行业已经夕阳西下，有些行业却是旭日初升，还有些则是如日中天。有些行业受到保护，有些行业被限制，有些行业被大力支持。近年来和环保有关的行业就受到国家支持，如果在规划职业时选择了高污染的行业，那么必将不利于自己的职业发展。

（三）企业环境分析

企业环境一般包括：单位类型、企业文化、发展前景、发展阶段、产品服务、员工素质、工作氛围。企业实力既包括企业外在的竞争力，也包括企业的内在发展动力。一个外表看起来辉煌、内部却管理混乱的企业最好不要去。最好是去一个在处于上升阶段的企业，有更强的竞争力、明确的战略目标，并充满活力和战斗力。即便是个小公司，也是可以考虑的。

企业文化和企业制度则是员工能否在其中长久工作下去的重要影响因素。一个好的企业，应当让员工感到快乐和受尊重，激发员工的工作积极性，并且能够有比较合理的晋升途径和更好的职业培训。员工能够在其中成长，为企业作出贡献，并且在作出贡献后能够获得报酬。

企业前景是人们职业期望实现的条件。一个良好的发展前景，既是企业的幸运，也是员工的幸运。做职业规划时，要看重这一点。一个目前状态尚佳，但已经没有上升空间的企业，不建议将其列入规划中。

（四）地域（城市）环境分析

大学生的就业地域环境主要是指就业意向地区的行业、生活、人才、人文等影响职业生涯发展的客观环境因素。

对于大学生而言，就业不仅仅是一份工作和职业的选择，很多时候更是生活环境甚至是生活方式的选择。就业区域对生活环境和生活方式的影响巨大。不必拘泥于传统的地域限制，选择一个适合自己发展的平台，寻找更广阔的发展空间。

职业环境分析从外部环境和组织环境两个方面对影响职业发展的因素进行分析，掌握了以上几个方面，就可以比较有条理地进行资料搜集和分析，为职业规划作出合理安排。

第二节　职业环境探索

一、职业环境探索的意义和方法

（一）职业环境探索意义

大学生的自我认知，只有与外部职业环境认知充分结合，才能制订出较为切实可行的个人职业生涯规划；只有了解职业和职业环境，才能懂得如何通过提高自身的修养不断提高自己的职业道德素质；只有了解职业和职业环境，才能懂得如何融入企业文化，从而发挥出自己的最大才能；只有了解职业和职业环境，才能结合适合自己的职业塑造职业形象；只有了解职业和职业环境，才能够开阔视野，掌握必要的就业政策和就业策略，增强参与就业竞争和承受就业挫折的能力，确立高尚的职业理想，树立正确的择业观念，培育健康的就业心理，正确地选择职业，成功地走向社会。

（二）职业环境探索的方法

通过网络媒介了解职业环境：现代社会网络极其发达，充分利用网络资源是进行职业探索的主要方法之一。

利用各种实习机会了解职业环境：实践出真知，通过寻求各种实习机会，在实践中探索职业环境更为直接和可靠。

经验交流：参加各种讲座，与企业的工作人员、HR 等进行面对面交流，或是进行朋辈间的交流，有助于资源共享。

职业咨询：目前我国职业咨询类服务尚处于发展之中，进行职业咨询成为职业环境探索的方法。向专业人士寻求帮助，走出求职择业的误区与困惑。

二、社会转型背景下的职业环境特点

大学生就业地域选择上的不平衡、国家就业政策的影响、招生规模快速增长带来的就业竞争加剧、经济高速发展，对人才和教育的发展提出更高要求。

1. 欧美企业环境特点及其职业能力要求

（1）环境特点

中国和欧洲国家文化起源不同，所以在价值观、人生观等方面有很大的不同，反映在企业管理中也是如此。比如德国人崇尚"责任和严谨"，美国人崇尚"个人价值和对人的尊重"，法国人崇尚"热爱生活、浪漫和极强的民族自豪感"等。这些不同会直接体现在企业文化里面，反映出各国企业职业环境的差异。

第一，鼓励个性发展，重视个人竞争。

欧美文化以个人主义为核心，即个人在社会生活中要有充分的自我表现，实现自我价值。因此在他们的企业文化中，强调重视个人权利，发挥个人作用，尊重个人发展，鼓励个人奋斗。欧美企业很早就意识到人才的挖掘和培养是企业获取成功的关键。在不损害企业利润的前提下，都把尊重人、关心人、培养人、以人为核心的原则放在重要地位。在处理企业事务的时候，与日资企业截然不同的重视汇报制度相比，欧美企业只重视结果，很少过问过程，员工在事务处理中享有一定程度的自主权，能充分地施展个体的才能和创造性，大大提高工作效率。需要注意的是，欧美企业通常都是实行短期评价，如果业绩不好，表现不好，员工很快就会被辞掉，即使是经理人也是如此。

第二，企业氛围宽松、和谐。

很多企业不管是上级还是下属，均可以直呼其名，或使用"合伙人""同事""夫人、先生、小姐"等没有等级的称谓。日常工作中，老板不太爱摆"老板"的架子，员工在老板面前放松自如，同事间轻松、友好的合作氛围使大家仿佛如一家人一样。这样的亲切感有很大的凝聚力，能够使大家在轻松愉快的氛围中工作，创造更高效益。

第三，能力最重要。

欧美企业重视团队合作以及关系协调等诸多能力。他们对企业与员工、员工与员工、员工与客户之间的关系非常重视，讲求团队管理和互相合作。员工在及时完成自身任务的同时，如果能够主动帮助别人，老板将会非常喜欢。上下级之间、同事之间还要保持及时沟通，大家尊重彼此，认同彼此间不同的思想和风格，对工作中的一些问题，可直接表达自己的想法和建议。

第四，重视创造性，追求产品质量完美。

为客户提供一流的服务和完美的产品是很多欧美企业的目标。因此企业鼓励员工要有对产品精益求精的创新意识和创新能力，通过各种激励措施鼓励和强化这种行为。目前，这种意识已经转化为欧美企业全体员工的自觉行动，欧美很多产品均以品质和服务享誉全球。

第五，诚信为本。

比较东西文化的特质就可以发现，西方文化追求卓越，追求自我价值的实现，因而表现为独立的精神、独立的人格、独立的价值观。实现这种"独立"，需要规范管理、制度保证，严格按规则办事，追求制度效益，从而实现管理的有序化和有效化，这是很多欧美企业管理的共同特点，诚信为本、一切按照规章制度办事成为欧美企业鲜明的特色。

第六，责任感。

欧美企业强调员工的责任感。这种责任感不仅仅包括对家庭的责任、工作的责任，还有社会的责任。他们认为，员工如果带着这样的责任感去对待自己周围的事物，企业就没有理由不发展壮大。企业对员工强调工作责任，尤其是每一个人对所处工作岗位或生产环节的责任，这样环环相扣，才能生产出品质优良的产品和提供周到细致的服务，企业才能不断发展和拥有广阔的市场，才能生存下去。

（2）在欧美企业工作的职业能力要求

①语言

语言是沟通的工具，流利的英语是进入欧美企业的第一步。如你遇到一位民族优越感极强的法国老板或德国老板，那么你所会的小语种就是你的制胜法宝。欧美企业注重职务的功效性，主张人要适应岗位要求。因为语言的差异会造成理解的偏差，从而导致工作上的一些失误，对工作效率产生影响，所以欧美企业对员工的外语能力要求很高。

②积极的学习态度和创新精神

欧洲企业采用双向选择的自由雇佣制，不像日本企业那样讲究从一而终的忠诚度，并且会不断地优胜劣汰，企业以此来不断追求效益。因此要想在欧美企业站稳脚跟，就得不断充电，补充知识，当然你的付出和努力也会得到相应的回报。在欧美企业工作，一定要清楚自身价值，有明确的目标，想方设法实现自身价值最大化。

③良好的适应性

对新环境以及公司、国家文化的了解和掌握，是在欧美企业顺利工作的重要条件。

只有了解欧美等国的文化特点，才能有效地理解企业的文化，准确地认识企业的价值观和发展理念，才能有效地同老板、同事进行合作与交流，从而更好地满足企业的需要。

④重视实践背景

不管什么样的社会实践，也许你是学生干部，也许你在社团中服务，也许你在社会历练，也许你在专业公司实习……欧美企业会很关心你是否有这样的实践经历，当然最重要的是你从中获得什么。所以，你需要在专业学习的同时，通过社会实践不断丰富自己，为自己的人生增加更多的砝码。

2. 国有企业

（1）国有企业人力资源管理现状

改革开放以来，随着外资企业的增加，国外企业管理理论和实践不断得到推广，国有企业传统的人事管理制度已经逐渐向现代人力资源管理方面发展。国有企业人力资源的框架基本建立，企业的组织架构也能够参考通行的现代企业理论，岗位设置也更加科学。但是很多国有企业在人才使用上没有引入真正的竞争和淘汰机制，使得国企体系内的人才流动性差，员工危机感较差，缺乏竞争力，影响到人力资源管理规划、聘用、激励等各个方面，没有完全完成向现代人力资源管理制度的转变，缺乏专业的人力资源管理制度和专业管理人员。不少企业只是形式上的改动，在用工制度、分配制度、人事选拔与任用制度上，仍然采用的是传统的人事管理方法。缺乏人力资源规划，忽视员工生涯发展与规划（动力、忠诚度、吸引力）。激励机制不完善，难以调动员工的积极性（论资排辈、人治特点突出）。

（2）国有企业对人才的要求

国有企业对应聘人员的要求，除了对企业忠诚、有团队归属感、有良好的心理素质和较强的适应能力等普遍性要求外，部分企业也有自己独特的用人标准。如，良好的思想政治素质，具备强烈的事业心和责任感，一专多能，全面发展，较强交际能力以及丰富的社会工作经验等。此外，国有企业对毕业生中的党员、学生干部、三好学生以及社会实践活动获奖人员格外青睐，在招聘条件中大多注明学生党员、学生干部、三好学生、在校期间表现良好者优先录用。

3. 党政机关、企事业单位等环境分析及职业能力要求

（1）党政机关、企事业单位环境分析

党政机关：党政机关里的工作人员有干部身份、工人身份，干部身份里又分行政编制、事业编制。公务员只是党政机关里具有干部身份同时又具有行政编制的那部分人。具有明显党政机关特征的政府办、组织部、财政局、人事局等部门的工作人员也未必全部是公务员，里面相当一部分人只是具有干部身份，是事业编制的行政岗位。领导干部里面也未必全部是公务员，凡是任命的一般是公务员，而聘任的则肯定不是公务员。

事业单位：①学校。学校是事业单位，也具备一定的行政职能，学校里的教师一般都是干部身份、事业编制。②医院。卫生局是行政机关，受其管理的单位比如说防疫站

和少数没有改制的医院，都是事业单位，而部分医院改制后，虽然成了企业单位，但是里面的工作人员都保留了原有的身份，或者是干部身份或者是工人身份，或者是行政编制或者是事业编制。③粮食局。粮食局是个比较特殊的机关，这个部门的行政职能日益减少，如今粮食系统的工作人员大部分不是公务员。

具有行政职能的企业单位：如电业公司、电信公司、药材公司、房地产交易中心等，这些单位虽然说经过改制全部变成了企业，但人没有改制。

银行：现在正进行银行系统的改制。也可以说，银行是具有企业性质的，但是银行里面的工作人员（除了临时工），大部分也是事业编制；银行的领导，从中央到地方，都是组织部门任命的，基本也都是行政编制。

企业：比如说烟草公司、旅游公司、旅游局、石油公司，这类企业也比较特殊，其在市场没有全部放开的情况下也具备一定类似行政部门的职能，所以，这些公司里面的领导层，也几乎全是行政编制或者事业编制。

（2）公务员素质要求

政治素质：必须具有远大的共产主义理想、坚定正确的政治方向；坚持全心全意为人民服务，密切联系群众，坚决维护人民群众的利益；坚持求真务实的工作作风，解放思想，实事求是，一切从实际出发，勇于开拓前进；遵纪守法，树立清正廉洁的公仆形象；刻苦学习，勤奋敬业，不断加强知识积累和经验积累。

专业知识和智力素质：专业知识包括本专业的基本概念、基础理论、基本框架和基本常识以及本专业的来龙去脉和前后动态。相关知识即指相近或交叉专业的有关知识，对这些知识的了解有助于本专业知识的深化和提高。智力是公务员的基本素质之一，智力水平的高低直接影响到公务员对于问题的观察、理解和思考。智力包括观察力、记忆力、思考力、想象力和操作能力。

心理素质和身体素质：公务员的心理素质指公务员在内部和外部环境作用下所形成的个性倾向性和个性心理特征，主要包括情绪的稳定性、团结协作的相容性、工作的独创性、面对服务对象的谦和态度、心理的自我调适等。身体素质主要指公务员的体力和适应力，公务员必须具备连续作战的精力，能够适应外部环境的各种变化。

（3）公务员能力要求

公务员能力是一个全面的概念，是进行公务活动所必须具备的体力、智力和技能各个方面的综合体现。公务员能力是行政能力体系的主干，包括基础性行政能力和运行性能力两大部分。按照《国家公务员通用能力标准框架》，公务员能力主要包括政治鉴别能力、依法行政能力、公共服务能力、调查研究能力、学习创新能力、沟通协调能力和应对突发事件能力等。

表达能力：公务员首先必须具备表达能力，能够将自己的思想、意图通过口头或书面方式准确地传递给对方，这既是信息沟通的手段，也是情感联络的媒介。

人际协调能力：人们由于知识、素质、爱好、志趣、经历背景等不同，导致行为习惯、对问题的看法、处世原则等差别很大。现实工作中公务员必须能够协调各种人际关系，减少内耗，形成合力。新录用的公务员切忌待人冷漠、自高自大、斤斤计较。

时间安排能力：政府公务工作繁忙，要求公务员必须合理掌握时间。合理安排时间的能力，首先，表现为要珍惜时间，不浪费一分一秒；其次，要在最佳时间段完成最重要的工作任务；最后，要有计划地分配自己可用的时间，把时间的分配和工作计划结合起来。

学习能力：当今时代是一个变革的时代，社会生活日新月异，政府管理随之不断变化。公务员要紧跟形势发展，不断学习新知识、培养新观念、开拓新视野；不仅要学习书本知识和他人经验，还要具备独立思考、推断事物的能力。

此外，公务员还必须具备办公现代化和外语能力、所从事岗位的专业能力以及必要的组织指挥、决断能力等。

第六章 大学生创新素质的培养

每一个大学生都蕴藏着丰富的创造潜能，这一潜能的开发和利用需要创新精神的指引和统领。同时，发掘大学生创造潜质，深入研究创新人才的素质，也是创新、创业的重要课题。本章将从创新意识、创新思维、创新能力、创新方法、创新精神五个方面探讨大学生创新素质的培养。

第一节 激发创新意识

一、创新意识的概念

创新意识是指人们根据社会和个体生活发展的需要，引起创造新事物的观念和动机，并在创造活动中表现出的意向、愿望和设想。它是人类意识活动中的一种积极的、富有成果性的表现形式，是人们进行创造活动的出发点和内在动力，是创造性思维和创造力的前提。它支配着人们对创新实践活动的态度和行为，规定着态度和行为的方向和强度，具有较强的选择性和能动性，是大学生创新素质结构中最重要的组成部分。

二、创新意识的类型

创新意识通常包括以下六种类型。

（一）还原创新意识

还原法即回到根本、回到事物起点的方法。简单地说，就是暂时放下所研究的问题，回到驱使人们创新的基本出发点。比如，打火机的发明应用了还原创新原理，它突破现有火柴的框架，把最本质的功能——打火功能抽提出来，把摩擦打火改变为以气体或液体作燃料的打火机。

（二）分离创新意识

分离创新是指把某创造对象分解或离散成多个要素，然后抓住关键要素进行设计创新。分离创新的基本途径一般有以下两条。

第一，结构分离。结构分离是指对已有产品结构进行分解，并寻找创新的一种模式。例如，耐克公司能提供一双世界上独一无二的耐克鞋，顾客可以直接登录耐克公司的官方网站，轻点鼠标挑选一系列的"制鞋零件"，包括粉红底色、减震装置、亮黄色衬里、钩形标志等。很快，这位顾客就收到了耐克公司邮寄的一双自己设计的、世界上独一无二的耐克鞋！耐克公司只是将一双完整的鞋子拆分为鞋子的各种散件，并允许顾客通过网络技术自由搭配组合，顾客个性化需求就顺利完成了。

第二，市场细分。市场细分是按消费者的需求、动机及购买行为的多元性和差异性，将整体市场划分为若干子市场，即将消费者分为若干类型的消费群。例如，洋河酒厂的市场调研团队通过对江苏省内目标消费者口味的测试，了解到如今的多数消费者不再喜欢高酒精度、不再依赖以"香"为标准的专家口感，而这恰好与洋河酒的内在品质接近。随后，洋河酒厂抽调技术骨干组成白酒技术攻关小组，凭借其庞大的品酒师队伍，绵柔型白酒成功面市。从蓝色经典海之蓝、天之蓝，再到梦之蓝，洋河酒厂不断接受市场的检验，10年之后，绵柔的概念已经风靡整个中国。这说明，洋河酒厂在白酒品质上的差异化创新探索获得了社会的认可。

（三）逆向创新意识

逆向创新是将思考问题的思路反转过来，从构成要素中对立的另一面来思考，以寻找解决问题的新途径、新方法。逆向创新法亦称为反向探求法。反向探求法一般有功能性反求、结构性反求和因果关系反求三个主要途径。19世纪初，人们发现了通电导体可使磁针转动的磁效应。法拉第运用逆向思维反向探求，"能不能用磁产生电呢？"于是，法拉第在经过9年的探索之后，终于在1831年成功发现了电磁感应现象，制造出了世界上第一台感应发电机。

（四）移植创新意识

移植创新指吸收、借用其他学科领域的技术成果来开发新产品。在机械创新设计方面，应用移植创新原理取得成功的例子很多，如将磁学原理移植到带传动中，人们发明了磁性带传动，大大提高了带传动的传动能力。

（五）综合创新意识

综合创新是运用综合法则的创新功能去寻求新的创造。综合创新一般有非切割式综合与切割式综合两个主要途径。

1. 非切割式综合

非切割式综合即直接将两种或两种以上的事物保持各自完整的综合创新模式。

2. 切割式综合

切割式综合即截取两种或两种以上事物的某些要素，再将其有机组合成新事物的综合创新模式。

（六）价值优化创新意识

价值优化提高价值的指导思想，是创新活动应遵循的理念。价值优化设计的途径主要有以下几种。

第一，保持产品功能不变，通过降低成本，达到提高价值的目的。

第二，在不增加成本的前提下，提高产品的功能质量，以实现价值的提高。

第三，虽成本有所增加，但却使功能大幅度提高，使价值提高。

第四，虽功能有所降低，但成本却能大幅度下降，使价值提高。

第五，不但功能增加，同时成本下降，从而使价值大幅度提高。这是最理想的途径，也是价值优化的最高目标。

三、创新意识的激发

（一）提倡标新立异，培养首创精神

首创就是要做别人没有做过、没有想过的事情，标新立异实质上就是有强烈的进取精神和勇于开拓的思维意识，是一种敢为天下先、敢为人未为的创新精神。首创和标新立异的精神和物质成果对我们的贡献巨大，能在一定程度上做出开创性的贡献，给后人提供新的思路和平台，有的成果则可推进社会的进步。有了这种精神，才能有创新的动力，才能发现创新点，也就有了培养创新习惯的基础。

（二）养成好奇心境

人一旦对某个问题产生好奇心，他在这方面的知识储备便会丰富，同时注意力便会集中，对这件事情便会更加关注、更加投入，思维也会特别活跃，潜能往往可以在这时激发出来，使人发挥出不可估量的作用。这时，人的创造性便会空前高涨。

（三）具有耐挫能力

人不可能一帆风顺，都会遇到困难，碰到挫折。如果没有超强的耐挫能力，没有百折不挠的顽强毅力，而是怕苦畏难，遇到风险便止步，那么，永远也不可能获得成功，更不要说取得创新成果了。其实，困难、挫折也是一笔财富。危急时刻，人们往往会斗志昂扬、思维活跃，意志也更加坚定。只有不畏艰难，集中精力解决矛盾、战胜困难，才更容易激发出创造性思维。

（四）具有献身精神

古往今来，多少英雄豪杰、仁人志士，无不应验了这一真理，无不是从小就树立了

远大的理想和抱负，并为之而努力奋斗，顽强拼搏，并最终实现。任何人都拥有与杰出成功者一样的潜能、一样的时间和一样的机会。如果拥有了远大理想和献身精神，我们每个人的能量就能得到发挥。

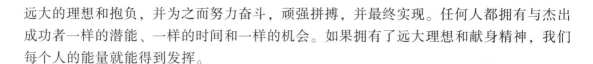

第二节　培养创新思维

一、创新思维的概念

创新思维是人们在创新活动过程中所具有的思维方式。它是相对于以固定、惰性的思路为特征的常规性思维而提出的，是一种高度灵活、新颖独特的思维方式。它通常是在创新动机和外在启示的激发下，充分利用人脑意识和潜意识活动能力，借助于各种具体的思维方式（包括直觉和灵感），以渐进式或突发式的形式，对已有的知识经验进行不同方向、不同程序的再组合、再创造，从而获得新颖、独特、有价值的新观念、新知识、新方法、新产品等创造性成果。

二、创新思维的特征

创新思维主要有以下七个特征。

（一）灵活性特征

创新思维不局限于某种固定的思维模式、程序和方法，它既独立于别人的思维框架，又独立于自己以往的思维框架，是一种开创性的、灵活多变的思维活动，它能做到因时、因事而异。例如，美国的一个南极探险队首次准备在南极过冬时，遇到了这样一个难题：队员们打算把船上的汽油输送到基地，但由于输油管的长度不够，又没有备用的管子，无法输送。正当大家一筹莫展的时候，队长帕瑞格突发奇想：南极到处都是冰，能不能用冰做成冰管子呢？南极气温极低，屋外能"点水成冰"，这个想法并非是不切实际的空想。可以用冰做管子，但怎样才能使冰成为管状又不至于破裂呢？帕瑞格又想到了医疗上使用的绷带，在出发时他们带了不少这样的绷带，他们试着把绷带缠在铁管子上，然后在上面浇水，让水结成冰后，再拔出铁管子，这样果然就做成了冰管。他们再把冰管子一截一截地连接起来，需要多长就接多长。就是依靠这些冰制的管子，他们解决了输油管长度不够的难题。在解决这个难题中运用的是异同因果思考法。

创新思维灵活性主要表现在以下两个方面。

1. 变通力

变通力即能适应变化了的各种情况。变通的类型有性质变通、方向变通、时间变

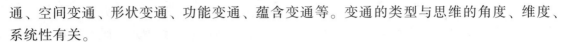

通、空间变通、形状变通、功能变通、蕴含变通等。变通的类型与思维的角度、维度、系统性有关。

2. 摆脱惯性

摆脱惯性表现在思维方向的变化上。意味着不要以僵化的方式去看问题。创新思维者能以不同的方式去应用信息。

（二）敏感性特征

敏感性是指具有创新思维者能吸收到常规思维的人常常忽略的信息的能力。它能在空间和时间里捕捉住有价值、新颖的信息。这种特性意味着，具有创新思维的人一般很快就会注意到某一件事情中存在的问题。例如，荷兰退休老人阿·布鲁特在看电视时发现，主持人在讲解有关月球探险的内容时，用的是月球的地图。阿·布鲁特老人心想："看这种月球平面图，效果不好。月球和地球都是圆的，既然有地球仪，同样也可以有月球仪。地球仪有人买，月球仪肯定也会有人买。"于是，老人开始倾注全部精力制造月球仪。当第一批月球仪做好以后，老人就在电视和报纸上刊登广告。不出他所料，世界各地的订单源源不断地飞来。从此，他每年靠制造月球仪就可赚 1 400 多万英镑。老人运用的就是伴生联想思考法，从地球仪联想到月球仪，创造出了大量的财富。

（三）独创性特征

创新思维在思路的探索上、思维的方式方法上和思维的结论上都能独具慧眼，提出新的创见，做出新的发现，实现新的突破，具有独创性。例如，北京大钟寺的一座大钟，有 43 500 千克重，号称钟王。这是明朝皇帝朱棣为了防止民众造反，派军师姚广孝收集老百姓的各种兵器后铸造的。不知什么原因，这口大钟沉到了西直门外万寿寺前面的长河的河底。一百多年后的一天，一个打鱼的老汉发现了河底的这口大钟。清朝皇帝得知此事后，下令将这口钟打捞上来，并挪到觉生寺（即现在的大钟寺），然后再修建一个大楼来悬挂这口大钟。从河底把大钟打捞上岸虽非易事，但经过一番努力，总算克服了困难。但要把这 43 500 千克重的大钟挪动到五六里以外的觉生寺，却谁也想不出一个可行的办法来。钟是夏天捞出来的，到秋天还没有人想出主意。有一天，参与此事的一个工头和几个工匠在工棚里喝闷酒。工棚内只有一块当桌子用的长长的石条，大伙就围坐在石桌旁。这时天正下雨，从棚顶上漏下来的雨水滴在石桌上。坐在石桌这一头的一个工匠，让坐在另一头的一个工匠再给他倒一盅酒。酒倒好后，由于手上有水，在传递时没留神把酒盅给弄翻了，引得大伙连声抱怨："太可惜了！""太可惜了！"这时，一个工匠很不耐烦地说："何必用手传呢！石桌子上有水，是滑的，轻轻一推不就过去了。"坐在旁边的一个平时很少说话的工匠沉思了片刻，然后将石桌子一拍，大叫起来："有啦！有啦！挪动大钟有办法啦！"这个平时很少说话的工匠联想到的办法是：从万寿寺到觉生寺，挖一条浅河，放进一二尺深的水，待河里的水结冰后，不用费多大力气便能将大钟从冰上推走。后来就采用这个方法将大钟从万寿寺挪动到了觉生寺。

（四）风险性特征

创新思维的核心是创新突破。它没有成功的经验可借鉴，没有有效的方法可套用，因此创新思维的结果不能保证每次都取得成功，有时可能毫无成效，有时可能得出错误的结论。但是无论什么样的结果，都具有重要的认识论和方法论的意义，都能为人们提供新的启示。例如，美国杜邦公司在开发人造革时，曾错误地认为人造材料（人造革）肯定好于自然材料（牛皮），因而在进行市场定位时错误地选择高档定型皮鞋作为其目标市场，造成了 1.5 亿美元的损失；后将人造革专利卖给波兰，波兰人将人造革定位于生产廉价的工作鞋，结果产品十分畅销，甚至返销美国。

（五）流畅性特征

创新思维是多向、多维的，往往没有固定思维的方向。它总是先从各个角度去思考事物的功能及其产生的后果，然后预测所有可能导致的结果。这样我们就能在做出最终决策前，有更多的选择机会，以便我们每个人都能做出理智的选择。因此，在进行创新思维时，并不是必须在时间的压力下工作，且必须迅速产生结果，而是在其他条件相等的情况下，人们在每一单位时间内能够形成大量观念，更能产生有重要意义的观念。我们常用"思如泉涌"来形容思路的敏捷性，用"一气呵成"来描述在短时间内迅速做出众多反应的能力，这实际上就是指创新思维的流畅性。流畅性能产生大量的观念，从而为创新准备了条件。例如，美国实业界大名鼎鼎的爱克尔先生创办著名的山毛榉食品公司就是出于他的"灵机一动"。一天，他正在纽约街上散步，看见一家小店将咸肉切成薄片，装在两磅装的纸盒里出售，生意十分兴隆。爱克尔想："这的确是个好主意，只可惜两磅装的咸肉片还是太多了些，如果把它改成 1 磅装出售，生意一定会更好。"他依计行事，把肉片切得更薄更均匀，以 1 磅装送到市场，购买者果然踊跃。山毛榉食品公司加工的食品不久就闻名全美，甚至全世界。实际上，爱克尔先生的"灵机一动"，来自他对小事情的观察与思索。

（六）超越性特征

创新思维不但可以超越时间、空间、物质、现象和一切传统的东西，而且可以超越过去和现在，创造出美好的未来。例如，著名教授普朗克发现了量子力学假设及普朗克公式，但让他沮丧的是，这一发现破坏了他一直崇拜并虔诚地信奉为权威的牛顿的完美理论。他因此宣布取消自己的假设。人类本应因权威而受益，却不料竟因权威而受害，由此使物理学理论停滞了几十年。25 岁的爱因斯坦敢于冲破权威圣圈，大胆突进，赞赏普朗克假设并向纵深引申，提出了光量子理论，奠定了量子力学的基础。随后又锐意进取，打破了牛顿的绝对时间和空间的理论，创立了震惊世界的相对论，一举成名，成了一个更伟大的权威。

（七）综合性特征

创新思维是许多因素结合在一起的综合性思维活动。创新思维者在思考问题时，常常须记住一系列变量、条件或关系。只有综合这些因素，弄清它们之间的关系，才不会混淆，同时要综合运用多种思维方法和逻辑模式。创新思维过程包含着直觉的洞察与灵感的迸发、想象的发挥与模型的构想、类比的跨接与思路的外推、归纳的概括与假设的试探、演绎的联结与溯因的沟通、分析的还原与综合的归纳、反馈的利用与控制的运筹以及不断地顿悟和重组，形成新的概念框架和理论体系。所以说，创新思维具有综合性特征。例如，国内知名的体育运动品牌李宁联手小米生态链企业华米科技，共同发布了两款智能跑鞋。李宁智能跑鞋内置了华米智芯，通过蓝牙4.0，李宁智能跑鞋中的华米智芯就可以和手机中的小米运动客户端连接。功能方面，李宁智能跑鞋除了拥有 GPS、卡路里计算、时速和配速显示以及关注好友等常规功能之外，还可以进行脚步落地分析和精准步频分析，让用户能够更科学、更正确地跑步。

三、创新思维模式

任何创新思维过程总是指向某一具体问题的，问题是思维的起点。创新思维与问题解决有密不可分的联系，所有的创新思维无疑都包含问题解决。

（一）分析问题情境

问题情境是创新思维的起始因素，它唤起人的认识需求。问题情境意味着人在活动中遇到了某种不理解的、未知的、令人烦忧和诧异的东西。它是在这样的情况下产生，即当人处在解决问题（任务）的情境中时，无法用已有的知识解释新的事实，或者无法用以前熟悉的方法完成已知的行动，而应找到新的行动方法。

创新思维过程从对问题情境的分析开始，情境的各结构因素从思维的不同方面进行探究。从问题情境的分析结果中可划分为已知因素、未知因素和应求因素。

（二）提出问题

提出问题是创新思维的主要一步。在问题情境的分析中，应确定情境中引起困难的因素是什么。被看作困难因素的就是问题。通过一系列不同层次的"为什么"的发问，从肤浅到深入，再到反映其实质的发问，看出问题所在即识破问题的实质，然后用语言概述出来。在这个阶段不仅要确定问题的存在，还要定义这个问题到底是什么。

（三）发散思维

发散思维是指利用多角度、不同的思维方向，不受限于现有知识范围，不遵循传统的固定方法，从已知信息中产生大量的变化的、独特的新信息的思维方式。发散思维，表现为思维视野开阔，思维呈现出多维发散状。不少心理学家认为，发散思维是创造性思维最主要的特点，是测定创造力的主要标志之一。

四、创新思维的培养方法

（一）心智图法

心智图法是一种刺激思维及帮助整合思想与信息的思考方法，也可以说是一种观念图像化的思考策略。这种方法主要采用图纸式的概念，以线条、图形、符号、颜色、文字、数字等各样方式，将意念和信息快速地以上述各种方式摘要下来，构成一幅心智图。结构上，具备开放性及系统性的特点，让使用者能自由地激发扩散性思维，发挥联想力，又能有层次地将各类想法组织起来，以刺激大脑做出各方面的反应，从而得以发挥全脑思考的多元化功能。

（二）脑力激荡法

脑力激荡法是最为人所熟悉的创意思维策略，这种方法强调集体思考，着重互相激发思考，鼓励参加者于指定时间内，构想出大量的想法，并从中引发新颖的构思。脑力激荡法虽然主要以团体方式进行，但也可用于个人思考问题和探索解决方法。

（三）逆向思考法

逆向思考法是可获得创造性构想的一种思考方法，如能充分运用这种方法，创造性就可加倍提高了。

（四）三三两两讨论法

这种方法可归纳为每两人或三人自由成组，在 3 分钟的时限内，就讨论的主题互相交流意见及分享。3 分钟后，再回到团体中做汇报。

（五）六六讨论法

六六讨论法是以脑力激荡法作基础的团体式讨论法。这种方法是将大团体分为六人一组，只进行 6 分钟的小组讨论，每人 1 分钟。然后再回到大团体中分享及做最终的评估。

（六）曼陀罗法

曼陀罗法是一种有助扩散性思维的思考策略，利用一幅九宫格图，将主题写在中央，然后把由主题所引发的各种想法或联想写在其余的八个圈内，从多方面进行思考。

（七）分合法

分合法主要是将原先不相同也无关联的元素加以整合，产生新的意念或面貌。分合法利用模拟与隐喻的作用，协助思考者分析问题以产生各种不同的观点。

（八）希望点列举法

这是一种不断地提出"希望""怎样才能更好"等的理想和愿望，进而探求解决问题和改善对策的技法。

（九）缺点列举法

缺点列举法是一种不断地针对一项事物，检讨此事物的各种缺点及缺漏，并进而探求解决问题和改善对策的技法。

（十）属性列举法

属性列举法强调使用者在创造的过程中观察和分析事物或问题的特性或属性，然后针对每项特性或属性提出改良或改变的构想。

第三节　提升创新能力

一、创新能力的含义

创新能力是在前人发现或发明的基础上，创新主体以已知信息或知识为基础，对客观事物或现象进行重新组合，产生出具有新颖独特、有社会和个人价值的产品的能力。

二、创新能力的类型

创新能力作为一个系统、综合的概念，其主要包括以下六种类型。

（一）发现问题的能力

发现问题的能力，是一种发现那些让人难以觉察的、隐藏在习以为常现象背后问题的能力。表现为意识到存在于周围环境中的矛盾、冲突、需求，意识到某种现象的隐蔽未解之处，意识到寻常现象中的不寻常之处。发现问题能力的前提是好奇心和怀疑。好奇心会促进人们对外界信息的敏感性，发现问题并追根溯源，提出一连串问题，怀疑就是对权威的理论、既有的学说和传统的观念等，不是简单地接受与信奉，而是持怀疑和批判的态度。发现问题在创新活动中通常是由认知风格和工作风格来体现的。认知风格指个人所具有的先打破心理定式和理解复杂问题过程中表现出来的气度、能力和心理特点。工作风格是指能长时间集中努力和聚焦问题的工作态度和工作能力。

（二）流畅的思维能力

流畅的思维能力是指就某一问题情境能顺利产生多种不同的反应，给出多种解决办法和方案的能力。思维流畅是以丰富的知识和较强的记忆力为基础的，并能够根据当前情况所得到的印象和所观察到的事物激活知识，调出大脑中储存的信息，并进行创造性思维，从而提出大量新观点。思维流畅对创新有重要意义。因为形成大量设想，就有更多机会产生有创新意义的想法。提出的设想不一定每一个都正确，有创见性的设想也不是一下子就能在头脑中形成的。但是，提出的设想越多，出现有创见性想法的机会也就越多。

（三）变通的能力

变通的能力是指思维迅速地、轻易地从一类对象转变到另一类对象的能力。它能够从某种思想转换到另一种思想，或是多角度地思考问题，能用不同分类或不同方式研究问题。具有变通能力的人，一般都能根据客观情况的变化机智地解决问题，在思维中灵活应变，不囿于条条框框，敢于提出新观点，思想活跃。而缺乏变通能力的人，往往机械呆板，墨守成规，没有创新精神，思想陈旧，观点保守。

（四）独立创新的能力

独立创新的能力是一种寻求不同寻常的思想和新奇的、独特的解决问题的能力。能想出别人想不出来的观念，看出别人看不到的问题。它是一种求新求异的能力。具有独创能力的人往往独具慧眼，能提出新的创见，做出新的发现，实现新的突破，具有开拓性。独创能力是创新能力最本质、最重要的核心要素，它反映了一个人创新能力水平的高低。同时，独创能力是人们在创新活动的各个阶段或各个领域都需要具备的最基本的能力，无论在技术产品开发上，还是在生产、管理和市场开拓上，甚至在日常学习和生活中，都需要运用独创能力。

（五）制订方案的能力

制订方案的能力是指把一个创新的想法变成一个具体的实施方案。方案是为了解决特定问题、达到预期目标采用的方法和手段。制订方案时需要注意以下四方面。

首先，要明确创新目标是什么，方案是围绕着实现创新目标而制订的。

其次，分析实现这个创新设想存在哪些问题和困难，了解其有利因素和不利因素。

再次，针对需要解决的问题，选择采用的主要方法和途径，并确定需要解决的重点和方向。主要是运用创新方法，包括类比、想象、直觉、灵感等多种形式。

最后，制订方案的实施步骤。

创新的设想能否实现取决于方案的制订和实施。创新过程不可能一帆风顺，为此，就需要拟订多套方案以备选择，从挑选中比较，从挑选中择优。同时，由于每个备选方案都有其合理性和局限性，因此，在优选的基础上，还可以吸收其他方案的长处，补充所选方案的不足，使之更加完善。

（六）评价的能力

评价的能力是指通过评审从许多方案中选择出一种方案的能力。在创新活动中，需要冲破一切约束，解放思想，从而提出大量的设想、构思和方案。在多种方案中，除了个别的可能是"闪光"的设想之外，还不可避免地伴随着大量的、在技术经济上暂不可行的设想。因而需要通过评价，选出在技术经济上可行的、有希望获得成功的方案，如果不进行评价，往往会造成人力、物力和财力的浪费。评价还可以促进创新过程中方案的优化。没有正确的评价，没有正确的筛选，就无法保证得到最优或较优的创新方案。

三、提升创新能力的方法

（一）通过创新品格的培养提升创新能力

品格在创新活动或创造学习过程中具有内在的推动力。创新品格的培养需要激发创新动机、培养创新热情、磨砺创新意志、塑造创新品德、敢于冒险、具备好奇心和丰富的想象力。

（二）通过创新思维训练提升创新能力

创新能力的核心是创新思维。一个善于运用创新思维的人，才能发挥他的创造潜能。积极推行有效的创新思维训练，是培养创新能力的有效方法。

（三）通过创新教育的大力推广提升创新能力

创新教育是一种不同于传统教育的新型教育，它既不以单纯积累的数量为目标，也不以知识继承的程度为目标。与传统教育相比，创新教育同样强调合理的知识结构及获取知识的方式，同样强调培养学生的各种能力，但更强调学生创造能力的培养。创新教育作为一项开发创造、为社会培养创造人才的教育事业，近年来已在国内得到广泛开展，并取得了一定成绩。创新教育的主要目标，不是像传统教育那样去培养同一规格的人才，而是要全力以赴地开发学生的创造力，矢志不渝地培养创造型、复合型、通才型的创新人才。

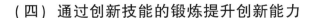

（四）通过创新技能的锻炼提升创新能力

创新技能是创新者的智力技能、情感技能和动作技能的综合。通过培训可全面提高创新者的独特敏锐的观察能力、高效持久的记忆力、实际操作能力和把握机遇的能力。

第四节　掌握创新方法

据不完全统计，目前已提出的创新方法有 300 多种。为了便于系统学习，我们从中选取了一些具有代表性的创新方法进行简要阐述。

一、头脑风暴法

头脑风暴是由美国创造学家奥斯本首次提出的一种激发性思维的方法，是以小组的形式，无限制地自由联想和讨论，产生新观念或激发创新设想。

头脑风暴法通常采用专家小组会议的形式进行，其流程分为会前准备阶段和会议执行阶段两个阶段。在会前准备阶段，会议召集者要在会前明确会议的主题，创建引导问题目录，并选定与会人员。在会议执行阶段，会议开始时，如果与会人员没有头脑风暴的经验，召集者可以带领大家先做一些适应性的练习，以敞开思路，然后阐明该次会议的目标议题，鼓励大家进行头脑风暴。接着由各与会人员提出自己的设想，并详细阐述设想。如果与会者没有提出相关的设想，召集者需做相应的引导，鼓励大家积极思考，最大限度地发挥个人的创造力。与会人员的设想都发表完毕后，将获得的设想进行分类整理，在整个发表、阐述、整理设想的过程中，要做好相关的记录工作。如果时间还有剩余，还可再次鼓励大家进行头脑风暴，以获得尽可能多的设想。

为使与会者畅所欲言，互相启发和激励，达到较高效率，头脑风暴法必须严格遵守下列原则。

第一，提倡自由发言、畅所欲言、任意思考、任意想象、尽量发挥，主意越新、越怪越好，因为它能启发人们产生新的想法。

第二，推迟判断，禁止批评。对别人提出的任何想法都不能批判、不得阻拦。只有这样，与会者才可能在充分放松的心情下，在别人设想的激励下，集中全部精力拓展思路。力求做到大家提设想，越多越好。

第三，综合改善。鼓励巧妙地利用和改善他人的设想。这是激励的关键所在。每个与会者都要从他人的设想中激励自己，从中得到启示，或补充他人的设想，或将他人的若干设想综合起来提出新的设想等。

例如，天然牛黄是非常珍贵的药材，只能从屠宰场上碰巧获得。这样偶然得来的东西不可能很多，因此很难得到，也无法满足制药的需求。其实，牛黄这种东西，只不过是由于某种异物进入了牛的胆囊后，在它的周围凝聚起许多胆囊分泌物而形成的一种胆结石。一家医药公司的员工为了解决牛黄供应不足的问题，集思广益，终于联想到了"人工育珠"。既然河蚌经过人工将异物放入体内能培育出珍珠，那么，通过人工把异物放进牛的胆囊内也同样能培育出牛黄来。他们找来一些伤残的菜牛，把一些异物埋在牛的胆囊里，一年后，果然从牛的胆囊里取出了和天然牛黄完全相同的人工牛黄。医药公司员工运用联想思维的对比联想创新思维，在了解了牛黄生成的机理后，对比人工育珠的过程，联想到通过人工将异物放入牛胆内形成牛黄，从而制成了人工牛黄。

二、综摄法

综摄法是由威廉·戈登提出的，指以外部事物或已有的发明成果为媒介，将它们分成若干要素，并对其中的要素进行讨论研究，综合利用激发出来的灵感，来发明新事物或解决问题的方法。

第一，同质异化原则。对现有的各种发明，运用新的知识或从新的角度加以观察、分析和处理，启迪出新的创造性设想，这就叫同质异化。

第二，异质同化原则。新的发明大多是现在没有的东西，人们对它是不熟悉的；然而，人们非常熟悉现有的东西。在创造发明不熟悉的新东西时，可以借用现有的知识进行分析研究，启发出新的设想，这就叫异质同化。

与"头脑风暴法"相似，综摄法也是采用会议的方式进行，只是对参会人员有所要求，需要选取具有不同知识背景的人员组成创新小组，而不是选取同一领域的专家。

例如，日本有一个叫富田惠子的家庭主妇，有一次她为一个去欧洲度假的朋友代养了几盆花。由于缺乏养花的经验，施肥、浇水不得法，很好的几盆花全被糟蹋了。这事使她常常思考：如何能使不会养花者也可以把花养好呢？有一天，她头脑里突然冒出了一个想法：可以把泥土、花种和肥料装在一个罐里，像食品罐头那样，搞一种"花罐头"。人们买了这种花罐头，想养花时，只要打开罐头盖，每天浇点水，就能开出各种鲜艳的花朵来。她把这个想法告诉丈夫以后，得到了丈夫的支持。经过一番研制，这种花罐头终于被制造出来。这样养花十分简便，任何人都会，它很快便成了销路很好的热门货。富田惠子当年就盈利 2000 万日元，不久就成了一个拥有不少资产的企业家。富田惠子制作花罐头的想法是"有一天"头脑里突然冒出来的。富田惠子头脑里突然出现研制花罐头的想法，不是她采取了什么措施有意识地诱发出来的，也不是一时见了眼前的什么事物触发而来的，更不是受了某种客观情景的迫使逼发出来的。这是她头脑里长时间反复思考这个问题，当显思维与潜思维共同酝酿成熟后，两者忽然接通就产生了。她产生这一想法有灵感思维在起作用。

三、信息交合法

信息交合法亦称"魔球法",由我国学者许国泰提出。信息交合法实质上就是利用物体的信息来构造其信息场,通过信息场寻求创新性的设想。

运用信息交合法的步骤如下。

第一,要确定待解决的问题。

第二,针对目标问题,构造信息场。在构造信息场时,一方面将该物体的功能进行分解,并将该物体所能实现的每一种功能分别投射到 X 轴上,每一个功能与 X 轴上的一个点相对应;另一方面,选择物体某一属性(如颜色),对其信息进行分解(将颜色分为红、黄、橙、绿、青、蓝、紫等),并将分解出的属性值投射到 Y 轴上,每一个属性值与 Y 轴上的一点相对应。X 轴和 Y 轴垂直相交便构成了该物体的信息场。

第三,通过将坐标轴中各个坐标点进行相互组合,从而获得大量的创新性设想方案。

第四,在所获得的设想中,筛选出适宜的方案。

第五,执行方案。

例如,当年康熙皇帝为了分门别类地将珍宝收藏起来,曾命人打造了 10 个大铁箱。每只铁箱各配了一把不同型号的锁,每把锁各有两把相同的钥匙。康熙挑选了 10 个可靠的大臣,一人发给一把钥匙,要他们各自保管一个铁箱。另外那 10 把钥匙则由康熙亲自保管。没过多久,康熙就感到这样很不方便。因为这 10 个大臣并不是天天都同时在他身边,当他需要取出某件珍宝时,负责保管此铁箱的大臣可能偏偏不在。有一天,康熙要求众大臣在不另配钥匙的前提下,想出一个好办法:无论什么时候,叫到任何一个保管钥匙的大臣,都能很快、很方便地取出任何一件珍宝。大臣们一个个皱着眉头想了很久,谁也没能想出来。这时,一个叫布扎拉的小太监跪在地上向康熙禀告说,他想出了一个办法。

布扎拉想出的合乎康熙皇帝要求的办法是将康熙皇帝掌握的 10 把钥匙,同 10 个大铁箱上的那 10 把锁,一一对应地分别编为 1~10 号。然后把第 1 号钥匙放在第 2 号铁箱里,第 2 号钥匙放在第 3 号铁箱里……依次类推(第 10 钥匙则放在第 1 号铁箱里)。这样,负责保管铁箱的任何一个大臣,用自己掌握的那一把钥匙,都能很快、很方便地打开与其相应的铁箱,然后,再用打开铁箱中的钥匙,去依次逐一打开其他的铁箱,直到最后取出所需要的珍宝为止。将这 10 把锁作为依次环环紧扣的一个整体来思考。否则仅仅是各自孤立地去想"一把钥匙一把锁",只能把这 10 把钥匙都交给一个大臣来管;或者只能再另配 90 把钥匙每人 10 把。显然它们都是不合康熙皇帝要求的笨办法。

四、形态分析法

形态分析法是由瑞士天文学家弗里茨·兹维基提出的，是一种系统化构思和程式化解题的创新方法，通过将对象分解为若干相互独立的基本要素，找出实现每个要素功能要求的所有可能的技术方式，然后加以排列组合，从中寻求创新性设想来进行创新。形态分析法的步骤如下。

第一，确定研究课题。明确用此技法所要解决的问题（发明、设计）。

第二，要素提取。将要解决的问题，按重要功能分解成基本组成部分，列出有关的独立因素。

第三，形态分析。按照发明对象对各独立要素所要求的功能，详细列出各要素全部可能的形态。

第四，编制形态表。将上述分析结果编入形态表内。

第五，形态组合。按照对发明对象的总体功能要求，分别将各要素的不同形态方式进行组合而获得尽可能多的合理设想。

第六，优选，即从组合方案中选优，并具体化。

例如，玛塔·哈丽奉德军情报部的命令去"接近"法军最高统帅部的机要官莫尔根将军，窃取他所保管的英国 19 型坦克设计图。莫尔根是一个丧偶多年的老者，玛塔·哈丽没用多久时间便在莫尔根家中充当起了类似家庭主妇的角色。玛塔·哈丽很快就发现了在一张巨幅古典油画的后面有一个保险柜，但却不知道保险柜的密码。在德军情报部给玛塔·哈丽完成任务限期的最后一个晚上，她决心竭尽全力做最后一次拼搏。她用安眠药使莫尔根熟睡后，先是以极快的速度试拨了一些号码，但她很快就知道了不能采取这样的笨办法。玛塔·哈丽估计记忆力已衰退的莫尔根，一定会想一个办法帮助自己记住 6 位数字的密码，可是该从什么地方去寻找这方面的线索呢？她在焦急、紧张而又惊恐的心情下，不断在房间的四周和各个角落搜索。当目光接触到墙上的挂钟时，她突然意识到，密码是数字，钟面上也有数字，莫尔根很可能会利用钟面上的数字来记忆密码。她发现，钟早已停摆，这时钟面上的时、分、秒三针所指示的时间，合起来是 9 点 35 分 15 秒。9、3、5、1、5 才 5 个数字，还差一个数字。在她差一点就要放弃这一努力的时候，脑中又突然闪过一个念头：晚上 9 点，不也是 21 点吗？将"9"换为"21"，不就成了 6 个数字了吗？怀着极其兴奋喜悦的心情，她按下 213515 这 6 个数字，只听见"嗒"的一声，保险柜打开了，玛塔·哈丽取出设计图，按时完成了任务。玛塔·哈丽创造了世界间谍史上的一个奇迹，她的这次成功被公认为全世界经典的著名间谍案例之一。

五、"5W2H"法

创新者用 5 个以 W 开头的英语单词和 2 个以 H 开头的英语单词进行设问，发现解决问题的线索，寻找发明思路，进行设计构思，实现新的发明创造，这就叫"5W2H"法，亦称七何分析法。5W 是指：为何（why）、何事（what）、何人（who）、何时（when）、何地（where）；2H 指：如何（how）、何价（how much）。在创新活动中，使用"5W2H"法将问题的主要方面——列举出来，减少了思考问题的遗漏和解决问题的盲目性。

例如，号称"互联网第一大报"的《赫芬顿邮报》在经营上便运用了 5W2H 的思维方法，它通过对时间背景（when）的分析，认为互联网已经全面渗入现代人类的生活，并带来了一种新的共享方式，新闻行业应适应这一趋势，开发信息共享平台，把读者变成记者，将 1 万多名"公民记者"发展成为该报的"通讯员"，每时每刻都在为它提供报道（how）。美国大选，《赫芬顿邮报》将一个采访任务分给 50～100 名"公民记者"，每人每天用一个小时，就能完成一个记者两个月才能完成的工作量。赫芬顿将其称之为"分布式新闻"。"分布式"网罗了大量高质量的撰稿人，只有 UGC 的能动性得到激发，媒体才能真正活起来。

六、奥斯本检核表法

奥斯本检核表法是根据需要研究的对象之特点列出相关问题，形成检核表，主要用于新产品的研制开发。通过引导主体在创造过程中对照以下九方面的问题，以便启迪思路、开拓思维想象空间，促进人们产生新设想、新方案的方法。

第一，能否他用。现有一事物有无其他用途，保持不变能否扩大用途，稍加改变有无其他用途。

第二，能否借用。能否引入其他的创造性设想，能否模仿别的东西，能否从其他领域、产品、方案中引入新的元素、材料、造型、原理、工艺、思路。

第三，能否改变。现有事物能否做些改变，如颜色、声音、味道、式样、花色、音响、品种、意义、制造方法，改变后效果如何。

第四，能否扩大。现有事物可否扩大使用范围，能否增加使用功能，能否添加零部件以延长它的使用寿命，增加长度、厚度、强度、频率、速度、数量、价值。

第五，能否缩小。现有事物能否体积变小、长度变短、重量变轻、厚度变薄，以及拆分或省略某些部分（简单化），能否浓缩化、省力化、方便化、短路化。

第六，能否代替。现有事物能否用其他材料、元件、结构、力、设备、方法、符号、声音等代替。

第七，能否调整。现有事物能否变换排列顺序、位置、时间、速度、计划、型号，内部元件可否交换。

第八，能否颠倒。现有事物能否从里外、上下、左右、前后、横竖、主次、正负、因果等相反的角度颠倒过来用。

第九，能否组合。能否进行原理组合、材料组合、部件组合、形状组合、功能组合、目的组合。

在创新过程中，可以逐一分析问题的各个方面。这有利于提高创新的成功率。由于检核表法的设计特点之一是多向思维，用多条提示引导你去发散思考，突破了不愿提问或不善提问的心理障碍，在进行逐项检核时，强迫人们扩展思维，突破旧的思维框架，开拓了创新的思路，有利于提高发现创新的成功率。

例如，有一名叫斯文顿的英国记者随军去前线采访。他亲眼看见英法联军向德军的阵地发动攻击时，被德国密集的排枪成片地扫倒，斯文顿非常痛心。冥思苦想之后，他向指挥官建议用铁皮将"福斯特公司"生产的履带式拖拉机"包装"起来，留出适当的枪眼让士兵射击，然后让士兵乘坐它冲向敌军。他的建议很快被海军司令丘吉尔采纳，履带式拖拉机穿上"盔甲"之后径直冲向敌人，英法士兵的伤亡率大大降低。德军兵败如山倒，履带式拖拉机，即后来的坦克为英法联军战胜德军立下汗马功劳，成为第一次世界大战中最有影响的发明。显然，坦克就是履带拖拉机与枪炮的组合，而这一创新发明是借用了已有的拖拉机技术，并将其与其他因素组合而成的。

七、发明问题解决理论

发明问题解决理论（TRIZ）是由苏联发明家根里奇·阿齐舒勒提出的。根里奇·阿齐舒勒等学者在研究了世界各国 200 万件高水平专利的基础上，提出了此方法。

发明问题解决理论主要内容包括冲突解决理论、产品进化理论、发明问题解决算法和分析物—场模型分析方法四个方面。

第一，冲突解决理论。冲突解决理论由冲突矩阵将描述技术冲突的 39 个工程参数与 40 条发明原理建立对应关系，解决设计过程中选择发明原理的难题。

第二，产品进化理论。产品进化理论将产品进化过程分为婴儿期、成长期、成熟期和退出期四个阶段。处于前两个阶段的产品，企业应加大投入，尽快使其进入成熟期，以便企业获得最大效益；处于成熟期的产品，企业应对其替代技术进行研究，取得新的替代技术，以应对未来的市场竞争；处于退出期的产品，企业利润急剧下降，应尽快淘汰。这些可以为企业产品规划提供具体、科学的支持。

第三，发明问题解决算法。在 TRIZ 中，发明问题并求解的过程是对问题不断地描述、不断地程式化的过程。经过这一过程，初始问题最根本的冲突被清楚地暴露出来，能否求解已经很清楚，如果已有的知识能用于该问题的解决则有解，如果已有的知识不能解决该问题则无解，需等待自然科学或技术的进一步发展。该过程是靠 TRIZ 算法实现的。

第四，物—场模型分析方法。现在已经有了76种标准解，这些标准解是最初解决问题方案的精华。利用这种方法，可以在汲取基本知识的基础上产生不同想法。

例如，廖基程在工厂劳动时经常看到：由于大部分零件的密度都非常高，为了防止零件生锈，工人们必须戴手套进行操作，而且手套必须套得很紧，手指头才能灵活自如，这样一来，戴上脱下不但相当麻烦，而且很容易将手套弄坏。为此，他常想，难道只能戴这样的手套吗？能不能改进？有一天，他在帮妹妹制作手工艺品时，手指上沾满了糨糊。糨糊快干的时候，变成了一层透明的薄膜，紧紧地裹在手指头上，他当时就想："真像个指头套，要是厂里的橡皮手套也这样方便就好了！"过了不久，有一天清早醒来，他躺在床上，眼睛呆呆地望着天花板，头脑里突然想到：可以设法制成糨糊一样的液体，手往这种液体里一放，一双柔软的手套便戴好了，不需要时，手往另一种液体里一浸，手套便消失了，这不比橡皮手套方便多了吗？他将自己的这一大胆想法向公司做了汇报，公司领导非常重视，马上成立了一个研究小组，并将廖基程从生产车间调到研究小组。经过大家反复研究，终于发明了这种"液体手套"。

八、六顶思考帽法

六顶思考帽法是爱德华·德·博诺提出的。所谓六顶思考帽法是指使用六种不同颜色的帽子代表六种不同的思维模式。任何人都有能力使用以下六种基本思维模式。白、绿、红、黑、黄、蓝六种颜色的帽子，将思考的过程分为与之相应的六个阶段。

第一，戴上白色的中立帽子。在这个阶段，人们从陈述问题的角度出发，将问题现有的信息尽可能详尽地列举出来，全面地描述问题事实。

第二，戴上绿色的活力帽子。从积极的角度出发，充分发挥主观的创造性，尽可能多地提出解决问题的设想方案。

第三，戴上黄色的正面帽子。从乐观的角度出发，将目标事物的优点列举出来。

第四，戴上黑色的负面帽子。从批判的角度出发，将目标事物的缺点列举出来。

第五，带上红色的评判帽子。从评价的角度出发，对所提出的设想进行评价和判断。

第六，戴上蓝色的指挥帽子。从整体的角度出发，对所提出的设想进行筛选，择定最适宜的方案。

六顶思考帽法提供了"平行思维"的工具，避免将时间浪费在互相争执上。强调的是"能够成为什么"，是寻求一条向前发展的路。运用爱德华·德·博诺的六顶思考帽法，将会使混乱的思考变得更清晰，使团体中无意义的争论变成集思广益的创造，使每个人变得富有创造性。

例如，美国的迪士尼曾一度从事美术设计，后来他失业了。原来他和妻子住在一间老鼠横行的公寓里，但失业后，因付不起房租，被迫搬出了公寓。这真是连遭不测，他们不知该去哪里。一天，二人呆坐在公园的长椅上，正当他们一筹莫展时，突然从迪士尼的行李包中钻出一只小老鼠。望着小老鼠机灵滑稽的模样，二人觉得非常有趣，心情一下子就变得愉快了，忘记了烦恼和苦闷。这时，迪士尼头脑中突然闪过一个念头，他对妻子惊喜地大声说道："好了！我想到好主意了！世界上有很多人像我们一样穷困潦倒，他们肯定都很苦闷。我要把小老鼠可爱的模样画成漫画，让千千万万的人从小老鼠的形象中得到安慰和愉快。"风行世界数十年之久的"米老鼠"就这样诞生了。在失业前，迪士尼一直住在公寓里，从早到晚都同老鼠生活在一起，却并没有产生这样的想法，而在穷途末路、面临绝境的时候出现了这样的灵感，原因何在？其实，"米老鼠"就是触发了灵感的产物。他说："米老鼠带给我的最大礼物，并非金钱和名誉，而是启示我陷入穷途末路时的构想是多么伟大！还有，它告诉我倒霉到极点时，正是捕捉灵感的绝好机会。"发现灵感思考法是指，在对问题已进行较长时间思考的执着探索过程中，需随时留心和警觉，在同某些相关与不相关的事物相接触时，有可能在头脑中突然闪现所思考问题的某种答案或启示。就像迪士尼夫妇由小老鼠触发灵感一样，许多意想不到的东西都可以成为触发灵感的媒介物。

第五节　树立创新精神

创新精神是创新人才发展的动力保证和精神品格，它主要包括独立精神、探索精神、批判精神和献身精神。

一、独立精神

（一）独立精神的概念

独立精神是指不以他人意志为转移而具有独立自主的思想和意识，在行为上表现为不随波逐流，不盲从或依赖他人，当在现实中遇到问题和困难时，能够从自己的角度出发进行独立思考和判断，并在多种行为的可能中做出带有明确自主倾向的选择。

独立精神既是维系一个人存在的精神基础，也是一个人的基本权利，它是一个人实现客观存在和主观发展的可靠保证，是一个人立足于社会的良好品质之一。一个具有独立精神的人必定有着不依赖他人而独立存在的精神世界。

独立精神意味着更多的自由发展空间和更广泛的自主选择权，也是实现创新的基础和前提。许多新的思想和新的发明就是在独立精神的指引下形成和发展起来的。

（二）独立精神的培养

1. 要有独立生存的自信心

这里的"生存"，不是指一个人自然生命的存在与延续，而是指具有主体意识的人独立开辟生活道路并自主创造人生价值的能力。现代人格强调生命独立自主，有独立面对生活、迎接挑战的勇气和信心，其中包括在不同环境中从事不同职业、遇到各种情况时的人际交往能力，应对和处理问题的能力。而我国社会的生产力发展水平及公民受教育程度不高等诸多因素造成了传统依附性人格的形成，因此在培养自身独立精神的过程中势必要和这一根深蒂固的传统进行交锋。没有足够的自信心，就会输在起跑线上。

2. 要有广泛关怀的责任心

具有独立精神的人，不应当是信奉个人主义的自私自利者，相反，他应当具有广泛的人文关怀，充分表现出个人对社会、对国家、对他人的道义责任和法律责任，并自觉履行这种责任，在社会生活中自觉把握和促进人与自然、人与社会的和谐发展。独立精神鼓励带有明显个性化特征的思考，但否定过度自我化，换句话说，发展独立精神在强调主观意愿的同时必须结合客观现实，避免走入极端。

3. 对环境的主动适应能力

所谓对环境的主动适应能力，即良好的自我调适能力。"物竞天择，适者生存"，具有独立精神的现代人，必然具有较强的环境适应能力，在人与环境的互动过程中，个体能够以前瞻性思维与眼光做出预测与判断，并及时调整自己的人生目标和行动方案，以保持与变化着的环境的协调统一，而不是消极被动地等待和忍耐。这一点也是独立精神在实际行为中体现最明显的特征之一。

二、探索精神

（一）探索精神的概念

探索精神是以求知为目的，以实践为方式，能引发人们不满足于已知领域从而对未知世界进行探究与摸索，结果往往带来新的发现。

实践是探索精神的行为体现，也是检验探索结果的唯一标准。正是人类勇敢顽强、不屈不挠的无数次探索实践，才创造出了一个五彩缤纷、丰富多样的美丽世界。探索精神带领着我们走向未知的世界，带领我们走向真理。

探索精神具有主动性和开放性特征，是实现创新的动力所在。

（二）探索精神的培养

1. 尊重事实、尊重规律

树立科学的世界观及踏实认真的科学态度，明确探索的方向，运用正确的方法。

2. 不怕失败与挫折

培养自己的勇气和信心，培养坚强的意志和坚忍的毅力。探索未知世界不可能一帆风顺，必定会伴随着坎坷、失败与挫折，那种锁定目标锲而不舍的顽强精神，与科学探

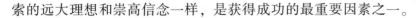

索的远大理想和崇高信念一样，是获得成功的最重要因素之一。

3. 善于总结经验

养成读书和思考问题的习惯，学会归纳总结，不断改进方法。在科学探索、开拓创新中，不仅要有不怕失败的精神和抗挫折的能力，更要有善于从失败中总结经验教训的智慧。"吃一堑，长一智"，认真从失败中获取教训，在探索中改进方法，不断走出失败、超越失败，最终才能获得成功。

4. 需要一个民主、平等、宽松、和谐的外部环境

海森堡曾说："科学扎根于交流，起源于讨论。"波普尔指出：在思想世界中，最重要的因素是"讨论状态"。而探索精神是维系这一状态的重要基础。交流讨论、争论或辩论，让不同的看法和观点相互碰撞、相互借鉴和启发，是营造良好的学习氛围和使知识不断增值的必要条件。

三、批判精神

（一）批判精神的概念

批判精神是人类文明的重要标志之一，它是一种独立的怀疑精神，不承认任何正确、永恒、神圣的东西，对观念、事物以及人们的行为发出疑问、进行反思，并在此基础上寻求解决问题的合理途径。批判精神要求积极地对可以求证的结论进行思考求证，对无法求证的论据和结论始终持一定的怀疑态度，同时不轻易下结论。批判精神中还包括不卑不亢的人格态度。总体来说，批判精神是一种表现为行为倾向的人格特征。

批判精神的最终目的是为了更好地发展，其着眼点是广阔的未来。批判精神的充分必要条件是思想、人格和精神的独立，因此由批判而引申出来的丰富内涵和积极意义，便远远大于批判本身。

科学的批判精神并非否定一切，而是辩证地否定，是继承与扬弃的统一。批判不仅仅是一种认识的手段和形式，更包含一种对待认识的态度，这种对待认识的态度最终会影响到人的日常行为方式和世界观，并进而形成批判精神。

（二）批判精神的培养

1. 激发学生主体意识

主体性是人的全面发展最根本的特征，也是全面发展的核心和精神实质。主体性是人内在的属性，是与生俱来的，而不是后天赋予的。它集中体现为主体的独立性、主动性和创造性。要培养批判精神，首先要激发人作为生命个体的主体意识，要培养独立思考、主动学习、创造学习的主体意识。

2. 要掌握批判性思维方法

批判并非简单粗暴地否定一切，而是辩证地否定，是扬弃，是克服与保留、批判与创造的统一。要打破习惯思维定式的束缚，敢于提出质疑，发现问题。

3. 要营造宽松的人文环境

宽松、自由的学习环境是创造力不断发育生长的沃土。大学课堂不应仅仅是知识的传递场所，更应当是思想交流的碰撞场所，在这里，学生可以"肆无忌惮"地对老师的观点提出质疑，甚至否定；同样，老师也可以对学生的质疑"毫不客气"地进行反驳。一切都应该是自然的、顺理成章的。必须强调的是，质疑的本质是探究问题，目的是明辨真理，而非无原则否定或人身攻击。

四、献身精神

（一）献身精神的概念

献身精神，是指把自己的全部精力或生命献给祖国、人民的事业，鞠躬尽瘁，死而后已。它是我们民族发展、科技进步过程中必不可少的一种精神，是创新精神中最具人性光辉的部分。有时，要取得一项创新，不知要经过多长时间的努力奋斗，不知需要克服多少意想不到的艰难险阻，不知要经受多少次的挫折和失败的打击。因此在创新的过程中需要献身精神。

创新精神中所需要的献身精神并不是鼓励不顾危险、一味蛮干，而是要进行必要的防护，做到尽可能周密的安排，危险的发生只是由于太多复杂的因素和变数的存在，而无法完全避免罢了。我们所提倡的献身精神与英雄主义和悲情主义有着本质的区别，献身精神的出发点是对全人类以及对祖国和人民无尽的热爱和崇高的责任感，忘我奉献，不求回报，而英雄主义和悲情主义则往往凭借雄心壮志丰富个人体验，具有一定的盲目性。

（二）献身精神的培养

1. 通过自我实现来培养献身精神

现实生活中，没有什么比实现自己的梦想、发挥潜力并获得成功更强烈的需要了，自我实现的过程其实也是发挥献身精神的过程。

（1）把职业当事业看待

每个人都在特定的岗位上工作，都是社会坐标上的一个点。然而，人们延伸坐标方位的轨迹却千差万别。那些具有献身精神的人，注重培养服从的意识、诚实的态度和敬业的精神；犯了错误不是推卸责任，而是想办法弥补过失，完成任务。说到底，这是一种针对职业的道德判断，这种判断具有强烈而质朴的情感意义。

（2）提高自身的自制性

要自觉控制和调节自己的行动，时刻提醒自己模范地执行已经获准的决定。顽强的自制力不是与生俱来的，而是在实践活动中养成的，尤其是在克服困难的过程中培育起来的。富于献身精神的人，具有强烈的追求"卓越"的信念，因而对工作有着更高的标准，并且会不断地用这样的标准激励自己。在这个过程中，他们能逐渐发现工作中存在的种种问题，及时地寻找应对办法，不断地调整自己的策略，取得阶段性成果后继续努力，朝着目标坚定自信地前进。

（3）培养良好的行为习惯

行为习惯决定一个人的品行，因为行为在多次重复之后就会变得习以为常，于是形成了品行。人的品行多种多样，无所事事令人退化，贪图安逸使人堕落，只有保持良好的工作状态才是最高尚的。工作本身并不能体现价值，也没有贵贱之分。从事正当合法的工作都有其独特的价值，只要诚实地劳动和创造，没有人能贬低我们创造的价值。对工作要培养的态度是，以锲而不舍的精神关注由事业形成的事物链条中的每一个环节。

2. 自我激励

（1）要实践由"美德""勤奋"到"成功"的发展方向

"美德"和"成功"是人们的两种终身受用的财富，只有拥有前者，才能获得后者，而"勤奋"是自"美德"起程通向成功的必由之路。有时"勤奋"未必能给我们带来看得见的报酬，然而通过勤奋付出，可以获得许多意想不到的收获，如机会、信任、褒奖等。从这个意义上讲，付出的越多，收获的也就越多。勤奋的人，会有意识地为自己增加压力，善于在工作中寻找突破·在一项活动结束后，及时地梳理相关材料，做好进一步分析预测工作。这样，极有可能得出前人未曾发现的结论，从而创造出为人称道的价值。

（2）要持续不断努力积累

成功是一种努力的积累。在工作中展示超乎寻常的工作效率的最好办法，莫过于不断地培育和强化超人的智慧和判断能力。如果渴望成功，就应长久地保持一种献身精神，纵使面对的是缺乏挑战和毫无乐趣的工作，也要秉持积极向上的努力理念。

第七章 创新方法与设计

"信息交合"的思维方法，能使人们的联想从无序状态转入有序状态，使思维方法改进为用图表直观表达，帮助我们突破旧的思维定式，推出新构思、新设计、新产品、新选题，进行有效的创造性思维。

第一节 创新方法概述

我国上千年的教育发展史，闪烁着一些简单而朴素的创新能力培养的思想和方法。例如，两千多年前，老子就在《道德经》中提出"天下万物生于有，有生于无"的创造思想；孔子则提出要"因材施教"以及"不愤不启，不悱不发。举一隅不以三隅反，则不复也。"我国著名教育家陶行知先生第一次把"创造"引入教育领域。他在《第一流教育家》一文中提出要培养具有"创造精神"和"开辟精神"的人才，培养学生的创新能力对国家富强和民族兴亡有重要意义。"创新是一个民族进步的灵魂，是一个国家兴旺发达的不竭动力。创新的关键在人才，人才的成长靠教育。"以此次讲话为契机，我国将大学生创新能力的培养作为教育改革的重要目标；在达沃斯论坛上，李克强总理提出，要在960万平方千米的土地上掀起"大众创业""草根创业"的新浪潮，形成"万众创新""人人创新"的新势态。李克强总理在政府工作报告又提出："大众创业，万众创新"。政府工作报告中如此表述：推动大众创业、万众创新，"既可以扩大就业、增加居民收入，又有利于促进社会纵向流动和公平正义"。自此，大众创业、万众创新的理念日益深入人心。随着各地各部门认真贯彻落实，业界学界纷纷响应，各种新产业、新模式、新业态不断涌现，有效激发了社会活力，释放了巨大创造力，成为经济发展的一大亮点。创新需要方法，创新方法决定了创新效率。

纵观当代企业，唯有不断创新，才能在竞争中占据主动，立于不败之地。早在20世纪美国企业家李·艾柯卡就企业创新的意义讲过一句名言：不创新，就死亡。

进入新时期以来，我国的发展面临着调整经济结构、转变经济增长方式的巨大挑战。要实现科学发展，变资源依赖型为驱动型，首先就要改变科研工作和技术创新方式，即由跟踪模仿型转变为创造创新型。科技部的一项研究结果表明，众多的诺贝尔获奖者的成功途径，一靠科学发现；二靠科学仪器；三靠科学方法。其科学方法的核心是创新方法。随着自主创新的浪潮不断掀起，我们清醒地认识到自主创新，方法必行。

一、创新方法的提出

科技部、国家发改委、教育部和中国科协联合做了关于大力推进创新方法的报告，国务院领导再次做出重要批示，要求尽快落实创新方法工作，从根本上提高科技自主创新能力，从而为建设创新型国家做出应有的贡献。科技部、国家发改委、教育部和中国科协四部门联合印发《关于加强创新方法工作的若干意见》，创新方法专项工作正式启动。

二、创新方法的内涵

科技部、国家发改委、教育部和中国科协四部门《关于加强创新方法工作的若干意见》指出，创新方法包括科学思维、科学方法和科学工具，这种说法不是严格按照学理分析给出的概念界定，而是从工作层面给出的定义，这种定义方式基本能够涵盖创新链条的各个环节。从更规范的学术角度来理解创新方法的概念内涵，必须回到对"创新"概念的理解。我国当前在战略层面所说的"创新"，沿用的是熊彼特经济学意义上的概念，即认为创新是一个由创意产生到实现商业价值的过程。也就是说，创新是一个完整的价值增值链，包括创意的产生、科学研究、技术开发、生产制造和实现商业化等多个环节，每一个环节都对应着一定的方法。如在创意产生环节有科学思维方法，在科学研究阶段有知识管理方法，在技术开发阶段有帮助研发人员快速产生专利的 TRIZ 方法，在生产制造环节有工业工程方法等（当然，工业工程不只应用于生产制造的现场控制），除此之外，还有贯通了几个环节的系统工程方法。这些方法组成的方法集或称方法体系即为创新方法。

三、几种成熟的创新方法

创新方法包括多种方法，其中有一些方法理论上相对完整、技术上相对成熟且在实践中行之有效。本节选取五种比较有代表性的方法逐一介绍。

1. 头脑风暴法

头脑风暴法是由美国学者、创造工程的奠基人奥斯本在 20 世纪 30 年代创立的，后经过一些科学技术学家的丰富和发展，形成了一种具有一定规则的方法。其主要规则有：在思想形成阶段不允许批评别人提出的设想，以防止节外生枝，转换论题；提倡无拘束地自由思考，无论多么富于幻想的怪诞意见都需记录在案；尽量多提设想，多多益善，会上不做任何结论；鼓励把各种设想结合起来，并加以延伸和发展。

头脑风暴法的规则：

（1）鼓励异想天开

真正的好点子，往往是在想破脑袋、几乎绝望的时候想出来。但是前面要有一定的积累。轻易就能想出来的解决方法往往不值钱，你能想出来，别人也能，没啥稀罕的。

（2）推迟判断

其实成年人比儿童更具备创新能力，因为成年人有知识、有见识、有经验，也有判断力。不要急于否定别人的想法，也许可以给你新的启发！

（3）延续他人的创意

让别人把话说完，最好顺着他的思路探讨一下，他为什么会有这样的想法？别人不同的想法是宝贵的，我们不是经常顺着别人的思路说："这个主意不错，我们还可以……"

（4）追求数量

不同的理解方式越多，好主意就越多。俗话说，你不知道哪朵云彩会下雨。但是有一点是肯定的，碧空万里无云，肯定不会下雨……天上积累的云朵多了，总有可以下雨的，不是吗？

（5）聚焦主题

要一直围绕一个主题探讨，由于想法太多，大家探讨过程中非常容易跑题。主持人必须及时把大家的思路拉回来，千万不要扯远了，都忘了聚集大家讨论什么问题了。

（6）可视化

尽可能地造一个简单的小模型，让别人理解你的想法。在人的感官里，视觉带给人的信息量是最大的，一个好的想法可能要很多解释、描述的话语，但你给别人看一眼模型，对方很容易就都明白了。所谓"一图抵万言"也是这个道理。比如这个防盗背包项目，同学们利用笔和纸迅速地画出了这样的示意图。

（7）一个声音

进行头脑风暴，必须要有一个主持人，而且还需要是一个强有力的主持人。没有主持人的情况下，头脑风暴就会出现争吵、拖沓、跑题甚至不欢而散。主持人要制定规则，控制每人每次的发言时间，一般不超过 30 秒，然后请下一个人发言；几个人不能同时站起来讲话，每次只能有一个在说话；禁止人身攻击，不能说别人的发言是胡说；控制场面，该思考的时候，大家都保持安静思考，写下想法，交给主持人。头脑风暴的主持人控制场面的能力是非常重要的，决定了讨论效率和成败。

对于产生的好想法要学会归类。头脑风暴，针对每个问题，大家用每一张便笺纸写一个你的好点子，多多益善。统一交给主持人后，由助理人员帮助贴到墙上。

先随意粘贴，不遮挡即可；归类整理；按照重要性、紧迫性，优先排序。属于"既重要又紧急"的事项，先做。

组织了一场头脑风暴后，还要看看过程中丢弃在"垃圾桶"里的东西，其实讨论过程中，并不是真的扔掉了，最后会有机会看看的，沙子里头也许会有一两粒金子，甚至就是你要淘的那一粒。

参加头脑风暴的人不要太多，每组最好在 8 人左右。人过多的话，轮流发言的时间就很有限。而人太少，又撞不出火花来。

头脑风暴的时间要有记录和控制。过于疲劳是不太合适头脑风暴的，一般情况，会议开始后一刻钟左右会进入状态，疲劳的峰值在 45 分钟。这两个时点都容易产生"智慧的火花"。

头脑风暴其实就是一个现场的过程，但是需要很好的准备工作。讨论以后，要有个总结评估，一定要说今天我们讨论的结果怎样了。头脑风暴绝不是让大家聊了一通，然后就散了。必须整理出讨论结果。

（1）不要过于依赖讨论，要给个人思考留下时间。头脑风暴每一轮限定 5 分钟，5 分钟之内就是很安静地想和写，互相别说话交流。写好了交给主持人，贴出来，然后在主持人引导下轮流发言、交流、讨论，然后再进行下一轮 5 分钟的思考和写便笺纸，如此循环 2～3 次。积极参与，轮流发言。既然来参加头脑风暴，就不许有安静的"睡鸟"，当然也不许出现某个人说起来没完的"霸王龙"。主持人要控制好每个人的发言时间。一定要做到轮流发言。平等、开放、尊重，不要笑话别人。领导或老师就作为普通成员参加，不能搞特殊。主持人要公正地给每个人机会，也要注意，主持人自己不霸占过多时间。（2）头脑风暴中，不好的表现包括：私下讨论、私下评价、过早表态支持或反对、曲解、宣扬、质疑、皱眉、咳嗽、冷漠、叹气等。（3）知识产权归属。有人说，我有一个伟大的想法，这是属于我自己的，告诉大家了，我的专利怎么办？其实好点子太多了，并不值钱。把它做出来才是真正宝贵的，如何做出来，可以学习项目管理，更需要集体的力量和大量资源作保障。大家做头脑风暴出主意提点子的时候，不要有过多的顾虑。头脑风暴的成果是归项目小组集体所有的。（4）此时的节省未必是件好事。每张便笺纸写一条想法，不要为了节省，把你的几条想法写在一张便笺纸上，否则会给后面分类和优先排序带来麻烦。（5）黏性便笺纸一定要用质量好的。劣质便笺纸就会卷曲易脱落，影响讨论效率，也容易二次粘贴到错误位置，引起混淆和错误。（6）头脑风暴的工具很多，比如脑路图等，选择最简单的，就是最合适的。现在网上也有一些 App 应用，纯电子的"便笺纸"，可以实现无纸化讨论，也挺环保，不过需要大家熟悉操作。否则，工具不顺手，也会影响智慧发挥，不利于集中精力思考问题，大家可以自己斟酌。

2. 信息交合法

信息交合法是中国思维魔王许国泰所创造的，该法是通过某种方式，把不同信息联系起来的方法，这种方法不是随心所欲，瞎拼乱凑，要遵循一定的原则。

许国泰认为：人的思维活动的实质，是大脑对信息及其联系的输入反映、运行过程和结果表达，一切创造活动都是创造者对自己掌握的信息进行重新认识、联系的组合过程。把信息元素有意识地组成信息标系统，使它们在"信息反应场"中交合，就会引出系列的新信息组合（信息组合的物化是产品、信息组合及推导即是构思），导出技术发明、技术革新等成果。

信息交合法的实施，一般分为四步：

第一步，确定一个中心，即零坐标（原点）；

第二步，给出若干标线（信息标），即串起来的信息序列；

第三步，在信息标上注明有关信息点；

第四步，若干信息标形成信息反应场，信息在信息反应场中交合，引出新信息。

信息交合法的三条原则：

（1）整体分解原则

先把对象及其相关条件整体加以分解，按序列得出要素。

（2）信息交合原则

各轴的每个要素逐一与另一轴的各个标的相交合。

（3）结晶筛选原则

通过对方案的筛选，找出更好的方案。如果研究的是新产品开发问题，那么，在筛选时应注意新产品的实用性、经济性、易生产性、市场可接受性等。

信息交合法第一个公理：

不同信息的交合可产生新信息。

信息交合法第二个公理：

不同联系的交合可产生新联系。

两个公理告诉我们，世界是相互联系的，而信息则是联系的印记。在联系的相互作用中，不断地产生着新信息、新联系。任何事物均有一定的条件限制。

信息交合法第一个定理：

心理世界的构象即人脑中勾勒的印象，由信息和联系组成。

定理1表明：其一，不同信息、相同联系所产生的构象。比如轮子与喇叭是两个不同信息，但交合在一起组成了汽车，轮子可行走，喇叭则发出声音表示"警告"。其二，相同信息、不同联系产生的构象。比如，同样是"灯"，可吊、可挂、可随身携带（手电筒），也可作成无影灯。其三，不同信息、不同联系产生的构象。比如，独轮自行车本来与盒、碗、勺没有必然联系，但杂技演员将它们交合在一起，构成了杂技节目这一物象。

信息交合法第二个定理：

新信息、新联系在相互作用中产生。

定理2则表明：没有相互作用就不能产生新信息、新联系。所以"相互作用"（即一定条件）是中介。当然，只要有了这种一定条件，任何的信息均可以进行联系。比如，手杖与枪是风马牛不相及的信息，但是，在战争范畴（条件）内，则可以交合成"手杖式枪支"。

信息交合法第三个定理：

具体的信息和联系均有一定的时空限制性。

信息交合法也不是万能的，它只不过是一种较有实用价值的思维技巧。它不可能取

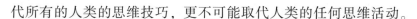

代所有的人类的思维技巧，更不可能取代人类的任何思维活动。

3. 和田十二法

和田十二法是我国学者许立言、张福奎在奥斯本稽核问题表基础上，借用其基本原理，加以创造而提出的一种思维技法。"和田十二法"又叫"和田创新法则"（和田创新十二法），即指人们在观察、认识一个事物时，可以考虑是否可以：

加—加：加高、加厚、加多、组合等。在原有的基础上改进就是创新。

减—减：减轻、减少、省略等。减轻、减少、省略不必要的。

扩—扩：放大、扩大、提高功效等。功能、用途、使用领域。

变—变：变形状、颜色、气味、音响、次序等。方式、手段、程序等。

改—改：改缺点、改不便、不足之处。针对现有的做法提出意见、建议，做得更好。

缩—缩：压缩、缩小、微型化。压缩、缩小、降低。

联—联：原因和结果有何联系，把某些东西联系起来。看看事物之间有什么联系。

学—学：模仿形状、结构、方法，学习先进。就是借鉴、综合。

代—代：用别的材料代替，用别的方法代替。用别的工具、方法、材料能不能代替。

搬—搬：移作他用。就是移动。

反—反：能否颠倒一下。将上下顺序倒过来，说不定更好。

定—定：定个界限、标准，能提高工作效率。将界限、标准规定明确。

该法既是对奥斯本检核表法的一种继承，又是一种大胆的创新。比如，其中的"联—联""定—定"等，就是一种新发展。同时该法更通俗易懂，简便易行，便于推广。

4. 5W1H法

5W1H法是由美国陆军首创的。这种创新技法，主要是通过对某种先行的方法或者现有的产品提出六个问题，构成设想方案的制约条件，并设法满足这些条件，以获得创新方案。这六个问题是：why（为什么）、what（做什么）、who（何人）、when（何时）、where（何地）、how（怎样）。

5W1H法的问题提示：

（1）为什么（why）

为什么发光？为什么漆成红色？为什么要做成这个形状？为什么不用机械代替人力？为什么产品制造的环节这么多？为什么要这么做？

（2）做什么（what）

条件是什么？目的是什么？重点是什么？功能是什么？规范是什么？要素是什么？

（3）谁（who）

谁来办合适？谁能做？谁不宜加入？谁是顾客？谁支持？谁来决策？忽略了谁？

（4）何时（when）

何时完成？何时安装？何时销售？何时产量最高？何时最切合时宜？需要几天为合适？

（5）何地（where）

何地最适宜种植？何处做才最经济？从何处去买？卖到什么地方？安装在哪里最恰当？何地有资源？

（6）怎样（how）

怎样做最省力？怎样做最快？怎样效率最高？怎样改进？怎样避免失败？怎样求发展？怎样扩大销路？怎样改善外观？怎样方便使用？

对于最后一问 how，有时可扩展为两个问题：怎样（how to）与多少（how much），此即 5W2H 法。

5. TRIZ 理论

TRIZ 原理是苏联根里奇·阿奇舒勒在研究分析成千上万例从世界上顶尖工程技术领域产生的专利的过程中，通过分析这些专利中最有效解决问题的例子，总结归纳对技术系统进化趋势的规律，奠定了他创立解决发明性问题的分析方法的基础，然后成为 TRIZ 创造性解决问题的理论基础。

（1）核心思想

现代 TRIZ 理论的核心思想主要体现在三个方面。首先，无论是一个简单产品还是复杂的技术系统，其核心技术的发展都是遵循着客观的规律发展演变的，即具有客观的进化规律和模式。

其次，各种技术难题、冲突和矛盾的不断解决是推动这种进化过程的动力。

最后，技术系统发展的理想状态是用尽量少的资源实现尽量多的功能。

（2）基本哲理

TRIZ 理论的基本哲理包括以下六条：

①所有的工程系统服从相同的发展规则。这一规则可以用来研究创造发明问题的有效解，也可用来评价与预测一个工程系统（包括新产品与新服务系统）的解决方案。②像社会系统一样，工程系统可以通过解决冲突而得到发展。③任何一个发明或创新的问题都可以表示为需求和不能（或不再能）满足这些需求的原型系统之间的冲突。所以，"求解发明问题"与"寻找发明问题的解决方案"就意味着在利用折中与调和不能被采纳时对冲突的求解。④为探索冲突问题的解决方案，有必要利用专业工程师尚不知道或不熟悉的物理或其他科学与工程的知识。技术功能和可能实现该功能的物理学、化学、生物学等效应对应的分类知识库可以成为探索冲突问题解的指针。⑤存在评价每项发明创造的可靠判据。这些判据是：第一，该项发明创造是否是建立在大量专利信息基础上的？基于偶然发现的少数事例的发明项目不是严肃的研究成果。事实证明，一项重大或重要的发明项目通常是建立在不少于 1 万到 2 万项专利（或知识产权/版权）研究的基础上。第二，发明人或研究者是否考虑过发明问题的级别？大量低水平的发明不如

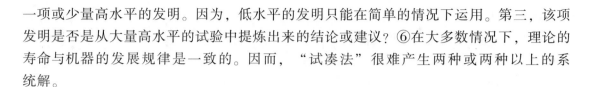

一项或少量高水平的发明。因为，低水平的发明只能在简单的情况下运用。第三，该项发明是否是从大量高水平的试验中提炼出来的结论或建议？⑥在大多数情况下，理论的寿命与机器的发展规律是一致的。因而，"试凑法"很难产生两种或两种以上的系统解。

（3）理论体系

现代 TRIZ 理论体系主要包括以下几个方面的内容：

①创新思维方法与问题分析方法

TRIZ 理论中提供了如何系统分析问题的科学方法，如多屏幕法等；而对于复杂问题的分析，则包含了科学的问题分析建模方法——物—场分析法，它可以帮助快速确认核心问题，发现根本矛盾所在。

②技术系统进化法则

针对技术系统进化演变规律，在大量专利分析的基础上 TRIZ 理论总结提炼出八个基本进化法则。利用这些进化法则，可以分析确认当前产品的技术状态，并预测未来发展趋势，开发富有竞争力的新产品。

③技术矛盾解决原理

不同的发明创造往往遵循共同的规律。TRIZ 理论将这些共同的规律归纳成 40 个创新原理，针对具体的技术矛盾，可以基于这些创新原理、结合工程实际寻求具体的解决方案。

④创新问题标准解法

针对具体问题的物—场模型的不同特征，分别对应有标准的模型处理方法，包括模型的修整、转换、物质与场的添加等。

⑤发明问题解决算法 ARIZ

主要针对问题情境复杂、矛盾及其相关部件不明确的技术系统。它是一个对初始问题进行一系列变形及再定义等非计算性的逻辑过程，实现对问题的逐步深入分析，问题的转化，直至问题的解决。

⑥基于物理、化学、几何学等工程学原理而构建的知识库。基于物理、化学、几何学等领域的数百万项发明专利的分析结果而构建的知识库可以为技术创新提供丰富的方案来源。

（4）创新设计问题解决工具

TRIZ 理论的创新设计问题解决工具。

阿利赫舒列尔和他的 TRIZ 研究机构 50 多年来提出了 TRIZ 系列的多种工具，如冲突矩阵、76 标准解答、ARIZ、AFD、物质—场分析、ISQ、DE、8 种演化类型、科学效应、40 个创新原理，39 个工程技术特性，物理学、化学、几何学等工程学原理知识库等，常用的有基于宏观的矛盾矩阵法（冲突矩阵法）和基于微观的物场变换法。事实上 TRIZ 针对输入输出的关系（效应）、冲突和技术进化都有比较完善的理论。这些工具为创新理论软件化提供了基础，从而为 TRIZ 的实际应用提供了条件，该方法较为复

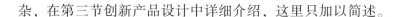

杂，在第三节创新产品设计中详细介绍，这里只加以简述。

第二节　创新设计模式

无论是产品设计、服装设计还是服务设计都有它们各自的创新设计模式，这些设计中都包含了大量创新的过程和结果。在市场瞬息万变的今天，用户需求是设计存在的立足点，设计行业只有通过创新不断地去满足用户需求，才能更好地发展下去。游戏化的创新设计模式、用户体验的创新设计模式、着眼未来的创新设计模式和众包的创新设计模式是四种主要的创新设计模式。

一、游戏化的创新设计模式

（一）游戏化的定义

"游戏化"词语意思可能被误解为真正的游戏运用在现实世界，但游戏化应该解读为是"在非游戏的情景中使用游戏元素以及游戏设计的技术"。从游戏中提取如何改变行为的模式并运用非游戏化的情景中。游戏化与游戏最大的区别在于，游戏化是带有目的"游戏"。游戏化始终是为本身任务服务的，游戏化必须考虑本源的核心价值，达成本来产品的目标。"游戏化"可以作用于商业的过程（例如增加潜在用户），也可以作用于商业的成果（例如销售量），更重要的是，游戏化提供有趣的体验能够使用户（或者说玩家）融入企业中，建立与产品的情感联系。

（二）游戏化理论支持

游戏化最根本的理论依据是自我决定理论。自我决定理论作为现代心理学分支，强调自我在动机过程中的能动作用，关注人类与生俱来的潜能和天生对精神的需求。自我决定理论将人的动机一分为二——内在动机和外在动机。内在动机解释为人会自主地开始一项活动，因为活动有趣并能满足人精神需求。外在动机则相反，是由外在条件（例如薪水）驱动。自主需求理论的核心理论提出了个体存在发展必要的三种需求：自主需求、胜任需求、归属需求。当某项活动激发三项需求的某一项或多项时，人们会主动地去完成该项活动，而不需要任何附加的外在条件。

游戏化设计让用户有相对的自由感，不让用户感觉带有强迫性质和完成工作的色彩，满足用户的自主需要。游戏化机制，比如通过具象的数值作为用户行为反馈——直观并且动态，让用户感受到对周围环境的控制，满足用户的胜任需求。游戏化社交活动作为归属需要的补充。游戏化能够激活个体发展必要的精神需求，促使个体主动去接触产品，使用产品。更重要的是，游戏化可以激活个体有机整合动机——内化。

（三） 游戏化的创新设计模式

游戏化的创新设计模式有六种，分别是挑战赛、快速反馈系统、模拟与发现、身份马拉松、商业博弈和变现与表达。

1. 挑战赛

通常是有现金奖励的高调公开的比赛。

例如京东游戏冠名 WCA 全球总决赛中国区预选赛。

2. 快速反馈系统

借助快速反馈，实时塑造用户行为。

例如，你本来就对飞行感到沮丧或担惊受怕，赚取更多的里程是不会让你更快活的。你需要的是内在奖励项目，有两个专门针对空中旅客的游戏向我们展示了该如何实现它：《喷气人》，全世界第一款针对机场的视频游戏；《云中日》，一款飞机内部的寻宝游戏，用于在 3 000 米高空上飞行的飞机之间玩耍。

3. 模拟与发现

原则上用于教学目的。

例如肖盾和刘畅一起创办的网络在线学习平台——"一起作业网"。

4. 身份马拉松

由阶梯式身份成长和奖励组成的长线体系。

例如盛大网络实行的经验值管理模式和星巴克咖啡的用户升级概念。

5. 商业博弈

企业借助游戏化的营销平台建立与消费者之间的感性关系，让消费者可以在玩游戏过程中体验品牌的魅力；借助游戏化的培训体系设定与受训者之间的理性关系，让受训者可以在培训过程中感受知识的价值；借助游戏化的管理思想嵌入与员工之间的人性关系，让员工可以喜爱上工作，愿意接受让工作成为工作的奖励。

例如中粮集团的"中粮生产队"社区游戏和微软 Xbox 游戏机模拟培训。

6. 变现与表达

在用户当中促进创造力、个性化和情感满足。

例如快创互娱的 H5 游戏开发云平台。

二、用户体验的创新设计模式

（一） 用户体验的定义

用户体验（user experience，UX 或 UE）是指用户使用产品（包括物质产品和非物质产品）或者享用服务的过程中建立起来的心理感受，涉及人与产品、程序或者系统交互过程中的所有方面。对于产品生命周期的商业价值实现，用户体验是产品成功与否的关键，这里的体验包含了产品和由产品产生的服务与用户互动所产生的所有体验。

用户体验的概念最早兴起于 20 世纪 40 年代的人机交互设计领域，以可用性和"以用户为中心的设计"为基础。在 ISO 9241-11 可用性指南中，把可用性定义为"产品在特定使用情境下被特定用户用于特定用途时所具有的有效性、效率和用户主观满意度"。但是可用性概念本身的模糊性和情境依存性依然存在，为了产品的可用性目标，UCD 是业界目前常采用的方法。UCD 已被国际标准化组织（ISO）作为正式标准——以人为中心的交互系统设计过程而发布。UCD 方法的主要特征是用户的积极参与，在设计中可以邀请用户对即将发布或已经发布的产品以及设计原型进行评估，并通过对评估数据的分析进行迭代式设计直至达到可用性目标。

罗伯特·鲁比诺将用户体验分为四个要素：品牌、可用性、功能性和内容，并整合运用这四个要素来对产品的用户体验设计进行评价。

感官体验是诉诸视觉、听觉、触觉、味觉和嗅觉的体验；情感体验是顾客内心的感觉和情感创造；思考体验是顾客创造认知和解决问题的体验；行为体验是影响身体体验、生活方式并与消费者产生互动的体验；关联体验则包含了感官、情感、思考、与行动体验的很多方面。然而，关联体验又超越了个人感情、个性，加上"个人体验"，而且使个人与理想自我、他人，或是文化产生关联。

（二）用户体验的创新设计模式

下面通过"星巴克"的案例，感受一下用户体验的创新设计模式。

正如星巴克的首席执行官舒尔茨所说："我们追求的不是最大限度的销售规模，我们试图让我们的顾客体验品味咖啡时的浪漫。"

星巴克通过用户体验塑造独特的品牌形象以及品牌文化，建立系统的品牌识别系统，给人们带来属于星巴克的文化体验，它有利于顾客满意，留住顾客，形成忠诚度，并影响他人。

用户体验的创新设计模式是一项包含了产品设计、服务、活动与环境等多个因素的综合性设计模式，每一项因素都是基于个人或群体需要、愿望、信念、知识、技能、经验和看法的考量。在这个过程中，用户不再是被动地等待设计，而是直接参与并影响设计，以保证设计真正符合用户的需要，其特征在于参与设计的互动性和以用户体验为中心，以提供良好的感觉为目的。

三、着眼未来的创新设计模式

本书给着眼未来的创新设计模式定义为 GCA 模式。GCA 即 Generator-Conjecture-Analysis（生成—猜想—分析）的缩写。它由建筑师邬达克由"猜想—分析"模式发展而来。GCA 模式认为，首先，在进行有形或无形产品设计时，先有一个特殊的"生成"阶段。Generator 从字面上可理解为一种"发生器"。"生成"所涉及的是产生某个解决方案的概念或是假设模型。这些概念或假设模型是进入某个设计方向的起点。任何一个特殊的生成起点都可以在设计过程中通过理性分析来判断它的可行性。类似于我们在设计起步之时有自己不同的方法，但我们在绝大多数时间都可以依随我们自己的"发生器"分析下去，做下去。这种"发生器"在刚刚进入设计过程中时，往往只是设计师自己加诸自己的某种限制，这里所说的限制其实是某种提示，因为对于设计而言有很多时候，没有限制才是最大的限制。这样的"发生器"并不需要十分明确，它不是某个具体的设计，而是产生这一设计背后的概念或假设。

"猜想"涉及设计问题的架构，其实也就是最初的设计"猜想"。

不是基于对已有资料的分析，而是大部分基于设计师个人已存在的认知能力。在最初的设计里，设计所需的资料及设计本身都是不完全的，而且也不可能是完全的。因此，以生成—猜想这样的方式来理解设计则更加能令人信服。"生成"和"猜想"这两个阶段实际是一种重要的设计策略，它将某个设计任务的无数可能性降低至设计师可以把握的数量范畴，使设计真正成为设计师能主动控制的活动，而不是寄希望于广阔而空泛的基础调查研究而自然"推导"出某个设计结果。

"生成"阶段的某些假设，我们可以通过阅读科幻小说来获得灵感。例如儒勒·凡尔纳的书《海底两万里》，该小说提前 90 年预测了电动潜艇的出现。儒勒·凡尔纳还提前 100 年预测了很多事物，例如登月舱和太阳帆。这些存在于科幻小说中的假设现在都成了现实。

四、众包的创新设计模式

产品设计正在快速成为团队活动，它不仅涉及负责物理设计和制造的人员，还涉及消费者、业余爱好者和准发明家。这种新兴的趋势称为设计的民主化，现在已经得到了一定程度的推动，这部分归功于 Internet 以及新的社交工具和网络，因为它们将公司与客户和市场联系得更为紧密。

将任务外包给一个大型团队或"一群"人（通常通过 Internet）的过程称为众包，这有可能会显著改变公司获得创新渠道的方式。众包为公司提供了在投放产品前了解其在市场中是否会获得成功的方法。先制造产品再观望市场反响好坏的日子一去不复返了。

但是，众包的作用不止于此。它能够让组织利用大众的智慧和创造力来提升自己的创新能力。它迫使公司重新思考自己的内部创新过程，以认识到可以从大众身上学习各种知识，然后努力提供创新来回馈大众。

五、初创企业提供众包平台

最近几年，有很多初创企业如雨后春笋般地出现，这为很多公司提供了从仅靠内部人员解决问题向与外部人员共同解决问题转变的平台，同时也为大众提供了参与解决这些问题的机会。预算不足、无法自行挖掘客户或更广大的受众的需求的小型公司也可以通过与众包专家或平台的协作来做好这项工作。

利用这些基于软件的平台，个人和组织都能通过以下三步过程与"大众"开展协作：用户提交难题；公司与"解决者"网络协作制订解决方案；如果解决方案被接受，解决者将获得相应的工作报酬。您可以在 Board of Innovation 网站上查找所有开放式创新和众包平台的列表。

企业巨头通用电气（General Electric）与这类众包平台中的 Quirky 建立了合作关系来创建 Inspiration Platform，这是一个邀请人们对 GE 开发的技术进行创新的论坛。该网站提供了发明者可以访问并应用于消费产品的专利的列表。Quirky 和 GE 联合发起了一项名为"Wink：Instantly Connected"的开发计划，借以打造一系列支持应用的产品。

尽管这两家公司都表示，他们乐于接受任何新的构想，但这项计划主要针对的是家庭自动化技术，如智能手机控制的设备和"物联网"。发明者可以提交构想并利用 GE 的大量安全和健康相关专利。

六、众包产品获得市场认可

尽管无意赘述过多内容，但我还是想举出一些公司因为将设计工作委托给大众而获得巨大成功的真实案例。

Fiat Mio、Fiat Brazil 邀请外部人员帮助设计其下一款汽车，世界上第一款众包汽车由此诞生。结果：有 120 个国家/地区的人员通过社交平台提交了 11 000 个以上的构想。

V-Moda Crossfade M-100 耳机。这款耳机由 200 多位艺术家联合打造，并由 10 000 名音乐爱好者投票通过。该公司与 200 多人（由编辑、艺术家、DJ、音乐家和音响爱好者组成）合作打造了这款耳机。

雷蛇（Razer）的"Razer Edge"Windows 8 游戏平板电脑，是由游戏玩家设计。该公司要求他们通过社交平台发表他们对提议的平板电脑的规格要求。超过 10 000 人对终端游戏芯片组、重量/厚度、功能和他们愿意支付的价格等因素进行了评估。

第三节　创新产品设计

产品设计是一个创造性的综合信息处理过程，通过多种元素（如线条、符号、数字、色彩的方式）的组合把产品的形状以平面或立体的形式展现出来。它是将人的某种目的或需要转换为一个具体的物理或工具的过程；是把一种计划、规划设想、问题解决的方法，通过具体的操作，以理想的形式表现出来的过程。

下面来介绍如何做产品设计，创新产品设计的重点不在于产品生产，而在于整个创新解决方案的形成。对于产品设计的过程也是有它的流程和趋势的，在这里介绍 TRIZ，简单来说它是将所有以前申请过专利的产品进行研究、分类，对他们整个的流程、过程进行总结，然后提出类似产品设计的原则和方法。

我们有时在为有形产品设计方案时，可以借鉴 TRIZ 的思想，我们在这里通过对 TRIZ 理论的介绍、案例分析和创新产品的原型实现，带领大家进入创新产品设计的世界。

一、解决技术矛盾的基本法则

用来解决技术矛盾的工具叫作法则。法则是向一个技术系统或在技术系统内部进行操作的最根本的方法。

这里我们向大家着重介绍"TRIZ 技术创新 40 法"，这就是我们用来解决技术矛盾的基本法则。

（一）TRIZ 技术创新 40 法目录

TRIZ 技术创新 40 法：

1. 分离法
2. 提取法
3. 局部质量改善法
4. 非对称法
5. 组合法
6. 一物多用法
7. 套叠法
8. 巧提重物法
9. 预先反作用法
10. 预先作用法
11. 预置防范法

21. 快速法
22. 变害为利法
23. 反馈法
24. 中介法
25. 自服务法
26. 复制法
27. 替代法
28. 系统替代法
29. 压力法
30. 柔化法
31. 孔化法

12. 等势法
13. 逆向运作法
14. 曲线、曲面化法
15. 动态法
16. 部分超越法
17. 多维运作法
18. 机械振动法
19. 离散法
20. 有效运作持续法

32. 色彩法
33. 同化法
34. 自生自弃法
35. 性能转换法
36. 相变法
37. 热膨胀法
38. 逐级氧化法
39. 惰性环境法
40. 复合材料法

（二）TRIZ 技术创新 40 法详解

1. 分离法

（1）将一物体分成互相独立的部分。（2）将一物体分成几部分（便于安装和拆卸）。临时交通灯的电杆是由可以折叠的部分组成，以便运输和安装。（3）提高与物体的分离性。

2. 提取法

（1）去掉一物体中的干扰部分或特性。（2）只抽取物体中必要的部分或特性。矿区救援队过去要背负沉重的冷却箱，现在冷却箱改成了分体式并可置于地面。

3. 局部质量改善法

（1）将一物体的共性结构转换成异性结构或环境（行动）；矿井中为减少粉尘，用喷水装置向采掘机和运煤机喷出锥状水雾。水雾越细，防尘效果越好，但是太细的水雾阻碍工作。解决方案：在细雾之外加一束较粗的水雾。（2）物体中不同的部分应起不同的作用。（3）物体的每一部分都应处于促进整体运作的状态。

4. 非对称法

（1）用非对称性代替对称性。滑雪车的驱动鼓以适当的角度安装在车体下面，以便更好地在雪地上行驶。（2）如果一物体已经不对称，可进一步增强其不对称程度。

5. 组合法

（1）在空间上将有共性的物体和需要连续操作的物体组合起来。三体船船体间波浪的干扰，可减轻水对船的摩擦力。（2）从时间上将有共性的部分和需要持续操作的部分组合起来。

6. 一物多用法

一物体能够起多种不同的作用，因此，其他部分可以除去。
机帆船装上沉重的电池除了起到必要的压仓作用外，用帆航行时，推进器给电池充电；无风时，电池使推进器工作。

7. 套叠法

（1）一物体套在另一物体内，并可形成重叠。

一个悬浮式储油箱能够同时存储不同型号的原油。

（2）一物体穿过另一物体。

8. 巧提重物法

（1）将需提起的重物和有上升性质的物体结合起来。用气球使电缆临时跨越河流。（2）给需要提起的物品加上空气动力或由外部环境引起的水动力。

9. 预先反作用法

对物体预先加反向压力从而避免其完工时的不良效果。

组合涡轮机轴由几个和总轴反方向拧上的短管组成。这样可减轻重量并提高轴的强度。

10. 预先作用法

（1）预先部分或全部地施加所需的改变。（2）将有用的物体预置，使其在必要时能立即在最方便的位置起作用。打石膏时预置锯片，以便取石膏时既方便又不会伤及皮肤。

11. 预置防范法

对具有较低可靠性的物品预置紧急防范措施。在路的急拐弯处放上旧轮胎以防止事故。

12. 等势法

改变工作状态而不必升高或降低物品。

集装箱不是被直接吊起装上卡车，而是用液压机稍微顶起即推入卡车内。

13. 逆向运作法

（1）不用常规的解决方法，而是反其道行之（如需加热时反用冷却法）。（2）使通常运动的部分或环境静止，而让通常静止的部分运动。一个游泳训练装置，让水流动而游泳者位置不变。（3）将物体倒过来放置。

14. 曲线、曲面化法

（1）将直线变成曲线，平面变成曲面，方形变成球形。机场中的圆形跑道有无限的长度。（2）利用滚筒、球体和螺旋体。（3）利用向心力将线性运动变成圆周运动。

15. 动态法

（1）改变物体的性质或外部环境，以使操作的每一步都能达到最佳效果。（2）将非运动物体变为动态的，增加其运动性。（3）将一物体分成能够改变相对位置的不同部分。

16. 部分超越法

如果不能达到 100% 的效果，争取部分达到或超过理想效果。

为了减少预防冰雹时使用的化学试剂用量，只攻击将形成冰雹的那部分云层。

17. 多维运作法

（1）将物体的运动或布置由一维变为二维，或将二维变为三维。溜冰场中的扫雪装置安装在扫雪车的下部，而不是前部。（2）利用物体的多层结构。（3）将物体竖置。（4）利用物体相反的一面。（5）将光线照到物体相邻的区域或物体的反面。

18. 机械振动法

（1）利用振荡作用。（2）如已有振动存在，提高振动频率以达超音速。（3）应用共振的频率。（4）用压电振动代替机械振动。（5）将超音速振动和电磁场结合运用。

在手术中采用超声波接骨法。

19. 离散法

（1）将持续运动变成间隙运动（脉冲法）；脉冲加压的灌溉机喷出的水对土壤伤害较小。（2）如果运动已经是间隙性的，改变间隙频率。（3）利用间隙提供附加作用。

20. 有效运作持续法

（1）不间断持续动作，一物体的各组成部分应持续保持其全能状态运行。（2）去除闲置和间歇的部分。（3）将"来回"运动改为"转动"。

21. 快速法

极快速运行有害而冒险的操作。

在卸掉驳船上装载的原木时，必须将船体倾斜至不安全的角度。减少危险的方法是将船倾斜至仍然安全的角度，然后猛地倾卸。此法可以通过从助卸器中将水快速泵出而实现。

22. 变害为利法

（1）利用有害因素，特别是环境方面的有害因素来获取有益结果。（2）将一有害因素与另一有害因素结合，抵消有害因素。在炸毁旧房子之前，为降低冲击波危害，先在周围挖一道深沟。爆炸时，振动波到达深沟时，即会反射回来从而抵消冲击波。（3）提高有害运作的程度以达无害状态。

23. 反馈法

（1）引入反馈法。（2）如果反馈已经存在，将其改善。

汽化器中的燃料通过燃料箱中的浮筒自我调节高度。

24. 中介法

（1）利用中介物质转换或执行一种运动。（2）临时将原物体和一个容易去除的物体连接。

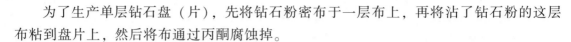

为了生产单层钻石盘（片），先将钻石粉密布于一层布上，再将沾了钻石粉的这层布粘到盘片上，然后将布通过丙酮腐蚀掉。

25. 自服务法

（1）一物体能服务于自我，并能执行辅助和修理的功能。（2）利用废物和废弃的能量。

传送带的擦刮器磨损很快。理想的擦刮器应永不磨损。建议：增加擦刮器和传送带之间的间隙。松散物质上的粉粒会掉落在擦刮盘上，从而减少空隙而起到擦刮作用。

26. 复制法

（1）不便于操作的易损、易碎物，应由简易的和便宜的复制品替代。（2）可见光仪器可由红外线或紫外线仪器替代。（3）用光学图像替代单件物品或系列物品，然后图像可以放大和缩小。为测量正在运行的货车上的圆木，可以通过对所运圆木拍照，然后根据照片进行测量和计算。

27. 替代法

用便宜的物品代替贵重的物品，对性能稍做让步。

28. 系统替代法

（1）用光学、声学、热学及味觉系统代替机械系统。用电热器加热金属棒，使显微镜下的物质做微量运动。（2）运用电场、磁场和电磁场和一物体进行相互作用。（3）转换下列场：用运动场代替静止场；用随时间变化的场代替静止不变的场；用有组织的场代替随机的场。（4）利用场和强磁性物质。

29. 压力法

用气体或液体替代物体的固体部分，从而可利用空气或水产生膨胀，或利用气压和液压起缓冲作用。

30. 柔化法

（1）用灵活的或薄膜表面代替通常结构。可调整焦距的镜子由镜子加上很薄的可调表面组成。在可调表面和镜子之间充入气体，就会改变镜子表面的曲率。（2）用可调的表面或薄膜表层将物体和外部环境隔开。

31. 孔化法

（1）给物体加孔，或运用有孔的辅助物。为防止表面沾染硬物或杂质，物体壁用有孔物制作以便将特殊液体随孔泵出，清除表面杂质。（2）如果一物体已经有孔，事先向孔中充入相应物质。

32. 色彩法

（1）改变物体或环境的颜色。（2）改变物体和环境的透明度；绷带由透明物质做成，以便观察伤口的变化情况。（3）在物体中加上颜色添加剂，用以观察难以看到的物体或过程。（4）如果已经用了添加剂，则考虑增加发光成分。

33. 同化法

和主要物体相互作用的物体应该用同样的材料做成，或具有相同的性质。

在熔化的钢水中，传递超声波的振动杆会脱落一些成分到钢水中，为防止污染钢水，振动杆选用和钢水一样的材料。

34. 自生自弃法

（1）当作用完成后或物体本身不再有用时，物体中的一部分自动消失，或在操作过程中自动调整。制造微型弹簧的方法是在弹性芯上绕弹簧，而后在液体中将芯融化。（2）物体中用过的零件应在工作过程中重新发挥作用。

35. 性能转换法

（1）改变系统的物理状态。（2）改变浓度或密度。电弧焊接过程中，电棒通过电磁泵产生液态金属流。（3）改变灵活程度。（4）改变温度或体积。

36. 相变法

运用物态转换（如释放或吸收热量等）。

使外保护层的一部分蒸发掉，以保护太空飞船不致过热。

37. 热膨胀法

（1）改变温度，利用物体的热胀冷缩性。用两个金属条制作温度计。（2）利用不同材料之间不同的热膨胀系数。

38. 逐级氧化法

利用从一级向更高一级的氧化转换。

（1）从空气到氧化空气。（2）从氧化空气到氧气。（3）从氧气到离子氧。（4）从离子氧到臭氧化氧。（5）从臭氧化氧到臭氧。（6）从臭氧到单氧。

在炼铁炉中加入纯氧，可直接将液体金属制成铸铁。

39. 惰性环境法

（1）用惰性环境代替正常环境。为防止焊缝的氧化，将惰性气体（稀有气体）罩在电弧上。（2）将中性物质或添加剂引入一物体。（3）在真空中完成某种操作。

40. 复合材料法

用组合物质来代替同类物质。

内层有波纹纸的包装盒（箱）能承受高强度挤压。

二、解决技术问题的三个步骤

1. 分析技术系统（步骤1）

这一步骤确定需要改善的系统特性（描述系统物理状态、性能的变量）。

步骤 1 中有三个不同的阶段。第一阶段需要确定系统中各单独成分。第二阶段需要找出最原始的问题。第三阶段要明确需要改善的那一部分的特性。

对技术问题的了解始于对技术系统的分析。通过分析可以了解组成系统的各个部分（子系统），系统所从属的上级系统以及问题本身的根源。

当对这些成分有了足够的理解，就能够了解整个系统的持续情况：系统的过去、现在以及将来在各个子系统和上级系统可以发展的情况。

消除引起问题的原因比消除问题所造成的影响要容易和有效得多。头脑中设想一个系统向前发展或向后倒退所能起的作用使我们理解系统的工作条件。理解技术系统的将来也会揭示出新型的、不可预见的、没有目前问题的工作条件——从而使问题自动得到解决。

头脑中对系统的过程进行一番审视，查出可否在技术发展过程中的上一级就将问题解决。在不少情况下，这种分析会揭示问题的解决方法或使问题整体消除。

最后，步骤 1 包含着改变技术系统特性的两个选择：

（1）提高现存的正面特性

如将船（技术系统）的速度从 10 海里/小时提高到 30 海里/小时。

（2）消除（淡化）负面特性

一个技术系统有可能在起正面作用的同时起到一些有害作用。步骤 1 的目的是要消除或淡化有害作用。如消除由于提高船的速度而引起的噪声。

2. 指出技术矛盾（步骤 2）

如果技术系统中有一部分得到改善，指出哪个相应部分会因之恶化，从而明确技术矛盾。

如前所述，技术矛盾是发生在技术系统中的冲突。步骤 1 已确定必须改善的特性。步骤 2 指出必须解决的技术矛盾。如果对技术系统中某一部分特性的改善会引起系统中另一部分的恶化就表明存在着冲突，亦即存在着技术矛盾。

3. 解决技术矛盾（步骤 3）

这一步是利用 40 项法则和矛盾矩阵表来解决（消除）技术矛盾。

当明确了技术矛盾后，40 项法则和矛盾矩阵表就变得很有用了。

任何技术系统都可由 39 种普通技术特性来描述。需要改善的特性排列在表的左列，可能变差（恶化）的特性列在表的上面一行。

表的上面一行的特性和表的左边一列的特性完全相同。只是上面一行并未列出每一特性的具体内容而是用数字来代替。为方便起见，40 项法则依次排列在表中右边的一列中。每项法则的解释可参考书中 40 项法则部分的内容。用这些法则和矩阵表进行工作时，请记住这些法则可以提出解决技术矛盾的最佳方案。当接受某一方案会引起另一问题时，不要马上自动放弃这一方案，找出解决另一问题的方法，如果必要的话，解决另外附属的问题。这种方法通常用来解决复杂的问题。

有两种解决技术矛盾的途径：

（1）利用矛盾矩阵表找出最有效的法则。（2）熟悉每一法则，找出最适合的法则。

特性是普遍性的，可能选用两个或多个法则，阅读每个相应的法则，尝试将该法则运用于技术系统。不要反对某种法则，不管看起来多么滑稽可笑，努力利用它。如果所有给出的法则都完全不能应用，则需重新确定技术矛盾，再做一遍，直到找出可操作的解决方案为止。

三、草图设计到原型设计

对于很多设计的概念，大家不一定理解是什么意思，这时利用简单的草图说明，使得大家很快理解设计师提出的创意是什么。比如当年在设计鼠标的时候，设计者提出可以设计一个东西，在桌面上移动，电脑屏幕上就会跟着动，在电脑屏幕上设计一个事先定义好需要工作的内容，只要点击它，就会自动地运行指定的内容。大家根本没有听懂他在讲什么，这时他发现设计室中有一个废弃的滚珠，捡起来，放在桌子上，然后找到一个小泡沫纸板，放到滚珠上面，演示了他的说法，大家都懂了他的意思。

草图设计分为以下四种。

1. 概念草图

概念草图一般是指设计初始阶段的设计雏形，以线条为主，多是思考性质的，一般比较潦草，记录设计的灵感与原始意念，不追求效果和准确性。

2. 解释性草图

解释性草图是以说明产品的使用和结构为宗旨。基本以线条为主，附以简单的颜色，为加强轮廓，经常会引入一些说明性的语言。偶尔还有运用卡通式语言的草绘方式。多为演示用而非方案比较，画得较清晰，关系明确即可。

3. 结构草图

结构草图多要画透视线，辅以阴影表达，主要目的是表明产品的特征、结构、组合方式以便沟通和思考（多为设计师之间研究探讨用）。

4. 效果式草图

设计师比较设计方案和设计效果时常用效果式草图，它也用于评审，用以表达事物的清楚结构、材质、色彩，有时为加强主题还会顾及使用环境和使用者。

草图设计完，我们就要用到原型设计工具进行原型设计。

第八章　创业机会与创业资源

第一节　创业机会的识别与选择

一、创业机会的内涵

创业机会是指有利于创业的一组条件的形成情况。这组条件至少包含以下要素：

第一，某个细分市场存在或新形成了某种持续性需求；

第二，拟创业者开发了或持有着有助于满足前述市场需求的创意；

第三，创业者有能力、有资源，可实施所持有的创意；

第四，创业者将自己的创意转变为具体的产品或服务，不需要大规模的资金（所谓轻资产）和团队（所谓小团队）。

当这四个要素都得到满足之时，才可认为客观上形成了某种创业机会。

二、创业机会的特征

有的创业者认为自己有很好的想法和点子，对创业充满信心。有想法有点子固然重要，但是并不是每个大胆的想法和新异的点子都能转化为创业机会的。许多创业者因为仅仅凭想法去创业而失败了。那么如何判断一个好的商业机会呢？《21世纪创业》的作者杰夫里·A·第莫斯教授提出，好的商业机会有以下四个特征：

第一，它很能吸引顾客；

第二，它能在你的商业环境中行得通；

第三，它必须在机会之窗存在的期间被实施（注：机会之窗是指商业想法推广到市场上去所花的时间，若竞争者已经有了同样的思想，并把产品已推向市场，那么机会之窗也就关闭了）；

第四，你必须有资源（人、财、物、信息、时间）和技能才可创立业务。

三、创业机会的五大来源

1. 痛点

创业的根本目的是满足顾客需求。而顾客需求在没有满足前就是痛点。寻找创业机会的一个重要途径是善于去发现和体会自己和他人在需求方面的痛点或生活中的难处。比如，上海有一位大学毕业生发现远在郊区的本校师生往返市区交通十分不便，创办了一家客运公司，就是把痛点转化为创业机会的成功案例。

2. 变化

创业机会大都产生于不断变化的市场环境，环境变化了，市场需求、市场结构必然发生变化。著名管理大师彼得·德鲁克将创业者定义为那些能"寻找变化，并积极反应，把它当作机会充分利用起来的人"。这种变化主要来自产业结构的变动、消费结构升级、城市化加速、人口思想观念的变化、政府政策的变化、人口结构的变化、居民收入水平提高、全球化趋势等诸多方面。比如居民收入水平提高，私人轿车的拥有量将不断增加，这就会派生出汽车销售、修理、配件、清洁、装潢、二手车交易、陪驾等诸多创业机会。

3. 创造发明

创造发明提供了新产品、新服务，更好地满足顾客需求，同时也带来了创业机会。比如随着电脑的诞生，电脑维修、软件开发、电脑操作的培训、图文制作、信息服务、网上开店等创业机会随之而来，即使你不发明新的东西，你也能成为销售和推广新产品的人，从而给你带来商机。

4. 竞争

如果你能弥补竞争对手的缺陷和不足，这也将成为你的创业机会。看看你周围的公司，你能比他们更快、更可靠、更便宜地提供产品或服务吗？你能做得更好吗？若能，你也许就找到了机会。

5. 新知识、新技术的产生

例如随着健康知识的普及和技术的进步，围绕"水"就带来了许多创业机会，上海就有不少创业者加盟"都市清泉"而走上了创业之路。

四、创业机会的识别

创业机会识别是创业领域的关键问题之一。从创业过程角度来看，它是创业的起点。创业过程就是围绕着机会进行识别、开发、利用的过程。识别正确的创业机会是创业者应当具备的重要技能。

创业机会以不同形式出现。虽然在以前的研究中，焦点多集中在产品的市场机会上，但是在生产要素市场上也存在机会，如新的原材料的发现等。许多好的商业机会并不是突然出现的，而是对于"一个有准备的头脑"的一种"回报"。在机会识别阶段，创业者需要弄清机会在哪里和怎样去寻找。

1. 现有的市场机会

对创业者来说，在现有的市场中发现创业机会，是很自然和较经济的选择。一方面，它与我们的生活息息相关，能真实地感觉到市场机会的存在；另一方面，由于总有尚未全部满足的需求，在现有市场中创业，能减少机会的搜寻成本，降低创业风险，有利于成功创业。现有的创业机会存在于：不完全竞争下的市场空隙、规模经济下的市场空间、企业集群下的市场空缺等。

（1）不完全竞争下的市场空隙

不完全竞争理论或不完全市场理论认为，企业之间或者产业内部的不完全竞争状态，导致市场存在各种现实需求，大企业不可能完全满足市场需求，必然使中小企业具有市场生存空间。中小企业与大企业互补，满足市场上不同的需求。大中小企业在竞争中生存，市场对产品差异化的需求是大中小企业并存的理由，细分市场以及系列化生产使得小企业的存在更有价值。

（2）规模经济下的市场空间

规模经济理论认为，无论任何行业都存在企业的最佳规模或者最适度规模的问题，超越这个规模，必然带来效率低下和管理成本的提升。产业不同，企业所需要的最经济、最优成本的规模也不同，企业从事的不同行业决定了企业的最佳规模，大中小企业最终要适应这一规律，发展适合自身的产业。

（3）企业集群下的市场空缺

企业集群主要指地方企业集群，是一组在地理上靠近的相互联系的公司和关联的结构，它们同处在一个特定的产业领域，由于具有共性和互补性而联系在一起。集群内中小企业彼此间发展高效的竞争与合作关系，形成高度灵活专业化的生产协作网络，具有极强的内生发展动力，依靠不竭的创新能力保持地方产业的竞争优势。

2. 潜在的市场机会

潜在的创业机会来自新科技应用和人们需求的多样化等。成功的创业者能敏锐地感知社会大众的需求变化，并能够从中捕捉市场机会。

新科技应用可能改变人们的工作和生活方式，出现新的市场机会。通信技术的发展，使人们在家里办公成为可能；互联网的出现，改变了人们工作、生活、交友的方式；网络游戏的出现，使成千上万的人痴迷其中，乐此不疲；网上购物、网络教育的快速发展，使信息的获取和共享日益重要。

需求的多样化源自人的本性，人类的欲望是很难得到满足的。在细分市场里，可以发掘尚未满足的潜在市场机会。一方面，根据消费潮流的变化，捕捉可能出现的市场机会；另一方面，根据消费者的心理，通过产品和服务的创新，引导需求并满足需求，从而创造一个全新的市场。

3. 衍生的市场机会

衍生的市场机会来自经济活动的多样化和产业结构的调整等方面。

首先，经济活动的多样化为创业拓展了新途径。一方面，第三产业的发展为中小企业提供了非常多的成长点，现代社会人们对信息情报、咨询、文化教育、金融、服务、修理、运输、娱乐等行业提出了更多更高的需求，从而使社会经济活动中的第三产业日益发展。由于第三产业一般不需要大规模的设备投资，它的发展为中小企业的经营和发展提供了广阔的空间。另一方面，社会需求的易变性、高级化、多样化和个性化，使产品向优质化、多品种、小批量、更新快等方面发展，也有力地刺激了中小企业的发展。

其次，产业结构的调整与国企改革为创业提供了新契机。党的十六大报告指出，"要深化国有企业改革，进一步探索公有制特别是国有制的多种有效实现形式，大力推进企业的体制、技术和管理创新。除极少数必须由国家独资经营的企业外，要积极推进股份制，发展混合所有制经济。"因此，随着国企改革的推进，民营中小企业除了涉足制造业、商贸餐饮服务业、房地产等传统业务领域外，将逐步介入中介服务、生物医药、大型制造等有更多创业机会的领域。

五、成功的创业机会识别所需的条件

面对具有相同期望值的创业机会，并非所有潜在创业者都能把握。成功的机会识别是创业愿望、创业能力和创业环境等多因素综合作用的结果。

首先，创业的愿望是机会识别的前提。创业愿望是创业的原动力，它推动创业者去发现和识别市场机会。没有创业意愿，再好的创业机会也会视而不见，或失之交臂。

其次，创业能力是机会识别的基础。识别创业机会在很大程度上取决于创业者的个人（团队）能力，这一点在《当代中国社会流动报告》中得到了部分佐证。报告通过对私营企业主阶层变迁的分析发现，私营企业主的社会来源越来越以各领域精英为主，经济精英的转化尤为明显，而普通百姓转化为私营企业主的机会越来越少。国内外研究和调查显示，与创业机会识别相关的能力主要有：远见与洞察能力、信息获取能力、技术发展趋势预测能力、模仿与创新能力、建立各种关系的能力等。

最后，创业环境的支持是机会识别的关键。创业环境是创业过程中多种因素的组合，包括政府政策、社会经济条件、创业和管理技能、创业资金和非资金支持等方面。一般来说，如果社会对创业失败比较宽容，有浓厚的创业氛围；国家对个人财富创造比较推崇，有各种渠道的金融支持和完善的创业服务体系；产业有公平、公正的竞争环境，那就会鼓励更多的人创业。

第二节　创业风险与规避

一、什么是创业风险

创业风险是指在企业创业过程中存在的风险，是指由于创业环境的不确定性、创业机会与创业企业的复杂性，创业者、创业团队与创业投资者的能力与实力的有限性而导致创业活动偏离预期目标的可能性。

二、创业风险的来源

创业环境的不确定性，创业机会与创业企业的复杂性，创业者、创业团队与创业投资者的能力与实力的有限性，是创业风险的根本来源。研究表明，由于创业的过程往往是将某一构想或技术转化为具体的产品或服务的过程，在这一过程中，存在着几个基本的、相互联系的缺口，它们是不确定性、复杂性和有限性的主要来源，也就是说，创业风险在给定的宏观条件下，往往就直接来源于这些缺口。

1. 融资缺口

融资缺口存在于学术支持和商业支持之间，是研究基金和投资基金之间存在的断层。其中，研究基金通常来自个人、政府机构或公司研究机构，它既支持概念的创建，还支持概念可行性的最初证实；投资基金则将概念转化为有市场的产品原型（这种产品原型有令人满意的性能，对其生产成本有足够的了解并且能够识别其是否有足够的市场）。创业者可以证明其构想的可行性，但往往没有足够的资金将其实现商品化，从而给创业带来一定的风险。通常，只有极少数基金愿意鼓励创业者跨越这个缺口，如富有的个人专门进行早期项目的风险投资，以及政府资助计划等。

2. 研究缺口

研究缺口主要存在于仅凭个人兴趣所做的研究判断和基于市场潜力的商业判断之间。当一个创业者最初证明一个特定的科学突破或技术突破可能成为商业产品基础时，他仅仅停留在自己满意的论证程度上。然而，这种程度的论证后来不可行了，在将预想的产品真正转化为商业化产品（大量生产的产品）的过程中，即具备有效的性能、低廉的成本和高质量的产品，在能从市场竞争中生存下来的过程中，需要大量复杂而且可能耗资巨大的研究工作（有时需要几年时间），从而形成创业风险。

3. 信息和信任缺口

信息和信任缺口存在于技术专家和管理者（投资者）之间。也就是说，在创业中，存在两种不同类型的人：一是技术专家；二是管理者（投资者）。这两种人接受不同的教育，对创业有不同的预期、信息来源和表达方式。技术专家知道哪些内容在科学上是有趣的，哪些内容在技术层上是可行的，哪些内容根本就是无法实现的：在失败案例中，技术专家要承担的风险一般表现在学术上、声誉上受到影响，以及没有金钱上的回报。管理者（投资者）通常比较了解将新产品引进市场的程序，但当涉及具体项目的技术部分时，他们不得不相信技术专家，可以说管理者（投资者）是在拿别人的钱冒险。如果技术专家和管理者（投资者）不能充分信任对方，或者不能够进行有效的交流，那么这一缺口将会变得更深，带来更大的风险。

4. 资源缺口

资源与创业者之间的关系就如颜料和画笔与艺术家之间的关系。没有了颜料和画笔，艺术家即使有了构思也无从实现。创业也是如此。没有所需的资源，创业者将一筹莫展，创业也就无从谈起。在大多数情况下，创业者不一定也不可能拥有所需的全部资源，这就形成了资源缺口。如果创业者没有能力弥补相应的资源缺口，要么创业无法起步，要么在创业中受制于人。

5. 管理缺口

管理缺口是指创业者并不一定是出色的企业家，不一定具备出色的管理才能。进行创业活动主要有两种：一是创业者利用某一新技术进行创业，他可能是技术方面的专业人才，但却不一定具备专业的管理才能，从而形成管理缺口；二是创业者往往有某种"奇思妙想"，可能是新的商业点子，但在战略规划上不具备出色的才能，或不擅长管理具体的事务，从而形成管理缺口。

三、创业风险的分类

1. 按风险来源的主客观划分

按风险来源的主客观性划分，可分为主观创业风险和客观创业风险。主观创业风险，是指在创业阶段，由于创业者的身体与心理素质等主观方面的因素导致创业失败的可能性。

客观创业风险，是指在创业阶段，由于客观因素导致创业失败的可能性，如市场的变动、政策的变化、竞争对手的出现、创业资金缺乏等。

2. 按创业风险的内容划分

按创业风险的内容划分，可分为技术风险、市场风险、政治风险、管理风险、生产风险和经济风险。

技术风险，是指由于技术方面的因素及其变化的不确定性而导致创业失败的可能性。

市场风险，是指由于市场情况的不确定性导致创业者或创业企业损失的可能性。

政治风险，是指由于战争、国际关系变化或有关国家政权更迭、政策改变而导致创业者或企业蒙受损失的可能性。

管理风险，是指因创业企业管理不善产生的风险。

生产风险，是指创业企业提供的产品或服务从小批试制到大批生产的风险。

经济风险，是指由于宏观经济环境发生大幅度波动或调整而使创业者或创业投资者蒙受损失的风险。

3. 按风险对所投入资金即创业投资的影响程度划分，可分为安全性风险、收益性风险和流动性风险

创业投资的投资方包括专业投资者与投入自身财产的创业者。

安全性风险，是指从创业投资的安全性角度来看，不仅预期实际收益有损失的可能，而且专业投资者与创业者自身投入的其他财产也可能蒙受损失，即投资方财产的安全存在风险。

收益性风险，是指创业投资的投资方的资本和其他财产不会蒙受损失，但预期实际收益有损失的可能性。

流动性风险，是指投资方的资本、其他财产以及预期实际收益不会蒙受损关，但资金有可能不能按期转移或支付，造成资金运营的停滞，使投资方蒙受损失的可能性。

4. 按创业过程划分，可分为机会的识别与评估风险、准备与撰写创业计划风险、确定并获取创业资源风险和新创企业管理风险

创业活动须经历一定的过程，一般而言，可将创业过程分为四个阶段：识别与评估机会；准备与撰写创业计划；确定并获取创业资源；新创企业管理。

机会的识别与评估，指在机会的识别与评估过程中，由于各种主客观因素，如信息获取量不足，把握不准确或推理偏误等使创业一开始就面临方向错误的风险。另外，机会风险的存在，即由于创业而放弃了原有的职业所面临的机会成本风险，也是该阶段存在的风险之一。

准备与撰写创业计划风险，指创业计划的准备与撰写过程带来的风险。创业计划往往是创业投资者决定是否投资的依据，因此创业计划是否合适将对具体的创业产生影响。创业计划制订过程中各种不确定性因素与制订者自身能力的限制，也会给创业活动带来风险。

确定并获取资源风险，指由于存在资源缺口，无法获得所需的关键资源，或即使可获得，但获得的成本较高，从而给创业活动带来一定风险。

新创企业管理风险主要包括管理方式，企业文化的选取与创建，发展战略的制定，组织、技术、营销等各方面的管理中存在的风险。

第三节　创业资源

创业资源的学习能让学生们了解到创业过程中的资源需求和资源获取途径，特别是

创造性整合资源的途径，认识创业资金筹募渠道和风险，掌握创业资源管理的技巧和策略。

一、创业资源的内涵

1. 创业资源的定义

创业的前提条件之一就是创业者拥有或者能够支配一定的资源。所谓资源，是企业在向社会提供产品或服务的过程中，所拥有的或者所能够支配的用以实现自己目标的各种要素以及要素组合。

创业资源是企业创立以及成长过程中所需要的各种生产要素和支撑条件。对于创业者而言，只要是对其创业项目和新创企业发展有所帮助的要素，都可归入创业资源的范畴。

创业资源对于创业活动的重要意义不仅仅局限在单纯的量的积累上，应当看到创业过程实质上是各类创业资源的重新整合，支持企业获取竞争优势的过程。从这一角度看，创业活动本身是一种资源的重新整合。

2. 创业资源在创业过程中的作用

（1）机会识别过程

机会识别与创业资源密不可分。从直观的含义上看，机会识别是要分析、考察。评价可能的潜在创业机会。柯兹纳认为，机会代表着一种通过资源整合、满足市场需求以实现市场价值的可能性。因此，创业机会的存在本质上是部分创业者能够发现其他人未能发现的特定资源的价值的现象。例如，在同样的产品或者盈利模式下，一些人会付诸行动去创业，其他人却往往放任机会流失；有的人会经营得很成功，而另一些人却会遭受损失。对后者来说，往往是缺乏必要创业资源的缘故。

（2）企业成长过程

企业创立之后，一方面，创业者仍需要积极地从外界获取创业资源，另一方面已经获取的创业资源在企业发展过程中逐渐被整合、利用。资源整合对于创业过程的促进作用是通过创业战略的制定和实施来实现的。丰富的创业资源是企业战略制定和实施的基础和保障，同时，充分的创业资源还可以适当校正企业的战略方向，帮助新创企业选择正确的创业战略。

二、创业资源的分类

目前，学术界对创业资源的分类大致有以下五种类型。

1. 创业资源按其来源分类

创业资源按其来源可以分为自有资源和外部资源。自有资源是指创业者或创业团队自身所拥有的可用于创业的资源，如自有资金、技术、创业机会信息等。外部资源是指创业者从外部获取的各种资源，包括从朋友、亲戚、商务伙伴或其他投资者筹集到的投资资金、经营空间、设备或其他原材料等。自有资源的拥有状况（特别是技术和人力资源）会影响外部资源的获得和运用。

2. 创业资源按其存在形态分类

创业资源按其存在形态可以分为有形资源和无形资源。有形资源是具有物质形态的、价值可用货币度量的资源，如组织赖以存在的自然资源以及建筑物、机器设备、原材料、产品、资金等。无形资源是具有非物质形态的、价值难以用货币精确度量的资源，如信息资源、人力资源、政策资源以及企业的信誉、形象等。无形资源往往是撬动有形资源的重要手段。

3. 创业资源按其性质分类

根据资源的性质，可将创业资源分为六种资源，即人力资源、社会资源、财务资源、物质资源、技术资源和组织资源。

（1）人力资源

包括创业者与创业团队的知识、训练、经验，也包括组织及其成员的专业智慧、判断力、视野、愿景，甚至是创业者、创业团队的人际关系网络。创业者是新创企业中最重要的人力资源，因为创业者能从混乱中看到市场机会。创业者的价值观和信念，更是新创企业的基石。合适的员工也是创业人力资源的重要部分，因此，高素质人才——技术人员、销售人才和生产工人等的获取和开发，便成为企业可持续发展的关键因素。

（2）社会资源

主要指由于人际和社会关系网络而形成的关系资源。社会资源可以是人力资源的一部分，或者说是特殊的人力资源。社会资源对创业活动非常重要，因为社会资源能使创业者有机会接触到大量的外部资源，有助于透过网络关系降低潜在的风险，加强合作者之间的信任和声誉。开发社会资源是创业者的重要使命。

（3）财务资源

包括资金、资产、股票等，对创业者来说，财务资源主要来自个人、家庭成员和朋友。由于缺乏抵押物等多方面原因，创业者从外部获取大量财务资源比较困难。

（4）物质资源

指创业和经营活动所需要的有形资产，如厂房、土地、设备等。有时也包括一些自然资源，如矿山、森林等。

（5）技术资源

包括关键技术、制造流程、作业系统、专用生产设备等。通常，技术资源包括三个层次：一是根据自然科学和生产实践经验而发展成的各种工艺流程、加工方法、劳动技能和诀窍等；二是将这些流程、方法、技能和诀窍等付诸实现的相应的生产工具和其他物资设备；三是适应现代劳动分工和生产规模等要求的对生产系统中所有资源进行有效

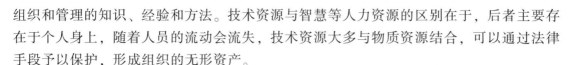

组织和管理的知识、经验和方法。技术资源与智慧等人力资源的区别在于，后者主要存在于个人身上，随着人员的流动会流失，技术资源大多与物质资源结合，可以通过法律手段予以保护，形成组织的无形资产。

（6）组织资源

包括组织结构、作业流程、工作规范、质量系统。组织资源通常指组织内部的正式管理系统，包括信息沟通、决策系统以及组织内正式和非正式的计划活动等。一般来说，人力资源需要在组织资源的支持下才能更好地发挥作用，企业文化也需要在良好的组织环境中培养。组织资源来自创业者或其团队对新创企业的最初设计和不断调整，同时包括对环境的适应和对成功经验的学习。由于创业过程通常被解释成组织的形成过程，所以对于创业企业来说组织资源是具有标志性意义的一类资源。

4. 创业资源按其对生产过程的作用分类

资源还可以按照其对生产过程的作用分为生产型资源和工具型资源。生产型资源直接用于生产过程或用于开发其他资源，例如物质资源，像机器、汽车或办公室，被认为直接用于生产产品或提供服务；工具型资源则被专门用于获得其他资源，例如财务资源，因为其具有很大的柔性而被用于获得其他资源，比如用来获得人才和设备。产权型技术可能是生产型资源，如果是以专利形式存在的则可直接用于生产过程。需要指出的是对于新创企业来说，个人的声誉资源和社会网络也属于工具型资源，有些时候市场资源也可以用来吸引其他资源，因为我们也将其归为工具型资源。

5. 创业资源按其在创业过程中的作用分类

创业研究学者通常将创业资源按其在创业过程中的作用划分为两类：一类是运营型资源，主要包括人力资源、技术资源、资金资源、物质资源、组织资源和市场订单等资源；另一类是对新企业生存和发展具有关键作用的战略性资源，主要指知识资源。知识型社会给企业带来了持续而深远的影响，知识成为企业进行生产、竞争的关键，企业组织工作的重要任务是战略性地开发和利用知识资源。由于新企业的高度不确定性及创业者和资源所有者之间的信息不对称性，知识资源对运营资源的获取和利用具有促进作用。

三、不同类型创业活动的资源需求

技术驱动型的资源获取模式是创业者最先拥有的技术资源，或者创业初始，技术资源较为充裕并带动其他资源向企业聚集。在该模式下，创业者以拥有的核心技术为基础，根据技术开发的需要获取、整合和利用资源。

人力资本驱动型资源获取模式是指创业者以拥有的团队为基础，通过发挥团队特长或根据机会开发的需要来获取、整合和利用资源的模式。很多职业经理人创业采用这一模式，即工作一段时间后再创业的创业活动很多也是以原工作单位的工作伙伴以及积累的工作技能为基础，先有了一个相互默契的工作团队，再寻找一个适合的创业项目，促成创业的成功。

资金驱动型资源获取模式是指创业者最先拥有资金，或者创业初始资金较为充裕并带动其他资源向企业聚集的资金获取模式。在该模式下，创业者以其拥有的资金为基础，通过寻找和资金相匹配的项目，进而对其进行开发来获取、整合和利用资源。很多大型企业的内部创业多采用资金驱动型的资源获取模式，他们有着充沛的资金，有发现新商机的独到眼光，于是通过新产品的研发或新技术的购买开始新一轮的创业活动。

除此以外，新创企业在发展的不同时期，需要的资源类型和数量可能会有所不同，不同资源在企业不同发展阶段的作用也不相同。

四、创业资源与一般商业资源的异同

创业资源与一般商业资源既有相同点，也有一定的差别。

从广义上看，创业资源与一般商业资源的基本内容大致相近，都包括人力资源、社会资源、财务资源、物质资源等，是指创业活动或商业活动中所需要的各种生产要素和支撑条件。倘若一个人想要创业或者从事某种商业活动，则必须具备一定的条件，而拥有这些资源在某种程度上就是获得了许可证。在创业过程中，除自身资源外，创业者往往通过市场交易手段将一般商业资源转换为创业资源。

从狭义上看，创业资源与一般商业资源的差异表现为以下三点。

第一，创业资源与创业过程相伴而生，是一项事业、一个企业或组织从无到有、从小到大的创建过程中所依赖的各种要素和支持条件。对于创业活动而言，不确定性强是初创期的主要特征，因此创业者所拥有或者可以利用的资源无论在数量上还是在规模上都表现为"少""小"。一般商业资源往往泛指事业、企业或组织所具备的生产要素和支持条件，其数量、规模都比创业资源"多""广"。

第二，创业资源的范围往往小于商业资源。尽管创业资源与商业资源的基本内容相近，但并不是所有的商业资源都是创业资源，因为只有创业者能够拥有或者可以获得、利用的资源才是创业资源。在创业的过程中，创业机会只有与相应的创业资源进行匹配，才能形成现实的创业行为。否则，即使出现了大好的创业机会，创业者也难以迅速利用这个机会，只能眼睁睁地看着机会从身边溜走。

第三，有的学者认为，创业资源更多表现为无形资源，一般商业资源则更多表现为有形资源。创业资源的独特性更强，创业者的个人能力和社会网络资源是其中最为关键的资源，一般商业资源中，规范的管理和制度则是企业成功的基础资源。

五、社会资本、资金、技术及专业人才在创业中的作用

1. 社会资本在创业中的作用

在创业研究方面，社会资本是基于人际和社会关系网络形成的资源。这种资源可以

是人力资源的一部分，或者说是特殊的人力资源。社会资本能使创业者有机会接触大量的外部资源，有助于通过网络关系降低潜在的风险，加强合作者之间的信任与信誉。有学者从个体来看，其获取资源的能力决定了创业活动能否成功启动；创业者常常通过社会网络获取所需的信息和资源，而那些拥有丰富社会资本的创业者往往可借此得到较难获取的资源，或以低于市场的价格购买取得。

2. 资金在创业中的作用

资金是创业者资源整合的重要媒介。从产生创意、发现创业机会到构建商业模式，创业者或创业团队都绕不开资金这个话题。换言之，创业过程的每项活动都会发生成本，都需要进行成本补偿。比如，对于新创企业来说，无论是进行产品研发还是生产销售，都需要大量的资金，因此如何有效地吸收资金资源是每个创业者都极为关注的问题。

大学生创业的最大困难之一就是资金缺乏。即便是已经建立若干年的企业，资金链的断裂也是企业致命的威胁。虽然资金在创业过程中起着至关重要的作用，但融资数量并非多多益善，要考虑到企业实际的资金需求量。

3. 技术在创业中的作用

技术资源的主要来源是人才资源，重视技术资源的整合同时也就是注重人才资源的整合。技术资源的整合，不仅要整合、积聚企业内部的技术资源，还要整合外部的可资利用的技术资源，比如积极寻找、引进有商业价值的科技成果，加强和高校科研院所的产学研合作，等等。整合技术资源只是起点，技术资源整合是为了技术的不断创新、自主研发并拥有自主知识产权，保持技术的领先，提高新创企业的核心竞争力。

4. 专业人才在创业中的作用

组织资源观认为，塑造以知识为基础的核心能力是组织获取持续竞争优势的有效策略。这种核心能力具有独特价值，是不可模仿和难以转移的，它需要组织内部的长期开发。专业人才在创业过程中的作用可以从创业者、创业团队、管理团队以及骨干员工的角度体现出来。

随着知识经济的兴起、高科技产业发展，人们发现单靠个人的力量越来越难以成功创业，创业团队的重要性更加凸显。大量的实证研究表明，团队创办的企业在存活率和成长性两个方面都显著高于个人创办的企业。这是因为团队创业通常具有更多样化的技能和竞争力基础，可以形成更广阔的社会和企业网络，有利于获取额外的资源。创业投资家也经常把新企业创业团队的素质作为其投资与否的最重要的决策依据之一。当然，创业者的人力资本和社会资本对创业团队的组建也有重要作用。一方面，优秀的创业领导人更有可能吸引优秀的人才来共同创业；另一方面，创业者的社会资本对创业团队的组建和持续性发挥着不可忽视的作用。

六、影响创业资源的获取因素

1. 创业导向

创业导向反映了企业建立新事业、应对环境变化的一种特定心智模式，是一种态度或意愿，这种态度或意愿会导致一系列创业行动。在常见的创业研究模型中，创业导向被划分为三个维度：创新性、风险承担性和前瞻性。创新性是指"企业热衷于能够带来新产品、新服务、新工艺的新思想、新观点和新的实验手段"；风险承担性是指"管理者愿意承担较大和有风险事物的程度"；前瞻性是指"企业通过预测未来需求改造环境，来寻找比竞争对手更早引入新产品或服务的机会"。

在日益激烈的竞争环境中，新创企业往往需要采取更多的创新行为、承担更多的风险来参与竞争，以取得良好的企业绩效。在明确的创业导向指引下，企业能够创造性地整合资源、利用资源，并在资源的动态获取、整合、利用过程中，注意区分不同的资源，充分发挥知识资源的促进作用。为此，创业者要注重创业导向的培育和实施，充分关注创业团队的价值观、组织文化和组织激励等影响创业导向形成的重要因素。

2. 创业者（创业团队）先前工作经验

创业者（创业团队）的先前工作经验分为创业经验和行业经验两大类。其中创业经验是指先前创建过新的企业或组织，是创业者在此过程中所获得的感性和理性的观念、知识和技能等，它提供了诸如机会识别与评估、资源获取和公司组织化等方面的信息。行业经验是指创业者在某行业中的先前工作经历，它提供了有关行业的规范和规则供应商和客户网络以及雇佣管理等信息。

创业过程本身就是一个知识转移的过程。从先前创业经验中转移出来的知识能够提高企业家有效识别和处理创业机会的能力，有助于发现和获取创业资源。先前行业经验中所积累的顾客问题知识、市场服务方式知识、市场知识等造就了创业者的"知识走廊"，强化了其发现创业机会与获取资源的能力。

3. 资源配置方式

资源的配置方式有市场交易和非市场交易两种。在市场经济条件下大多数资源可以通过市场交易而得到。但是，由于资源的异质性、效用的多样性和知识的分散性，人们对于同样资源往往具有不同的效用期望，有些期望难以依靠市场交易得到满足。因此，如果通过资源配置方式创新，能够开发出新效用，使之更好地满足资源所有者的期望，创业者就有可能从资源所有者手中获得资源使用权，以开展生产经营活动。

4. 创业者的管理能力

创业资源获取的关键往往取决于企业的软实力。创业者的管理能力是企业软实力的主要表现，管理能力越高，获取资源的可能性越大。创业者的管理能力可以从其沟通能力、激励能力、行政管理能力、学习能力和外部协调能力等多方面予以衡量。

5. 社会网络

社会网络是多维度的，能够提供企业正常运转所需的各种资源，也是新创企业最重要的资源之一。社会网络是隐性知识传播的重要渠道，它能通过促进信息的快速传递而协助组织学习，同时还可以大大降低企业的交易成本，帮助获取与企业需求相匹配的资源，因此对于创业资源的获取具有重要意义。

七、创业资源获取的途径

1. 通过市场交易途径获取资源

通过市场途径获取资源的方式包括购买、联盟和并购等。购买是指利用财务资源通过市场购入的方式获取外部资源，主要包括购买厂房、装置、设备等物质资源，购买专利和技术，聘请有经验的员工等。联盟是指通过联合其他组织，对一些难以或无法自己开发的资源实行共同开发，这种方式不仅可汲取显性知识资源，还可汲取隐性知识资源。资源并购是通过股权收购或资产收购，将企业外部资源内部化的一种交易方式，资源并购的前提是并购双方的资源尤其是知识等新资源具有比较高的关联度。

2. 通过非市场途径获取资源

非市场途径获取资源的方式主要有资源吸引和资源积累等。资源吸引指发挥无形资源的杠杆作用，利用新创企业的商业计划，通过对创业前景的描述，利用创业团队的声誉来获得或吸引物质资源、技术资源、资金和人力资源。资源积累指利用现有资源在企业内部通过培育，形成所需的资源，主要包括自建企业的厂房、装置、设备，在企业内部开发新技术，通过培训来增加员工的技能和知识，通过自我积累获取资金等。

八、创业资源获取的技能

1. 沟通

为了获取创业资源，创业者及其团队应该有较好的人际沟通能力、沟通技巧以及顺畅的沟通机制。人际沟通能力是指一个人能够用有效的和适当的方法进行沟通的能力。沟通技巧，是指参与沟通的人具有收集和发送信息的能力，能通过书写、口头与肢体语言的媒介，有效并明确地向他人表达自己的想法、感受与态度，亦能较快、正确地解读他人的信息，从而了解他人的想法、感受和态度。在获取资源的过程中，与各方沟通是必不可少的，因此创业者及其团队必须与各方建立顺畅的沟通机制，派出有一定沟通能力的团队成员负责与各方沟通，这是获取创业资源成功与否的关键因素。

2. 战略领导力

创业者战略领导力是创业者能力与新创企业战略管理过程的契合点，是创业者能力在企业战略管理各个阶段中体现出的一种独特的思考型实践能力，包括战略思维能力、战略决策能力、战略规划能力和战略控制能力。

新创企业成长伴随着不断地创新和创业活动，扩大企业经营规模，实现从创业期走向成长期。受到知识、经验和资源有限的约束，在起步阶段解决不确定性和模糊性成为创业成长最棘手的问题，新创企业要想获得生存并持续成长，应该很清晰地看到所处的竞争环境，更应该考虑商业战略。

3. 人力资源的开发

新创企业的人力资源，由创业发起者、核心团队成员、管理团队与其他人力资源构成。创业发起者的经验、知识、技能都是新创企业的无形财产，许多投资人正是把对创业发起者的认知，作为决定是否投资企业的依据。一般而言，优秀的创业发起者应该具备的素质包括创业激情、工作经验、社会关系、专业知识等，随着事业的发展，这些素质也成为吸引其他人加入创业过程的重要因素。

4. 信息资源的开发

当今社会的飞速发展给创业者提供一个新的信息时代的视角，信息资源对很多创业者来说就是成功的机遇，而机遇瞬间即逝，要善于整合把握。信息资源与人力、物力、财力以及自然资源一样，都是创业企业的重要资源，因此，应该像开发、整合其他资源那样开发整合信息资源。

5. 技术资源的开发

新创企业成功的关键是首先要开发出或者寻找到成功的创业技术，原因有以下三点。第一，创业技术是决定创业产品的市场竞争力与获利能力的根本因素。第二，创业技术核心与否决定了所需创业资本的大小。第三，从创业阶段来说，由于企业规模较小，因此管理及对人才的需求不像成长期那样高，创业者的企业家意识和素质是创业阶段最关键的创业人才和创业管理资源。

6. 资金资源的开发

新创企业面临的最重要的问题之一就是资金资源的短缺。开发资金资源，不仅仅是解决"钱"的问题，最为关键的是，在资金资源的开发过程中，要进一步确定公司的商业模式和创业战略，并且所选择的战略投资者要与企业当前阶段的发展目标相吻合。

第四节　大学生创业政策

为了鼓励大学生创业，政府出台了相关的优惠政策法规。

一、大学生创业优惠政策

1. 高校毕业生自主创业可以享受的创业服务

一是享受培训补贴。对高校毕业生在毕业年度内参加创业培训的，根据其获得创业

培训合格证书或就业、创业情况，按规定给予培训补贴。

二是免费创业服务。有创业意愿的高校毕业生，可免费获得公共就业和人才服务机构提供的创业指导服务，包括政策咨询、信息服务、项目开发、风险评估、开业指导、融资服务、跟踪扶持等"一条龙"创业服务。各地在充分发挥各类创业孵化基地作用的基础上，因地制宜建设一批大学生创业孵化基地，并给予相关政策扶持。对基地内大学生创业企业要提供培训和指导服务，落实扶持政策，努力提高创业成功率，延长企业存活期。

2. 高校毕业生怎样提升自主创业的能力

有意愿自主创业的大学生，可以参加创业培训和实践，接受普遍的创业教育，以系统学习创办企业的知识、完善创业计划、提高企业盈利能力、降低风险、促进创业成功。

目前，许多高校已经开设了创业培训方面的课程和创业实践活动，在校大学生可以选择参加；另外，各地人力资源社会保障部门也开办了创业培训班，离校未就业的高校毕业生可向当地人力资源社会保障部门申请，参加有补贴的培训，以提高创业能力。如"GYB"（产生你的企业想法）、"SYB"（创办你的企业）、"IYB"（改善你的企业）、"EYB"（扩大你的企业）。

3. 国家鼓励大学生创业的扶持政策

一是从事个体经营的税费减免政策。持《就业失业登记证》（注明"自主创业税收政策"或附着《高校毕业生自主创业证》）的高校毕业生在毕业年度内（指毕业所在自然年，即1月1日至12月31日）从事个体经营的，3年内按每户每年8 000元为限额依次扣减其当年实际应缴纳的营业税、城市维护建设税、教育费附加和个人所得税。

二是小额担保贷款及贴息政策。发挥小额担保贷款政策促进就业的积极作用，对符合条件的高校毕业生自主创业的，可在创业地按规定申请小额担保贷款；从事微利项目的，可享受不超过1万元贷款额度的财政贴息扶持。对合伙经营和组织起来就业的，可根据实际需要适当提高贷款额度。

进一步改进和完善"小额担保贷款＋信用社区建设＋创业培训"联动工作机制，有条件的地区要加大财政投入，并积极引入风险投资资金，探索财政资金、风险投资等与大学生创业赛事的对接模式，规范发展民间融资，多渠道加大创业资金投入。要进一步完善和落实行政事业性收费减免等优惠政策，按照法律法规的规定，适当放宽市场准入条件，鼓励高校毕业生创业。

4. 高校毕业生自主创业可以享受的免收费政策

按照《国务院关于进一步做好普通高等学校毕业生就业工作的通知》《国务院办公厅转发人力资源社会保障等部门关于促进以创业带动就业工作指导意见的通知》等文件规定，高校毕业生自主创业的，免收有关行政事业性收费：毕业2年以内的普通高校毕业生从事个体经营（除国家限制的行业外）的，自其在工商部门首次注册登记之日起3

年内，免收管理类、登记类和证照类等有关行政事业性收费。

5. 国家鼓励大学生创业的相关服务

各高校要广泛开展创业教育，积极开发创新创业类课程，完善创业教育课程体系，将创业教育课程纳入学分管理。积极推广成熟的创业培训模式，鼓励高校毕业生参加创业培训和实训，提高创业能力。对高校毕业生在毕业年度内参加创业培训的，根据其获得创业培训合格证书或就业、创业情况，按规定给予培训补贴。要根据高校毕业生特点和需求，组织开展政策咨询、信息服务、项目开发、风险评估、开业指导、融资服务、跟踪扶持等"一条龙"创业服务。在充分发挥各类创业孵化基地作用的基础上，因地制宜建设一批大学生创业孵化基地，并给予相关政策扶持。对基地内大学生创业企业要提供培训和指导服务，落实扶持政策，努力提高创业成功率，延长企业存活期。

二、各地大学生创业优惠政策信息汇总

为了支持大学生创业，国家和各级政府出台了许多的优惠政策，涉及了融资、开业、税收、创业培训、创业指导等多方面。两会上，李克强总理在政府工作报告中指出要把"大众创业、万众创新"打造成推动中国经济继续前行的"双引擎"之一。在首届中国"互联网+"大学生创新创业大赛总决赛举行时，李克强总理曾批示："大学生是实施创新驱动发展战略和推进大众创业、万众创新的主力军。"有关扶持大学生创业的内容也两次被列为国务院常务会议议题。

各省市优惠政策。

黑龙江：大学生可以优先转入相关专业学习，允许保留学籍休学创业创新，和毕业生一样享受国家的自主创业扶持政策，到2020年，将有1/10的应届高校毕业生参加创业培训。哈尔滨对大学生创业项目给予补贴。凡大学生在哈市创业的，在城镇创业的对其创业项目给予2 000元一次性创业项目补贴；为鼓励大学生返乡创新创业。对返乡到农村（乡镇及以下）创业的大学生给予3 000元的一次性创业项目补贴。对科技含量高、市场潜力大、能在短时间内形成经济增长点的优秀和重点科技创业项目，经评审给予20万~30万元经费资助；鼓励开展大学生创业大赛与大学生创业典型评选活动，大力扶持网络创业。

江西：高校学生休学创业最多可保留7年学籍，财政每年注入1 000万元资金充实青年创业就业基金，每年重点支持1 000名大学生返乡创业。

天津：对高校毕业生、留学回国人员注册资本50万元以下的公司可零首付注册，开辟"绿色通道"支持自主创业。

浙江杭州：大学生创业项目申请无偿创业资助的，资助金额的额度从原来的最高10万元提高到20万元；"实行房租补贴机制"，大学生创业园所在城区政府为入园企业提供两年50平方米的免费用房，对在创业园外租房用于创业的，由该地财政在两年内按标准给予房租补贴，补贴标准为第一年补贴1元/平方米/天、第二年补贴0.5元/平方

米/天（实际租用面积超过 100 平方米的，按 100 平方米计算；房租补贴超过实际租房费用的，按实际租房费用补贴）。

重庆：半年以上未就业有固定户口的大学毕业生可在其户口所在地（居委会）登记，申请 3 000～4 000 元人民币的银行抵押和担保贷款；自谋职业的毕业生，根据本人意愿，可将户口和（人事）档案暂存就读学校 2 年或由市大中专毕业生就业指导中心存管 2 年，（存管）期间免收档案管理费。

四川：大学生创业可享有万元创业补贴、创业培训补贴和在校大学生创业担保贷款贴息等福利。

福建：引领 3 万名大学生实现创业，在全省各地和高校扶持建设 50 个创业孵化器（创业园）。每年为 1 000 名创业大学生提供孵化服务，评选资助一批优秀大学生创业项目。

江苏南京：河西金融集聚区的专项资金将由每年 6 000 万元，扩充至每年 1 亿元。建邺区财政将每年安排 3 000 万元，设立专项扶持资金，用于扶持大学生创业小额担保贷款贴息等，凡在建邺区工商登记注册的初始创业大学生，按每人 1 000 元的标准给予创业补贴。凡经市级验质评定为"大学生创业园"的，给予 30 万元的一次性建园奖励补贴。

陕西：高校毕业生可接受 SYB 模块培训（"创办你的企业"），培训合格后 6 个月内成功开业且在开业后 6 个月内提供不少于 3 次后续跟踪指导服务、开业单位（企业）正常经营的，再按 800 元/人对创业培训机构给予补贴；每人每年可享受一次；组织相关专家对创业项目进行论证，提供开业过程中的信息咨询，知道办理工商、税务注册登记手续；个人自主创业且符合申请小额担保贷款条件的，可申请不超过 10 万元的贷款扶持；合伙经营或组织起来就业的，可申请不超过 50 万元的贷款扶持。

山东：扩大省级大学生创业孵化基地、创业园区支持范围，通过财政奖补支持，鼓励政府、高校和企业建设一批孵化条件好、承载能力强、融创业指导服务为一体的创业孵化基地和创业园区、为劳动者提供优良的创业平台。

安徽合肥：给予创业培训补贴和房租、水电费补贴，为大学生提供最高 10 万元小额担保贷款。

内蒙古：重点支持大学生到新兴业态创业，支持社会力量举办创业沙龙、创业大课堂、创业训练营等创业培训活动。

新疆乌鲁木齐：在天山区建创业孵化基地，既为创业者提供场地、给予政策帮扶，还让在校大学生进行创业实习，为他们今后的创业累积经验。

上到国家下到各省市，对大学生自主创业都持有支持和鼓励的态度，在政策支持方面提供的资金帮助有差异，提供的免费创业服务各地都有自己的特色，可以说是大同小异。大学生如果准备创业，那么除了了解国家的大学生自主创业鼓励政策外，也一定要去了解当地详细的创业优惠政策。

三、大学生创业"五个要"

学生创业是潮流，不可阻挡。面对创业大潮，大学生创业要做到"五个要"。

1. 要自信

大学生中有创业想法的很多，但实践的却很少。主要原因是有太多大学生有创业失败的经历，造成不少人如今有想法却无行动的局面。这样的现象归根结底还在于大学生对自己信心不足，创业是需要激情和信心的，只有建立了自信，才能继续往前走。

2. 要创新

从某种意义上讲，创新甚至可以决定创业成功与否，这是创业中必不可少的要素，包括了技术和思维的创新，一些具有知识产权的发明创造，可能为创业者带来广阔的市场。

3. 要务实

如今的许多大学生不乏创新精神，但创新一定要建立在务实的基础之上。现在的很多大学生，提到创业想到的就是高科技，开大公司做大买卖。其实，哪怕是摆个地摊，这也是创业。很多成功人士都是从小事做起，从实际做起的。

4. 要积累

创业是一个系统工程，需要不断地积累。比如行业经验、社会人际关系、管理能力等方面，这就需要一个知识的整合，经验的积累，这也是为何要求大学生要懂得务实、从小事做起的原因，因为这些能力要不断地积累才能获得。

5. 要吃苦

无论你问哪个创业者，都会无一例外地告诉你创业的艰辛，这种艰辛只有经历过的人才会懂。因此，大学生创业一定要做好吃苦的准备，调整好心态。有了良好的心态，又勇于吃苦，自然就为创业成功打下了良好的基础。

总之，万事开头难，良好的开始是成功的一半。有些人将创业的成功，归于机缘巧合。不过，没有平日的用心，机缘也不会如此巧合。因此，创业一定要选择自己熟悉的领域，这样成功的概率高，容易在激烈的竞争中脱颖而出。

第九章　资金筹集

第一节　大学生创业融资概述

俗话说："兵马未动，粮草先行。"钱，对于任何一个人来说，它的重要性都不言而喻，尤其对于创业者来说。在创业前期，钱是创业的基础——资本。怎样在创业前期搞好融资，得到第一桶资金对创业者来说是很重要的，也是对于每个创业初期企业的最大挑战，而对于大学生创业面临的是社会经验的不足，社会关系的缺乏，融资更是难上加难。浙江大学做了一项调查，当问及"现阶段没有创业打算的最主要原因是什么？"时，回答"资金不足，没有好的融资方案"的为 50.12%，而回答"对创业没有兴趣"的只有 8.92%，这表明：资金是困扰大学生创业最主要的原因之一。

一、融资的定义

从狭义上讲，融资即是一个企业筹集资金的行为与过程，也就是企业根据自身生产经营状况、资金拥有状况、未来经营发展的需要等，通过科学的预测和决策，采用一定的方式，从一定的渠道向企业的投资者或债权人去筹集资金，并组织资金的供应，以保证正常生产需要以及经营管理活动需要的理财行为。

从广义上讲，融资也叫金融，就是货币资金的融通，是当事人通过各种方式到金融市场上筹措或寻求贷放资金的行为。从现代经济发展的角度看，企业比以往任何时候都需要更加深刻全面地了解金融知识、金融机构、金融市场，因为企业的发展离不开金融的支持，企业必须与之打交道，创业企业更应如此。

二、大学生创业融资的特点

作为创业主体的大学生普遍热衷于自主创业，但基本上还处于非理性阶段，与社会上的中小企业创业融资相比较，大学生创业融资主要有以下特点。

（一）融资渠道比较单一

大学生融资渠道仅局限于向亲朋好友寻求资金支持，此外，大学生应该拓宽思路，吸引企业、银行、担保公司、风险投资机构等多方的关注与支持。

（二）过分强调资金和社会关系的重要性

当前很多大学生对于创业条件的理解仅仅停留在"物质"层面，而忽视了自身素质与能力的培养，这样，即便拿到资金，创业的失败率也会很高。

（三）创业准备不足

尽管大学生们有独立创业的愿望与热情，但真正面对激烈的市场竞争局面，还会因自身底气不足而却步。

三、大学生创业融资的要求

大学生是一个特殊群体，创业大学生更是特殊中的特殊，因此他们的融资有特殊的要求，具体要求有以下几个方面。

（一）科学的融资决策，以确保融资收益

融资的首要前提，是融资后的经营或投资总收益，必须大于融资所发生的融资费用、利息和不确定的风险成本，否则就应该放弃融资。

（二）正确预测资金需求量

企业组织生产经营和投资活动，必须拥有一定数量的资金，及时、适度地满足生产经营或投资的需要。这里就有一个确定合理规模的问题，因为资金不足会影响生产经营和投资活动的正常进行，资金过剩则会影响资金的使用效果，增加融资成本，而且还会增大财务风险。所以，只有根据企业生产经营和投资的需要按照合理、必需的原则，确定筹集资金的总额，做到既保证生产经营和投资的顺利进行，又不造成资金的浪费。

（三）合理选择融资渠道和方式，以降低资金成本

公司筹集资金的渠道和方式是多种多样的，但是不管利用哪种渠道，以哪种方式去筹措，都要发生一定的资金成本。不同的资金来源形成不同的融资成本，而融资成本又是影响企业融资效益的重要因素。因此，企业在融资前应认真地比较各种资金来源的融资成本，合理选择融资的渠道和方式，力求以尽可能低的融资成本获得尽可能高的资金效益。

（四）树立良好的企业形象，以创造良好的融资信誉

从一定意义上讲，市场经济也是一种信用经济。因此，无论是吸引投资者投资，还是向金融机构借款或者向社会进行融资，都必须以良好的企业形象和商业信誉为首要前提。首先，创业投资方向必须符合国民经济发展的趋势和社会发展的需要，并具有较高的经济效益和社会效益。其次，经营管理必须符合科学化、现代化的要求，并以良好的经营业绩树立良好的企业形象，求得较高的社会信誉。最后，创业者在经营活动中必须讲求信用，如果经常拖欠债务，就会丧失信用，势必给筹措资金带来困难。

（五）注意资金构成的比例关系，以减少融资风险

融资风险主要来源于创业资金的性质、用途、期限和效益。因此，在融资过程中，必须研究创业资金需求情况，并根据项目生产经营的特点、市场供求状况的好坏、资金使用效率的高低、利息变动的程度等因素，合理确定自有资金与借入资金、流动资金与技改资金、长期资金与短期资金的比例，趋利避害，提高资金的增值能力，减少融资风险。

（六）寻求合适的融资机会，以确保融资成功

创业者要经常分析宏观经济形势、货币及财政政策等情况，及时了解国内外利率、汇率等金融市场的信息，预测影响融资的各种因素，以便寻求合适的融资机会，做出正确的融资决策。

（七）关注媒体信息，以了解最新的创业政策

由于劳动力供求过剩，大学生失业率较高，近年来，全国各地政府相继出台了许多鼓励创业的政策。除了有创业贷款和基金外，还有减税免税、减少申请流程和手续、减免手续费等，利用政策降低成本，也是融资必须考虑的问题。

四、大学生创业融资的误区

初出茅庐的大学生在初次创业的道路上除了面临社会经验、管理能力等方面的不足外，在创业融资方面常常走入误区，最终使自己的努力功亏一篑。当前的融资误区主要表现在以下三个方面。

（一）急于得到企业启动或周转资金，给小钱让大股份，贱卖技术或创意

有不少核心技术拥有者在公司运营一段时间后，对当初的投资协议深感不满并提出毁约，而这样做的后果只能是在资本市场上臭名昭著。

在企业不值钱时大家都不会太在意个人股份的多少。可一旦企业发展壮大了，股份

值钱了，每一个人都会很在意。如果前期股份设置不合理，后期会后患无穷。这样的案例，远的有原爱多总经理胡志标入狱事件，近的有娃哈哈与达能闹腾的事件，归根到底就在于前期股份分配不合理。前期股份分配不合理就是一个定时炸弹，公司发展越迅猛，炸弹的杀伤力会越大。在制订融资方案之前要准确评估自己的有形和无形资产的价值，千万不要妄自菲薄，低估了自己的价值。网易公司经过多轮融资和上市，目前丁磊还拥有超过60%的股份，这说明丁磊在每轮融资的过程中只出让了少量的股份就达到了自己的目标，是我们学习的榜样。如果你的项目（当然还包括你的团队）确实是一座金矿而不是一个垃圾堆，即使只放出1%的股权也会有很多人追着你投，反之，你即使放出99%的股权也不会有人投。

（二）即便投资人不能提供增值性服务和指导，仍与其捆绑在一起

投资绝不仅仅是钱、技术，还包括人脉、管理经验等的投资。除此之外，还有最重要的一点，就是双方理念一定要一致。很多大学生的第一个项目，苦于没钱"病急乱投医"，甚至会找一个做饭馆起家的投资商进入互联网，其理想化的幻想恨不得投入50万元一年赚回5 000万元，这个项目就很有可能会流产。每一轮融资中的投资者都将影响后续融资的可行性和价值评估。因此，对于尚处早期的创业公司来说，应引入一些真正有实力、能提供增值性服务、与创业者理念统一的投资者，哪怕这意味着暂时放弃一些眼前的利益。

如果采用出让股权的方式进行融资，则必须做好投资人的选择。只有同自己经营理念相近，其业务或能力能够为投资项目提供渠道或指导的投资才能有效支撑企业的成长。目前的关键问题是，大学生很难找到融资对象，找到一个就像发现了救命稻草一样，根本就没有讨价还价的余地，这样的融资肯定会给后续工作带来很多麻烦。出现这种问题的主要原因是信息不对称，因此创业者一定要加强对融资市场的信息收集与整理，在掌握大量的情报资料的前提下做出最优的选择。

（三）对风险投资不负责任地使用，烧别人的钱圆自己的梦

用自己的钱（尤其是用自己辛苦赚来的钱）和用别人的钱心态完全是不一样的。拿别人的钱来做实验，好像是自己捡了一个大便宜，一旦失败却损失的更多。拿别人的钱做实验的人，会偏离一个创业者所必需的踏实谨慎的轨道，会比较容易像一个赌徒一样草率地做各种决策。可以想象赌的代价必定是失败。虽然没有损失自己的钱，但是损失了自己的时间，损失了自己在投资圈中的口碑，更可怕的是很有可能会滋长自己不务实、浮于表面的恶习。创业不仅是实现理想的过程，更是使投资者（股东）的投资保值增值的过程。创业者和投资者是一个事物的两个方面，大家只有通过企业这个载体才能达到"双赢"的目标。"烧投资者的钱圆自己的梦"的问题说到底是企业家的信用问题，怀抱这种思想的人不会成为一个成功的创业者。能为股东创造价值的企业家才能得到更多的融资机会和成长机会。因此创业者不仅要加强自身的技术能力，还需要具备企

业家的道德风范。

金钱不是万能的，没有金钱是万万不能的。大学生创业者只有解决好了融资问题，才能将自己的技术和创意转化为赢利的工具，才能在激烈的市场竞争中立于不败之地；拓宽融资渠道、对投资人负责才能使自己的企业茁壮成长。在中国天使投资还不完全成气候的情况下，大学生创业，首选零投资创业，其次选择小投资创业，最后，如果你有足够的经济背景或者有足够强的推销自己的能力，可以试着去做高投资的创业。对90%的人而言，如果没有赚过 10 万元，那么很难赚到 100 万元。万丈高楼平地起，先做起点低、来钱少的项目，会对以后做起点高、来钱多的项目很有帮助。

第二节　大学生创业的融资渠道

一、家庭亲友资金

大学生创业最传统的融资方式是通过亲属、朋友等获得创业资金的融资方式。对于大学生创业活动而言，新创企业早期需要的资金具有高度的不确定性，而且需求的资金量相对较少，对银行和其他金融机构来说缺乏规模经济。因此在这一阶段，家庭亲友资金就是最常见的资金来源，适用于家庭条件较好或社会关系较广的创业者。由于亲戚、朋友等关系非常容易建立彼此间的信任，所以如果能得到亲人、家属的支持并且具备这样的经济条件，那么创业者就能获得稳定可靠的启动资金。

但是，这类资金来源也存在一定的风险，如果是负债融资，则应该注意尽早偿还，以免影响双方关系，尤其在经营困难时，可能会因不能按期归还而使双方关系紧张。如果是权益融资，则困难会导致这些人对企业的干预。具有家族色彩的企业，虽然增强了创业的力量，但也会导致分歧、矛盾甚至影响其他员工的积极性。

二、打工积累

对于没有任何创业资金的创业者来说，只要有信心，完全可以通过有计划、有目的的打工行为来积累所需要的创业资金，将自己的打工行为，作为创业初期一个资金积累的阶段，除了能积累资金，还可以积累创业所需要的商业经验。以最初给别人打工赚取第一桶金而获得成功的创业者比比皆是。

三、个人创业贷款

个人创业贷款是指各银行为支持民营经济、私营企业或个体经营者的发展，遵循国家有关政策推出的面向个人、用于从事生产和经营活动所需资金的贷款，旨在帮助发展事业的个人尽早实现目标。一般是个人因创业或再创业提出资金需求申请，经银行认可有效担保后而发放的一种专项贷款。个人创业贷款在上海发起，现已被迅速推广到全国大部分地区。它融合了公司金融和个人金融的特点，其用途不是用来消费，而是用于经济实体的经营和运作，从而为个人创业提供了有效的融资渠道。时下，包括中国工商银行、中国银行、中国农业银行、浦发银行、中信实业银行、交通银行等在内的各银行都已推出个人创业贷款业务，中国农业银行更是早就推出了《个人生产经营贷款管理办法》并一直坚持运行。目前，很多省份都启动了"青年创业小额贷款项目"，并向大学生创业提供一定数量的授信额度。

由于银行财力雄厚，银行贷款被誉为创业融资的"蓄水池"。从目前的情况看，银行贷款有以下 4 种：抵押贷款，指借款人向银行提供一定的财产作为信贷抵押的贷款方式；信用贷款，指银行仅凭对借款人资信的信任而发放的贷款，借款人无须向银行提供抵押物；担保贷款，指以担保人的信用为担保而发放的贷款；贴现贷款，指借款人在急需资金时，以未到期的票据向银行申请贴现而融通资金的贷款方式。

大学生创业者从申请银行贷款起，就要做好打"持久战"的准备，因为申请贷款并非与银行一家打交道，而是需要经过工商管理部门、税务部门、中介机构等一道道"门槛"。而且，手续烦琐，任何一个环节都不能出问题。

目前，大学生创业比较容易实现的贷款方案有以下几种。

1. 借父母亲戚之力，到银行抵押贷款

很多大学生创业的首笔资金来自父母，但是父母的资金是他们几十年的辛苦钱，让他们来承担自己创业的风险，一些较为独立的大学生不愿意，那么有没有更好的方式获取资金呢？其实可以换一种方式，借父母的房产，到银行进行抵押贷款。这样的方式，一方面无须动用父母的资金，另一方面帮创业者筹到资金的同时也给了他们还款的压力，让他们更用心地经营企业。关于对风险的控制考虑，很多商业银行会根据客户年龄、婚姻、职业、以往信用、个人及家庭财产状况等，给出不同的信用等级。对于年纪较小、信用档案不齐全的毕业生来说，单凭自身实力很难贷到款，因此，银行专家建议，毕业生创业可以考虑利用父母或亲戚的房产、存单、有价债券或者保单来办理抵押或质押贷款。不过，值得注意的是，目前银行在这类贷款发放上非常谨慎，一般都需要有抵押物，比如房产、商铺等。为了规避风险，此类产品的放贷审批流程较为烦琐、周期冗长。据悉，目前各大商业银行都开设了类似的贷款业务，其中以工行和建行为例，比如，工行江门分行开设的是个人经营贷款，其需要通过抵押、质押、保证或其组合等方式来申请。建行江门市分行的个人助业贷款也是可以适用于个人创业贷款，其主要是为从事生产经营和临时资金周转需要的个人发放的贷款，用于解决个人的中短期资金需求。贷款额度最低 10 万元，最高 500 万元，可循环使用。

2. 急需资金可以考虑典当贷款

到银行申请贷款一般需要办理的手续比较复杂，贷款发放需要一定的时间。如果遇

到紧急情况还有一个比较快的方法，那就是典当贷款。虽然与银行贷款相比，典当贷款成本高、贷款规模小，不过典当行贷款却有着自己独特的优势，即速度很快，甚至可以即时办理，而且，典当行对客户的信用要求几乎为零，可以省去复杂的证明手续。此外，客户向银行借款时，贷款的用途不能超过银行指定的范围，而典当行则不问贷款的用途，借款使用起来十分自由。目前，很多典当行可以进行有实物典当的融资，比如房产或汽车等。以办理房产典当为例，只要房产证、土地证齐全，工作人员上门看过房子后，就可以估价，贷款很方便，有些甚至可以当天就拿到资金。

不过相对于银行贷款来说，典当的成本高得多。在典当行贷 50 000 元，一个月的利息是 2 000 元，如此高昂的利息对一些刚开始创业的大学生来说，无疑是沉重的负担，因此，典当贷款主要适用于很紧急的情况，或者是较短期的资金需求。

3. 无抵押贷款

小额贷款的发贷额度在 1000 元至 10 万元，发放速度最快，几天便可以收到，比较适合低成本的创业项目。目前，部分银行推出了小额贷款业务，该贷款不需要抵押，只要有符合条件的担保人担保即可，这种贷款方式比较简便、快捷，不过它只适用于已经办理了工商登记的个体商户或小企业。对于大学生创业者，可以先以较低的初始资金进行工商注册，然后通过具有稳定收入工作的亲戚好友做担保，向银行申请小额贷款即可。

虽然当前大学生创业申请银行贷款还存在种种困难，但有理由相信，银行贷款未来可以成为大学生创业资金的一个重要来源。

四、政府设立的大学生创业基金

鼓励大学生自主创业作为国家的一项政策，寄托了国家和社会的期待与关怀。为保证这一政策的顺利实施，不少地方政府设立了用于支持大学生创业的专项基金。以辽宁省为例，根据辽宁省下发各校的相关通知要求，从 2006 年起，"省、市建立高校毕业生创业资金"，通过财政和社会两条渠道筹集，用于为高校毕业生自主创业提供支持。其中，省、市财政筹集的资金统一纳入省、市政府出资的担保体系，用于为高校毕业生自主创业、兴办企业申请小额贷款提供担保；对高校毕业生到基层自主创办企业的，其研究与开发的科技项目优先给予科技三项费用支持。社会筹集资金用于为自主创业的高校毕业生提供奖励性资助和投资性资助；在全省高校进一步加强创业教育，为创业教育、培训、宣传等工作提供资金支持；建立创业项目信息库，举办创业设计大赛（展览），支持创业协会等工作；表彰创业教育和工作先进学校以及支持大学生创业教育工作表现突出的市地及有关部门，表彰近年来涌现出来的具有典型示范意义的大学生创业带头人；成立大学生创业研究和指导机构，为该机构提供部分科研经费等。

五、社会创业基金

（一）贝贝投资

贝贝投资（Baby Investment），是指在创业者有创业想法，但是在意识、团队、项目、资金等各个方面尚有欠缺的时候，对创业者提供包括创业培训、项目咨询、寻找合伙人等在内的一站式服务。贝贝投资在创业企业的萌芽阶段，对创业者的创业意识、创业精神、创业人脉、创业方法、创业知识、创业资金等各方面提供帮助，投资于创业项目的萌芽期，提升项目的综合素质。由此，我们可以看出，针对大学生创业群体的特点，他们创业过程中所需要的除了资金之外，还需要上述种种能力的提升，而贝贝投资正是在目前国内资本市场不够完善、天使投资尚未健全的情况下，在天使投资人之前对项目进行各方面的帮助，从而提高创业企业的存活率，提升创业者的创业素质。

1. 贝贝投资阶段

贝贝投资，投资于天使投资和风险投资之前。在项目产生之前，对创业者本身和创业项目进行投资。由于我们没有天使投资的传统，并且在这少量的天使投资人中，其中的大部分并没有足够的意识，也没有能力去帮助创业者，因此他们与创业者的合作往往不欢而散。大学生创业者更需要有人能够在项目初创阶段提供更多各方面的帮助，并且能够在创业企业取得一定的成长之后引入更高的资源和更多的资本去推动企业的快速发展。贝贝投资正是满足创业者在各个方面的需要，在天使投资和风险投资之前，投资于项目的萌芽阶段。在这个阶段，项目远远没有成型，甚至只是创业者头脑中的一个点子。贝贝投资在这个阶段进入，帮助创业者完成创业过程。

2. 贝贝投资方式

贝贝投资通常在项目成型之前投资，因此贝贝投资的方式与传统风投或者天使投资主要以资金投入的方式有所区别。贝贝投资的主要方式有两种：一种是资源入股，投资者具有在创业、管理、人脉、知识等各个方面的资源。投资者利用这些资源折算成股份，在创业者的创业项目中占有一部分股权比例。通过资源入股的方式投资，可以有效地帮助创业者提升创业所需要的能力，并且提供给创业者在各个方面所需的资源。另一种方式是现金投入，除了资源入股之外，投资者也会采取现金投入的方式，获得投资项目的一部分股权比例。

3. 贝贝投资对象

贝贝投资的投资对象是想创业或者刚刚开始创业的大学生。由于贝贝投资的特殊性我们可以知道，它并不适合所有的创业者。贝贝投资尤其适合有创业想法和激情，但是尚在学校读书或者毕业不久的大学生。贝贝投资面向有创业想法，但是由于阅历限制，缺乏各方面能力的大学生创业者。贝贝投资通过对这一细分市场的创业投资，可以孵化

一批又一批的优秀创业企业，发掘未来的企业领袖。

面对当前并不完善的资本市场和创业投资服务机构，贝贝投资以大学生创业者这一特殊群体为投资对象，对其进行创业意识、创业精神、创业方法、创业知识、创业人脉和创业资金等各个方面的投入。孵化大学生创业企业，培养优秀创业者，有效弥补了风险投资和天使投资的不足。有理由相信，通过贝贝投资理论的提出和升华，可以更好地为大学生创业者提供他们所需要的服务。

（二）天使投资

天使投资（Angel Investment），是权益资本投资的一种形式，是指富有的个人出资协助具有专门技术或独特概念的原创项目或小型初创企业，进行一次性的前期投资。它是在根据天使投资人的投资数量以及对被投资企业可能提供的综合资源进行投资。

"天使投资人（Angels）"通常是指投资于非常年轻的公司以帮助这些公司迅速启动的投资人。在风险投资领域，"天使"这个词指的是企业家的第一批投资人，这些投资人在公司产品和业务成型之前就把资金投入进来。天使投资人通常是创业企业家的朋友、亲戚或商业伙伴，由于他们对该企业家的能力和创意深信不疑，因而愿意在业务远未开展进来之前就向该企业家投入大笔资金，一笔典型的天使投资往往只是区区几十万美元，是风险资本家随后可能投入资金的零头。

通常天使投资对回报的期望值并不是很高，但 10~20 倍的回报才足够吸引他们，这是因为，他们决定出投资时，往往在一个行业同时投资 10 个项目，最终只有一两个项目可能获得成功，只有用这种方式，天使投资人才能分担风险。其特征有以下几个方面。

（1）天使投资的金额一般较小，而且是一次性投入，它对风险企业的审查也并不严格。它更多的是基于投资人的主观判断或者是由个人的好恶所决定的。通常天使投资是由一个人投资，并且是见好就收，是个体或者小型的商业行为。（2）很多天使投资人本身是企业家，了解创业者面对的难处。天使投资人是起步公司的最佳融资对象。（3）他们不一定是百万富翁或高收入人士。天使投资人可能是您的邻居、家庭成员、朋友、公司伙伴、供货商或任何愿意投资公司的人士。（4）天使投资人不但可以带来资金，同时也带来联系网络。如果他们是知名人士，也可提高公司的信誉。

天使投资往往是一种参与性投资，也被称为增值型投资。投资后，天使投资人往往积极参与被投企业战略决策和战略设计；为被投企业提供咨询服务；帮助被投企业招聘管理人员；协助公关；设计退出渠道和组织企业退出等。然而，不同的天使投资人对于投资后管理的态度不同。一些天使投资人积极参与投资后管理，而另一些天使投资人则不然。

天使投资人的总资产一般在 100 万美元以上，或者其年收入在 20 万~30 万美元，依据项目的投资量的大小可以参考选这些天使投资的种类，其种类包括：一是支票天使——他们相对缺乏企业经验，仅仅是出资，而且投资额较小，每个投资案 1 万~2.5 万美元；二是增值天使——他们较有经验并参与被投资企业的运作，投资额也较大，5 万～25 万美元；三是超级天使——他们往往是具有成功经验的企业家，为新企业提供独到的支持，个案的投资额相对较大，在 10 万美元以上。根据具体的能够拿到的项目资金，选择合理的对象，这是很关键的。

大学生在创业时如果只有一个好的创意，他就可以找到 5 万美元左右、专注于启动资金投资的天使俱乐部或天使投资人寻求帮助；如果他有了一个早期版本的产品和启动团队，他就可能从天使俱乐部或天使投资人得到 10 万～50 万美元的种子基金；如果企业开始商业运营并有了正式客户，它可能从早、中期风险投资基金获得 200 万～500 万美元的融资。因此，天使投资可以为大学生创业提供很好的融资平台。

（三）风险投资

风险投资是一种新的投资模式，业内人士打了个形象的比喻：把鸡蛋孵成小鸡，再把小鸡养大以后卖出去，换回钱来，再去买鸡蛋孵小鸡。这是在创业企业发展初期投入风险资本，待其发育相对成熟后，通过市场退出机制将所投入的资本由股权形态转化为资金形态，以收回投资，取得高额风险收益。

在中国发展风险或创业投资，是中国高科技产业走向未来、走向成功的必由之路。中国的风险投资事业及相关领域在近一个时期将呈现以下发展趋势：认识继续深化；制度不断得到规范和创新；政府在风险投资体系中的定位趋于合理；创业板蓄势待发；"三板市场"开始形成并有所发展；中小高新技术企业将推行期权制；技术资本化进程将继续加速；企业知识产权保护有所加强；一大批专业风险投资咨询及管理公司将涌现；专业创业投资人才的培养将提到议事日程。

可见，风险投资在我国的发展将呈现蓬勃之势，这种趋势必将催生出一种新的融资观念和融资方式，从而为创业者提供一条崭新而自由的资金渠道。

创业时代的资金渠道日益广泛，这种资金来源的广泛化也暗含了经济体制改革时期投资主体与投资模式的多元化。国务院《关于投资体制改革的决定》出台，明确了投资体制改革的目标，即通过深化改革和扩大开放，最终建立起市场引导投资、企业自主决策、银行独立审贷、融资方式多样、中介服务规范、宏观调控有效的新型投资体制。

投资多元化带来的资金多元化有利于解决创业启动的资金瓶颈，无疑又是促进创业成功的又一利好前提。

1. 风险投资的运作方式

从投资行为的角度来讲，风险投资是把资本投向蕴藏着失败风险的高新技术及其产品的研究开发领域，旨在促使高新技术成果尽快商品化、产业化，以取得高资本收益的一种投资过程。从运作方式来看，是指由专业化人才管理下的投资中介向特别具有潜能的高新技术企业投入风险资本的过程，也是协调风险投资人、技术专家、投资者的关系，利益共享、风险共担的一种投资方式。风险投资一般采取风险投资基金的方式运作。风险投资基金的法律结构是采取有限合伙的形式，而风险投资公司则作为普通合伙人管理该基金的投资运作，并获得相应报酬。在美国采取有限合伙制的风险投资基金，可以获得税收上的优惠，政府也通过这种方式鼓励风险投资的发展。

2. 大学生创业者如何筛选和接洽风险投资商

（1）熟悉风投的运作机制

在进入评审程序之前，首先要了解风险投资者的产业投资偏好，特别是要了解他们对投资项目的评审程序。要学会从对方的角度来客观地分析本企业。很多创业人员出身于技术人员，很看重自己的技术，对自己一手创立的企业有很深的感情，认为自己的"孩子"不管长得怎么样都是漂亮的。实际上，风险投资者看重的不仅仅是技术，而是由技术、市场和管理团队等资源整合起来而产生的赢利模式。风险投资者要的是投资回报，而不是技术或企业本身。

（2）合理评估企业的价值

创业企业要认真分析从产品到市场、从人员到管理、从现金流到财务状况、从无形资产到有形资产等方面的优、劣势。把优势的部分充分地体现出来，对劣势部分提出具体的弥补措施。特别要注重企业无形资产的价值评估，核心技术在得到权威部门的鉴定后，要请专业评估机构评估，实事求是地把企业的价值挖掘出来。

（3）写好商业计划书

应该说商业计划书是获得风险投资的敲门砖。商业计划书的重要性在于：首先它使风险投资者快速了解项目的概要，评估项目的投资价值，并作为尽职调查与谈判的基础性文件；其次，它作为企业创业的蓝图和行动指南，是企业发展的里程碑。

编制商业计划书的理念是：①为客户创造价值，因为没有客户价值就没有销售，也就没有利润；②要能为风险投资者提供回报；③作为指导企业营运的发展规划。从风险投资者的立场上讲，一份好的商业计划书应该包括详细的市场规模和市场份额分析；清晰明了的商业模式介绍，集技术、管理、市场等方面人才的团队构建；良好的现金流预测和实事求是的财务计划。

（4）宣传、推销自己的企业

接下来就是与风险投资机构接触，通过各种途径包括参加商交会、产权交易所挂牌、直接上门等方式寻找风险资本，但最有效的方式还是要通过有影响的机构、人士推荐。因为这种推荐能使风险投资者与创业人员迅速建立信用关系，消除很多不必要的猜疑、顾虑，特别是道德风险方面的担忧。要认真做好第一次见面的准备，以及过后锲而不舍的跟踪，并根据风险投资机构的要求不断补充相关资料，修改商业计划书的内容。

（5）配合做好风投机构的价值评估与尽职调查

一旦风投机构对该项目产生了兴趣，准备做进一步的考察时，它将与企业签订一份投资意向书。接下来的工作就是风投机构对企业进行价值评估与尽职调查。通常创业者与风险投资机构对创业企业进行价值评估时着眼点是不一样的。一方面，创业者总是希望能尽可能提高企业的评估价值；而另一方面，只有当期望收益能够补偿预期的风险时，风投机构才会接受这一定价。所以，创业者要实事求是看待自己的企业，配合风险

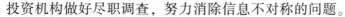

投资机构做好尽职调查，努力消除信息不对称的问题。

（6）交易谈判与签订协议

最后，双方还将就投资金额、投资方式、投资回报如何实现、投资后的管理和权益保证、企业的股权结构和管理结构等问题进行细致而又艰难的谈判。如达成一致，将签订正式的投资协议。在这过程中创业企业要摆正自己的位置，要充分考虑风险投资机构的利益，并在具体的实施中给予足够的保证。要清楚，吸引风险投资，不仅是资金，还有投资后的增值服务。

第十章　团队管理

第一节　创业团队的构建

一、创业团队的重要性

（一）没有完美的个人，只有完美的团队

喜欢篮球的朋友通常都会收看美国 NBA 的比赛，我们发现在任何一个夺得年度总冠军的球队，都是一个完美的团队，尽管每场比赛都有一个人曾有完美的发挥，但指望一个人每场比赛都发挥完美是不可能的，所以，总是不同的球员在不同的场次中出色发挥，最终形成团队的完美发挥，才成就了诸多 NBA 球队的总冠军梦。因此，在篮球这个项目中，美国"梦之队"老是赢得金牌。事实上，假如让你我去当教练，我们还是一样能让"梦之队"得金牌。为什么"梦之队"在奥运篮球比赛当中总是得金牌？理由只有一个，就是他们拥有全世界最好的、最优秀的球员。

假设把我们的公司或企业想象成一个"梦之队"，作为老板要负责选择人才，让这个团队趋近完善。毕竟世界上没有完美的个人，只有完美的团队。我相信每一个人一定会认同这样的讲法。

优秀的创业者总是相信团队合作能产生奇迹，并且总是致力于去创造团队合作的奇迹。他们总是能自觉地找到自己在团体中的位置，能自觉地服从团体运作的需要，他们把团体的成功看作发挥个人才能的目标。他们是一个个充满合作激情，能够克制自我、与同事共创辉煌的人。在自然界中，有精彩的团队合作案例，例如，每年秋天，大雁都会从寒冷的北半球飞往温暖的南半球，其飞越的路程竟有 20 000 多公里。在秋天，其他的候鸟也像大雁一样南飞，但只有大雁能成功地飞越千山万水。为什么会这样呢？事实上，每一只单个的大雁是飞不到南半球的。大雁的生理条件远远不如其他候鸟。可是它们是怎样到达目的地的呢？原来大雁们是通过团队合作来实现的。大雁在天空飞翔时，处在领头位置的大雁会承担很大的气流阻力，后面位置的大雁按照"人"字形排列，可以形成局部真空，大大减少气流的阻力，节省体力。科学家发现，大雁以这种形

式飞行，要比单独飞行多出 12% 的距离。过一段时间后，领头大雁会排到后面，由另一只大雁接替它带头领飞。这样，大雁们通过交替领飞来节省体力，共同飞向目的地。在晚间休息的时候，大雁们则轮流放哨，维护大家的安全。原来大雁是通过团队合作来克服自然界的一切困难的。

对于创业企业来说，团队的重要性日益凸显。最新的一些研究表明，一个好的创业团队对创业成功具有决定性的作用；一个新企业的增长潜力，以及吸引私人资本和风险投资的能力，与创业团队的素质之间呈现很强的正比例关系。无论是一个年富力强的创业者、足智多谋的创业经理人还是英明果断的创业企业家，都应该在企业创建一开始就组建一支强有力的团队，毕竟个人的才能总是有限的，都需要别人的经验和能力的补充。一个优秀的创业团队意味着有较好的发展潜力，也蕴含着对潜在的投资者有较高的吸引力。

（二）团队具有无穷的智慧

一个创业企业是否拥有较高的发展潜力，最重要的一点就是企业是否拥有一支高素质的创业团队。一个喜欢独立奋斗的创业者固然可以谋生，然而一个创业团队的营造者却能够创建一个好的企业。没有团队的创业企业也许并不一定会失败，但是要建立一个没有团队却具有很高成长潜力的创业企业是很困难的，甚至不可能。

一个高素质管理团队的存在是一个私人企业与一个高成长企业的区别之一，前者提供给创业者的只是一种工作替代和可能雇佣几个家庭成员及其他人的能力。这个孤军奋战的创业者可以谋生，但团队建立者要创建一个组织和一个公司，在这个公司中产生巨大的价值和收获。

在企业的创业过程中，创业者经常面临各种各样的压力，有时会感到孤独，有时会遇到这样那样的问题，而这些压力、孤独和问题经常会超出了创业者独自承担的极限，所以必然要求有合适的人来分担压力、消除孤独、解决问题。因此，合适的团队成员在创业企业的发展过程中能够起到积极的作用，这些团队成员在一起不仅能够减轻相互之间的创业压力，排解创业路上的孤独，而且有助于促进对创业企业发展进程中各种深层次问题的思考。中国有句俗语"三个臭皮匠顶个诸葛亮"，讲的正是这个道理。

另外，一个好的创业团队比一个企业家更能够增强创业企业的优势，因为一个创业企业如果只有唯一的创业企业家，他将是这个创业企业人才核心的唯一的代名词，那么他的离开将会对这个创业企业产生破坏性的影响，甚至可能导致企业的倒闭。而创业团队往往拥有各种不同专业知识和不同实践经验的人才，每个成员都只能够满足创业企业对某种方面的需求，某个团队成员的离开对企业产生的影响就不会那么大，所以一个创业团队的存在，它能够保证创业企业管理的连续性。

再者，一个强有力的创业团队能够使创业企业的理念得到充分发挥，俗话说，"众人划桨开大船"，集体的智慧是无穷的，一个好的创业团队，它的团队成员会努力从各个不同角度、不同方面去诠释企业的理念，让企业的员工、顾客、潜在投资者、银行家等能够更好地去理解企业的发展理念，从而把大家的力量积聚起来，共同为企业的发展服务。

（三）团队可以吸引投资者目光

创业团队通常包括创业企业的创业经理人或创业企业家和其他专业人员以及给企业提供指导和帮助的其他关键人物。一个好的团队不仅对于创业企业的成功具有重要影响，而且会吸引更多风险投资者目光。风险投资者十分看重创业团队及其团队成员的素质，这些潜在投资者的态度十分明确，他们认为创业企业的管理质量是他们决定在一个新企业投资与否的唯一重要因素，而企业的管理质量取决于创业团队的素质。创业企业有了风险资金的投入，企业生存率会大大提高。

创业团队对创业成功的重要作用已得到风险投资者的广泛认同。在美国，有风险投资支持的企业成活率比全国企业成活率的平均水平要高，而且投资回报也高。一项对20世纪60年代创立的高技术企业的研究指出，年销售额达500万美元或更多的高成长公司中的83.3%是由团队创立的，而夭折的公司中只有53.8%拥有几个创业者。这种情形在一项"128号公路100个企业"的研究中表现得更为明显。该项研究的对象是美国波士顿地区沿128号公路构成新企业群的顶级100个企业。这些企业中的典型是，已有5年历史的企业年销售额平均是1 000万美元。有10年历史的企业是4 900万美元。通常是企业越成熟，销售额越高。研究发现，其中70%的企业有多个发起人。在几个企业中，实际上83%有3~4个发起人，17%的企业有4个或更多的发起人，9%的企业有5个或更多发起人。

不仅拥有团队是重要的，而且团队的素质也同样重要。正因为如此，风险投资者在帮助组建和重组管理团队中已变得更加积极。一项研究表明，在20世纪80年代风险投资业繁荣期，这种趋势十分明显，这与70年代的做法形成鲜明对比，那时风险投资者并不积极参与管理团队的组建。

因此，合适的合伙人作为团队成员在一个新创企业中可以充当一个重要的角色。此外，不断上升的证据表明创业者面临孤独、紧张和其他压力。发现合适的合伙人至少可以有缓解压力的作用。关键是确认合适的合伙人并与之共事。找到合适的合伙人并与这个团队成功地合作通常涉及预料和处理某些非常重要的问题和障碍，既不能太早也不能太晚。

二、构建创业团队的原则

尽管创业团队如此重要，但这并不意味着从一开始创业就必须有完整的团队。团队成员可以随着新创企业的成长不断增加和补充，这同样需要时间，也存在一个相互选择和捶打的过程。因此，创业团队的构建是一个渐进的过程，有些创业团队的形成是由于投缘、共同兴趣而在一起工作，有些则是因为过去的友谊，例如，室友或同学之间的友谊常常产生一个合伙企业。但无论怎样，创业团队的构建都必须遵守原则。

（一）志同道合

在事业之舟、奋斗之途中离不开志同道合的团队，离不开相扶相持的朋友，他们的帮助和激励，将为你的腾飞插上双翼。

现实生活中，有许多人仍在死守着"宁做鸡头，不做凤尾"的陈旧观念，安于自己的一亩三分自留地，不愿与人合伙，其实这些人是典型的目光短浅。

在我们看来，与人合伙的观念核心有两个：一是资产经营的观念，另一个就是一种文化的观念。资产经营的观念就是，要求所有企业经营者，都要学会用一个指标来评价企业决策正确与否，那就是企业的资产是否在不断地增值。而文化的观念则告诉我们，经营企业不是闭门造车，必须要眼光朝外，以开放的胸襟面对世界，这样你的企业就会永葆青春。

（二）优势互补

核心团队成员间，最好有互补性。这种互补，既包括知识、经验上的互补，也包括性格、能力上的互补。相对来说，一个优秀的创业团队必须包括以下几种人：一个创新意识非常强的人，这个人可以决定公司未来发展方向，相当于公司战略决策者；一个策划能力极强的人，这个人能够全面周到地分析整个公司面临的机遇与风险，考虑成本、投资、收益的来源及预期收益，甚至还包括公司管理规范章程、长远规划设计等工作；一个执行能力较强的成员，这个人具体负责下面的执行过程，包括联系客户、接触终端消费者、拓展市场等。此外，如果是一个技术类的创业公司，那么还应该有一个研究高手（甚至是研究领导型人物），当然，这个创业团队还需要有人掌握必要的财务、法律、审计等方面的专业知识。唯有这样，团队成员才能算是比较合格的。

需要注意的是，在一个创业团队中不能出现两个位置重复的核心成员，也就是说，不能有两个人的主要功能完全一样。比如，两个都是出点子的人，两个都是做市场的等，出现这种情况是绝对不允许的。因为只要优势重复，职位重复，那么今后必然少不了有各种矛盾出现，最终甚至导致整个创业团队散伙。

（三）心甘情愿

在一个创业团队中，各个成员都是独立的，都具备强烈的创业欲望、执着的热情、非凡的能力和独到的知识，但这都不重要，重要的是大家都心甘情愿结成了创业联盟，愿意为了共同的梦想而奋斗。越优秀的人在一起合作，越需要遵守自愿的原则，容不得半点勉强和迁就，否则散伙只是早晚的问题。只有所有成员都心甘情愿组成一个创业团队，才会形成超出寻常的合力，才会发挥出各自最大的潜能，才能为了团队的共同目标不断地奉献。

正如一位创业者所说：所有创业团队成员都应把自己看成是所创建事业的主人，努力使自己在整个创业格局中看待自己的工作，并主动配合其他成员的工作，把配合看作是自己工作中必须主动完成的一部分，而并非做每一件事都以自己获取的业绩或利益为出发点。大家都熟知的麦克阿瑟将军有一个习惯：他每次召开幕僚会议时，都会先介绍军衔最低的军官，他不许其他事情妨碍这道程序，因为他知道建立军官的信心是很重要的一件事，他想要而且也需要这种信心；更重要的是他要让每位军官都认识到，他们都是领导团队的一个分子，不可或缺，而且工作越基层越重要，从而让他们心甘情愿地为整个领导团队的目标奉献一切。

作为创业者，你勇往直前的习惯，会影响你的合作者。即使你给他们的利益和薪水都很丰厚，他们还是把获得这些利益和薪水当作是理所当然的事。你应先评估其他合作者的需要，甚至在他们发现自己需要之前便先满足他们。

有的时候，人们会因为必须在一起工作，所以才产生合作关系，但这种合作既不可靠而且不会长久。例如，美国和苏联曾一起抵抗过希特勒，但当希特勒被打败后，这种合作关系也随之消逝。

创业者必须明白，真正的创业团队合作必须以所有成员的"心甘情愿合作"作为基础，并对合作关系的任何变化抱着警觉的态度。创业团队合作是一种永无止境的过程，合作的成败取决于各成员的态度，而维系合作关系却是创业者责无旁贷的工作。

（四）分享成功

创业者永远不要忘记：你的成功来源于团队成员的支持和努力。成功的创业者应当学会与团队成员分享成功和荣誉，让团队感受成功的喜悦和事业的成就感。分享对团队成员来说是莫大的激励。创业者要同团队伙伴分享权力和荣誉，创造一种风险共担和利益共享的共同立场。分享能够增进创业团队内部的情感，增强创业者的威望和凝聚力。分享让团队伙伴体会到信任与尊重，会加倍努力来回报创业者的赏识。分享是一种有效的激励，己所欲，施于人。当你取得成果的时候，把你的成果与整个团队分享，可以想象，团队对创业领导者会是何等的忠诚。这样的创业公司也必然是上下一心，齐心合力，动力十足，可以谋求更大发展。创业者一定要牢记，分享是对团队的最大激励，是争取更好的业绩的一个阶梯。

三、构建创业团队的方式

有这样一个未经证实的统计数据：5 年之内，90% 的创业者会倒闭；10 年之内，剩下的 10% 的创业者中的 90% 也将会退出市场，也就是说，10 年之后，只有不到 1% 的创业者会幸存下来。

创业者为什么寿命会如此短呢？其主要原因在于他们缺少一个优秀的创业团队。可以说，失败的创业者从创业一开始，就奠定了创业失败的命运。因此，构建一个优秀的创业团队对任何创业者而言，都是一项至关重要的工作。那么，我们应该如何构建一个优秀的创业团队呢？换句话说，构建创业团队的方式有哪些呢？大家最熟悉的莫过于家族团队和朋友团队。

（一）家族团队

家族合伙有优势也有劣势，要根据创业者具体情况来决定是否要采取这种搭档形式。创业初期，家族团队可以凭借家族成员之间特有的血缘关系、亲缘关系和相关的社会网络资源，全情投入，团结奋斗，甚至可以不计报酬，能够在很短的一个时期内获得竞争优势，较快地完成原始资本的积累。

家族团队的优势在于：一方面，家族整体利益一致。利益的一致性使得各成员对外部环境变化具有天然的敏感性，外部尤其是市场变化的信息能很快传递至企业的每位成员；同时，家长制的权威领导，可使得公司的决策速度最快；在执行上，由于内部信息沟通顺畅，成员之间容易达成共识，政策贯彻、决定执行得力；家族整体利益使得家族成员本身具有更高的诱因努力工作，自然地帮助公司的价值趋向最大化。另一方面，心理契约成本低，可以帮助企业降低监控成本，因此家族企业的总代理成本相对于其他类型的企业低。家族成员彼此间的信任及了解的程度远高于其他非家族企业的成员，家族企业成员之间可能负担较低的心理契约成本。成员之间特有的血缘、亲缘关系，使家族企业具有强烈的凝聚力，加上心理契约成本较低，再加上经营权与所有权的合一，家族企业的总代理成本可能较非家族企业成本低。

让我们回顾一下就很容易发现，家族背景对于履行团队合作哲学的承诺有很大帮助。观察一个家族企业动态的发展过程，能够让我们学到许多东西，学会如何处理人与人之间的关系，如何使企业成功。我们时常听说一些家族企业的创立人十分专制，管理风格非常残暴。这种公司很少能取得长远的成功。其他的家庭成员最终会厌倦这种方式，觉得自己被忽视。如果他们都不能忍受这种虐待，又怎么能使没有血缘关系的"外人"尽心为老板效力呢？到了第二代，这样的家族企业大多数都土崩瓦解了。

当然蒂施家族团队成功创业的例子并不意味着家族团队无往不胜。事实上，家族团队的劣势也可以罗列出很多。其中比较重要的是难以得到最优秀的人才。企业要做大、要发展需突破的一个重要的瓶颈就是专业化和规范化，家族企业也不例外。吸收大量的专业人才进入公司的核心层是专业化和规范化的必由之路。仅仅在家族成员中选择人才的结果，就是选择面会变得越来越窄，可用的人会越来越少；而长期的家长制管理，会使领导人变得自负，总觉得自己是最能干的，这恰恰排斥了社会上更优秀的人才的加盟；另外，基于家族关系建立起来的内部信任，自然会对没有类似关系的员工产生不信任感。因此，家族企业的劣势首先表现在深知自己的企业因缺乏人才而不能壮大，却又很难创建获得和留住人才的环境。

（二）同学团队

英国大文豪萧伯纳曾有过这样一句名言："假如你有一个苹果，我也有一个苹果，我们彼此交换，那么我们仍然是各有一个苹果；但是，假如你有一种思想，我也有一种思想，而我们彼此交流，那么我们每个人至少各有两种思想。"这句名言恰到好处地说明了合作学习的妙处，如果我们几个人在一起学习、交流自己的知识与经验，就会促进每个人多学到更多的东西。通过合作，我们每个人都很可能得到两个甚至更多个"苹果"。

其实许多成功的优秀人物都非常重视这种合作学习的作用。爱因斯坦年轻时，曾和几个志同道合之士发起建立了奥林匹亚学院，其目的就是为大家提供一个共同研讨的学术环境。我国古代的治学格言中也曾有"三人行，必有我师""独学而无友，则孤陋而寡闻"等，也是说明了同学之间的合作交流的重要性。

同学之间的合作学习还可以直接锻炼一个人的合作能力和与人交往的能力。这些能力都是我们在课堂学习中很难学到的，但又是今后人生发展中非常重要的能力，同学们在进行合作学习时，要注意尊重别人、信任别人、以诚相待。讨论问题时，要注意认真倾听别人的观点，尊重别人的观点，并积极地做出反应。尤其是谈论激烈时，要注意自己的言辞不要伤害了别人的感情。只有做到最佳配合，才能共同促进学习。在求学路上，最大的人和之力来自凝聚同学们之间的力量。蚂蚁虽小，但若能凝聚集体之力量，那也能所向披靡。星星之火虽可以燎原，却永远无法与满天星斗、日月之辉相媲美。一个人驾着独木舟又怎能与风浪搏击？但如果能将各自的独木舟合成一艘大帆船，那便能轻松地乘风破浪，驶向成功的彼岸。

其实，从人的一生的长远角度来看，同学们之间的关系主要还是合作关系，竞争毕竟是第二位的，因为在你人生所有的竞争对手中，同学之间的竞争性其实只是微乎其微甚至可以忽略的。所以共同提高要优于相互提防。多问问题、多讨论，这是上佳的学习途径，它的效率要远远优于一个人冥思苦想。而要达到协作学习的目的，就必须有一个宽松融洽的人际关系环境，在这种人人心情舒畅、个个畅所欲言的环境中，学习效率自然就提高了，从而无用或低效的时间也就会大大减少。

一人难断，两人难算，三人顶个诸葛亮。合作能聚集人的智慧，凝聚人的力量，从而改善集体的学习气氛合作，不但能让人胆大走四方，而且能让人即使在大风大浪中也可继续远航。懒惰时，同学的勤奋会感染你；失意时，友情会帮助你，给你快乐。

现代社会是一个竞争与合作并存的社会，人们之间的交流随着各种工具的日益发达和便捷也变得越来越频繁。在这样一个社会中，无论是一个国家，还是某一个人，都是在这种频繁的交流关系中不断发展、前进的。一个人仅凭自己"单干式"的努力去工作或学习的方式已经是行不通了。合作的能力与方法在现代社会中被强调到一个前所未有的高度。因此，在这样的一个社会大背景下，作为21世纪的大学生也应该学会在合作中发展，通过与同学合作来促进自己的学习。

第二节　创业团队成功的关键要素

一、信仰是永恒的灯塔

虔诚的信徒在信仰中得到鼓舞，在灾难中看到希望。

信仰是一个成功团队必须具备的核心特征，一个团队无论信仰什么，它必须是有信仰的，而且这种信仰必须是坚定不移的。有了这种信仰，这个团队就可以面对一切，就可以创造奇迹，甚至可以说，有了坚定的信仰，奇迹也就不算是奇迹了。

更进一步来说，如果创业团队的信仰不仅仅是自己的坚定信仰，而且具有普世的博爱、行善等精神，那么它将不仅仅是被自己信仰，还可以被创业成功后的守业团队所继承、发扬，这才是最重要的。如果创业团队的信仰是一种短视、狭隘和无法长久的信仰，即使创业团队可以通过信仰获得创业成功，随着创业团队的成员逐渐老去，由于信仰不被后来者接受、继承和发扬，创业企业也将随之凋零。

如今这个时代不缺领袖，但缺信仰。有些创业企业到处都贴了标语和口号，但也只能是标语和口号，不能变为行动力，因为企业的管理者——创业团队喊的是一套，做的是另一套。有些创业者口口声声说让自己兄弟也过上美好生活，但拿钱的时候毫不手软，分钱的时候心在滴血。很多创业者嘴上说的是激励，心中想的是约束。

大企业要的是职业经理人，创业企业需要的是团队，需要的是一个有信仰的团队。

二、信任是永续的桥梁

在变化迅速的商界中，创业团队必须对市场做出更加明智、敏捷、弹性的回应。这种团队是高度适应性的社会组织，能够面对各种复杂状况。

信任是团体生活的必需品。从广义来看，信任是对一个人或组织正直、公平和可靠的信仰或信心。这种感觉来自过去的实践经验，不论这经验是多么短暂或长远。信任感的重要性贯穿团队的整个生命循环过程，比如，新的创业团队需要信任才能起步；信任是创业团队克服艰难工作的全效润滑剂；当创业团队中某一成员退出时，来自组织环境的信任将会继续流传。

创业团队必须在创业企业发展的每一个阶段都高度关注团队的信任。在其他条件一致的情况下，团队中拥有高度信任的好处是显而易见的：信任度高的团队更容易形成凝聚力、更快速地组织工作，管理效率也会大大提高。缺乏信任则会使跨组织、远距离团队的形成和维系更加困难。

管理大师汤姆·彼得斯认为，信任是团队高效运作的润滑剂。创业团队内部的信任可以使所有团队成员的自尊以及社会认同的需要得到满足，进而产生强大的自信心，并且勇于战胜困难、迎接挑战，在工作时就会表现得更加积极和热情，更乐于发挥创造性。

艾尔弗雷特别信任那些能够弥补自己技术缺陷的人。当他遇到一个技术难题时，他不是问他们："我应该怎样解决它呢？"而是问："谁能替我解决它？"每次下属们都积极发挥创造性思维，把问题解决掉。一个优秀的创业者必须学会施信于人，告诉创业团队对他们的能力有信心，并且相信他们具备完成工作所应具备的素质。

当然，真正的信任不可能在一夜之间产生，必须通过长时间接触和了解获得。这就要求总经理从员工加入自己的团队那天开始就全面地了解他，看看他擅长什么？对什么感兴趣？有哪些优点？又有哪些缺点？对他的能力有了一定的了解之后，就可适当分配一些任务。随着了解的加深，总经理对员工产生信任，就可放心地让他独立工作了。

总之，怀疑和不信任是创业企业的有害因素，它不但阻碍创业团队对企业忠诚感的形成，而且还会造成企业人力资本的严重流失。有一个小故事：

一个爱酒又爱赌的老板怕小学徒偷他酒，故意说是毒药，不能喝。一日他赌钱回来赢了一块火腿和两瓶酒，叫小徒弟看着别叫猫吃了，并且千叮咛万嘱咐别动那酒，那两瓶酒是"毒药"，说完就又出去赌钱去了。小徒弟自然知道那是酒，看着火腿、后院的鸡和酒，小徒弟想："我这徒就学到今天吧。"于是切了火腿煮了鸡，一边吃一边喝酒。吃完把盘子洗了放好，倒头就睡。老板回来一看就生气了，劈头盖脸地把小徒弟叫起来。小徒弟一见他就哭，边哭边说："老爷你可回来了，出人命了，你不是让我看着鸡嘛，我留心着呢。半夜就听见狗咬，出去一看，邻居的大黄狗正追咱鸡呢！我就追去了。可后来也没有追上，回来一看那块火腿也让猫叼了去了。我想，那火腿和鸡都没了，回来你肯定打我呀，我自杀得了。可我想着大冬天河也封着呢，跳河也不好跳，怎么办呢？我就想起您说的那两瓶'毒药'，心想我喝'毒药'吧。可是我喝了一瓶没死了，把那瓶也喝了，还没死，您说这怎么办呢？"老板气得浑身颤抖，有苦说不出，最后只得让小徒弟回家了。

由此可见，创业者怀疑和不信任他的团队的最终结果只能是"双输"。企业失去了宝贵的资金和时间，员工失去了发挥自己能力、展示自己才能的机会。企业中所有的员工都像那个小徒弟一样精明，如果总经理也学那个嗜酒如命的老板，那么最终结果只能同上面那个笑话一样，浑身颤抖，有口难言。只有发自内心地信任自己的团队，真诚地对待团队中的每一个成员，团队才会对创业企业忠心耿耿，并且回报以高昂的工作热情。

三、只有一位创业领袖

在一个团队里面。常常存在着两类领袖：一类是正式领袖，如总经理、副总经理、经理、主管、主任等，都是由团队任命，有着正式职位的人员，是公司运转的骨架，起到承上启下、纲举目张的作用；另一类是非正式领袖，他们没有任何职位，但对工作氛围、员工积极性的调动有着举足轻重的作用。在一个团队里面常常是这样：正式领袖的领导能力越强，非正式领袖的能力就越受到限制，团队高效、团结、向上、氛围融洽，团队向着企业制定的方向和意愿发展；如果正式领袖的作用受到限制，非正式领袖的作用越强，这个团队就会自由涣散、斗志低下、斤斤计较，工作互相推诿、向效率低下的方向发展。可见，非正式领袖在团队里面的破坏作用有多大。

既然非正式领袖能够有如此强的号召能力和影响能力，为什么不把非正式领袖转化为正式领袖？这样不就两全其美了吗？话说得有道理，但是并不是每一个非正式领袖都适合做正式领袖。一个成功的团队领导者，除了专业能力要服人，更要懂得创造共同愿景，激励成员士气，并且让部属跟着你有成长的机会。

在谈团队领导者之前，先来看个小故事：

有天一个男孩问华特（迪士尼创办人）："你画米老鼠吗？"

"不，不是我。"华特说。

"那么你负责想所有的笑话和点子吗？"

"没有，我不做这些。"

最后，男孩追问，"迪士尼先生，你到底都做些什么啊？"

华特笑了笑回答，"有时我把自己当作一只小蜜蜂，从片厂一角飞到另一角，搜集花粉，给每个人打打气，我猜，这就是我的工作"。

在童言童语之间，团队领导者的角色不言而喻，团队领导者不只是会替人打气的小蜜蜂，还是团队中的灵魂人物。

要想成功领导一个团队，成为唯一的领袖，下面7个要诀绝不可少。

（一）凝聚成员的感情

林有田认为，要培养团队精神，除了花时间、花钱跟部属"搏感情"，别无他法。比如说，刚得到升迁，马上请客吃饭，表明自己有今天都是大家的功劳，以后有好处大家分享，有过错就由自己一人承担。

曾经的华硕研发副总沈振来会在每星期二晚上抽空参加部属的读书会，借此提升团队的能力，增进彼此感情。借着这类非正式的沟通，可以轻松化解职场上的冲突，就像胶水一样将整个团队紧紧黏在一起。

（二）满足成员的需求

要成员对领导者忠诚，领导者必须先建立信任感，平时必须以诚心关心部属，了解部属真正在乎的是什么，只有当成员的欲望被满足时，才会努力达成主管的期望。如果他想要的是钱，当他达成要求时就加薪或发放奖金；如果他想要的是成就感，就给他挥洒的舞台，只要是成员应得的，在资源许可的范围内，就要尽力满足他们，成员做得再苦再累也甘愿去做。

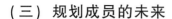

（三） 规划成员的未来

领导者必须为成员勾勒一幅未来的远景，让他了解在这个团队（公司）可以有美丽的人生，让成员个人利益与团队的利益结合为一，成员才会努力打拼。MAZDA 执行总监胡开昌，除了公司的绩效制度外，特别为了团队成员设计了一套 Career Plan（生涯规划）调查表，利用闲聊时记录工作满意与不满意的原因是什么？若想换工作，感兴趣的工作是什么？用这种沟通方式，在遇到机会时，适时推员工一把，帮他占到适当的位置。

（四） 培养成员的能力

领导者应协助成员建立乐于接受挑战的心态，鼓励他们不断追求卓越，他们的能力自然也会为了达到这个目标而不断提升，领导者应定期与成员恳谈，依照职务细则，一一盘点成员的能力是否够格，不够的部分就要协助补充，领导者必须敞开心胸、倾囊相授，或是协助成员去进修，如此一来，就算部属有天成为自己的领导，这也是领导者的荣耀，而且他还是会敬你三分。

（五） 厚植成员的实力

沈振来指出，现在的年轻人个性分明，也较心浮气躁，因此身为主管，特别是研发部门主管的专业实力很重要，若没有实力，在管理上很容易会被看不起。

林有田补充，研发主管的专业能力除了技术的精进，更重要的是对趋势的观察力，既讲得出未来方向，又做得出成效的主管，最令人心服口服。

（六） 塑造认错的文化

领导者要塑造一种认错的文化，鼓励成员诚实面对错误，与成员一同探讨错误的成因，找出如何避免重蹈覆辙的方法，否则老是用责骂的方式，只会使成员竭尽所能文过饰非。

中国生产力中心企划训练部协理林锡金指出，在宏碁创始人施振荣的理念中，首次失败是被允许的，因为第一次犯错并不是员工的错，不需要处罚，这正是领导者勇于承担责任，对团队树立的一种承诺。

（七） 授予成员权力

授权是给成员磨炼成长的最佳机会，授权能让领导者减轻工作职责，还能让部属站在主管的角度思考问题。身为领导者，必须相信自己所领导的团队是最优秀的。主管在团队绩效好时，一定要将功劳归给上司与部下，但出状况时，则要挺身承担责任。

第三节　创业团队的管理方法

一、文化是基因

美国著名的管理大师彼得·圣吉说："一个缺少共有目标、价值观和使命的组织，必定难成大器"。创业团队作为一个微型组织，更是如此。一个创业团队要想超越自我，要存活得更长久，就必须找到可以传承的"生命基因"——团队文化。创业团队的成员可以退出、可以退休、也可以老去，创业企业的产品可以淘汰、可以升级、也可以被替代，但在创业企业中可以传承、发扬和流传的是创业团队的文化。

二、制度是脊梁

有这样一道小学数学题。已知：两个人挖一条水渠，需要两天。请问：4个人挖一条水渠，需要几天？一个上小学二年级的学生会很容易算出答案：一天。但从管理视角下思考这样一个数学题，那么答案可能是一天，也可能是两天，还可能是4天，也可能永远也无法完成。

因为，当"一个人做事的问题"变成"一个团队、一个组织、一个公司或一个政府机构做事的问题"时，事情便复杂了，管理的必要性和重要性也就大大凸现出来。管理的出现意味着计划、组织、领导、控制、激励等一系列问题，比如：谁来制订计划？怎么计划？任务如何分配？分配依据什么原则？怎么监督和考核？收到的利益怎么分配？等等。

在这种情况下，所有的问题不可能全部由一个人来决定，而应该依靠制度。我们通过团队成员间的利益分配制度和绩效考核制度来说明。

（一）利益分配制度

有7个人组成了一个小团体，共同生活，其中每个人都是平凡而平等的，没有什么害人之心，但也不免自私自利。他们想用非暴力的方式，通过制定制度来解决每天的吃饭问题——要分食一锅粥，但并没有称量用具和有刻度的容器。为了分粥，大家依次采取了如下方法。

方法一：拟定一个人负责分粥事宜。很快大家就发现，这个人为自己分的粥最多，于是又换了一个人，结果总是主持分粥的人碗里的粥最多最好。这就让人们不得不想起阿克顿勋爵做出的结论：权力导致腐败，绝对的权力导致绝对的腐败。

方法二：大家轮流主持分粥，每人一天。于是每周下来，每个人只有一天是饱的，就是自己分粥的那一天。后来大家发现，这样做等于承认了个人有为自己多分粥的权力，同时给予了每个人为自己多分的机会。虽然看起来平等了，但是每个人在一周中只有一天吃得饱，其余6天都饥饿难挨。这种方式导致了资源的不均衡分配。

方法三：大家选举一个信得过的人主持分粥。一开始，这位品德尚属上乘的人还能基本公平，但由于权力过于集中，于是所有人都开始挖空心思去讨好他，贿赂他，很快就导致腐败盛行，使得整个小团体乌烟瘴气。最后大家一致认为，人品在权力面前太渺小了，没有人能挡住权力所带来的诱惑，必须寻找新思路。

方法四：选举一个分粥委员会和一个监督委员会，形成监督和制约。最后的结果是，公平基本上做到了，可是由于监督委员会常提出多种议案，分粥委员会又据理力争，每次等分粥方案确定时，粥早就凉了。

方法五：每个人轮流值日分粥，但是分粥的那个人要最后一个领粥。令人惊奇的是，在这个制度下，7只碗里的粥每次都是一样多，就像用科学仪器量过一样。每个主持分粥的人都认识到，如果7只碗里的粥分配不均，他确定无疑将分到那份最少的。为了不让自己吃到最少的，每人都尽量分得平均，就算不均，也只能认了。大家快快乐乐，过得越好。

同样是7个人，不同的分配制度就会有不同的风气、不同的结果。所以一个单位如果有不好的工作习气，一定是分配制度问题，一定是没有完全公平、公正、公开，没有严格的奖勤罚懒制度。因此，分配制度至关紧要，分配制度是人制定的，如何制定一个好的制度，是每个创业团队需要考虑的问题。好的制度浑然天成，清晰而精妙，既简洁又高效，令人为之感叹。

一个创业团队要合理分配团队成员间的利益，至少应做到以下几点：

（1）形成分享财富的理念。（2）综合考虑企业与个人目标。（3）规范制定报酬分配制度的程序。（4）制订合理分配方案。（5）综合考虑分配时机和手段。（6）适时采用股票托管协议。（7）创业企业可参考"准股票期权计划"。

（二）绩效考评制度

以前，为了谋生，有许多自己组织的"纤夫队"在金沙江拉纤，其中有一支来自X地的"老乡队"很团结，生意很好，一天能拉4趟，队员的腰包也慢慢鼓起来了。同时，常年的辛勤工作使很多人失去了激情，偷懒现象日益普遍，人心日渐涣散，生意一落千丈，渐渐地，每天只能拉两趟了。

由此，许多队员都另谋生路，留下来的人则只能勉强度日，时间长了，想起往日的辉煌，队员们在感慨之余，终于决定"从头再来"。

于是，"老乡队"召开了一次会议，讨论生意滑落的原因，并希望能制订一些目标，采取一些措施，改善现状，再创辉煌。

经过几次商谈，大家认为每天应该多拉一趟，由两趟提高到3趟，收益均分。同时，改变那种自发喊号的做法，选举一个人当"队长"，其不再拉纤，而是负责两项工作：第一，负责领号，让所有人的号声一致；第二，此人配备一条鞭子，负责监督，对于偷懒的人实施"鞭罚"。

经过大家推荐和举手表决，一位"老好人"当选队长。刚开始，号声的统一和鞭子的存在使得队伍生意有所好转，基本每天能拉3趟。时间不久，队员发现，此人性情温和，谁也不敢打，于是，偷懒现象再次重现。生意又恢复到"不死不活"的状况。

于是，队伍再次召开会议，会议讨论决定，在自我推荐的基础上，重新选举一位有责任心、原则性强、沟通能力好、能代表"队伍形象"的人担任队长，同时，会议认为不能让队长有权力不用，应该进行激励，决定改变分配制度，在"平均分"的基础上增加"提成制"，措施如下：

（1）每天以两趟为底线，3趟为基本目标。当只拉两趟时，队长不分钱，其他人均分。3趟时，队长提成5%，其他人均分。在3趟以后，每增加一趟，队长提成增加1%，其他人均分。（2）会议决定每天召开一次"洗澡会"，根据每人身上挨的鞭子数目扣钱，一鞭子扣10个铜板，扣的钱作为每月的奖励基金，奖励那些每月挨鞭子最少的前3名，第一名分50%，第二名分30%，第三名分20%。

经过这次会议，队长的积极性和责任心显著改善，杜绝了偷懒现象。当年年度总结时发现，平均每天3.56趟，在顺风、天气好的情况下，最多时一天拉了6趟。"往事不堪回首"，每次想起这次改革，队员们都感到有说不尽的话题。于是，每次遇到问题都开会讨论，队伍日益壮大。

公平、公正、公开是绩效管理的最高原则。为此，绩效考核过程本着透明原则，考评结果对本人透明，管理者要坚决杜绝"暗箱操作"，企业开通申诉渠道进行防范。从整个绩效管理的角度，有效启动员工申诉机制，是绩效考核不可或缺的环节。它对考评者给予必要的约束和压力，避免个别管理者不公正对待员工问题，可大大减少内部矛盾和冲突，促进绩效考评健康推进。

（三）制度贵在执行

不少创业企业在团队创建过程中，过于追求团队的亲和力和人情味，认为"团队之内皆兄弟"，而严明的团队纪律有碍团结。这就直接导致了管理制度的不完善，或虽有制度但执行不力，形同虚设。比如说，某个成员没能按期保质地完成某项工作或者是违反了某项具体的规定，但他并没有受到相应的处罚，或是处罚根本无关痛痒。从表面上看，这个团队非常具有亲和力，而事实上，对问题的纵容或失之以宽会使这个成员产生一种"其实也没有什么大不了"的错觉，久而久之，使企业的各种规章制度失效，带来无穷后患。

"具有严明、公正的纪律或规范"是良好团队的又一特征。严明的纪律不仅是维护团队整体利益的需要，而且在保护团队成员的根本利益方面也有着积极的意义。有一个破窗理论：一个窗户的玻璃被打碎，而又得不到及时的修理，就会有更多的人去打烂更多的玻璃，最后所有的玻璃都会成为受害者。推行和贯彻团队规范，重在及时发现和纠正有悖于规范的行为，并且应当纠正"纪律有碍团结"的错误观念。GE 的前 CEO 杰克·韦尔奇这样认为：指出谁是团队里最差的成员并不残忍，真正残忍的是对成员存在的问题视而不见，文过饰非，一味充当老好人。宽是害，严是爱。对于这一点，每一个创业团队都要有足够的清醒认识。

三、信任是前提

无数创业团队成功和失败的事实证明，只有每个队员全力以赴，团队才有取得成功的可能，也只有整个团队成功了，个人的激情和能量才能得到最大限度的发挥。每个人都全力以赴，才会发生情绪的感染和信心的转移，才能取得成功。因此，作为创业团队的领袖，必须相信伙伴，相信团队！

印象中的优秀管理者好像一定是能力非常全面的人，其实不然，真正的领导者，不一定自己能力有多强，只要懂信任、懂放权、懂珍惜、懂选择，管理并团结自己的下级，就能更好地利用在某些方面比自己强的人，从而自身的价值也通过他们得到了提升。相反，许多能力非常强的人却因为过于完美主义，事必躬亲，觉得谁都不如自己，最后只能做最好的攻关人员、销售代表，却成不了优秀的领导人。

四、沟通是关键

沟通在创业团队管理中究竟处于一种什么状况呢？我们可以通过两个数字很直观地反映沟通在企业中的重要性，这就是两个 70%。

第一个 70% 是指团队管理者实际上 70% 的时间都用在沟通上。开会、谈话、做报告是最常见的沟通形式，撰写报告实际上是一种书面的沟通方式，各种拜访、约见也都是沟通的表现形式，所以说，管理者 70% 的时间花在沟通上。

第二个 70% 是指工作中 70% 的问题是由沟通障碍引起的。比如常见的效率低下，实际上常常是有了问题、出了事情后，大家没有进行及时的沟通或不懂得如何去沟通而造成的。另外，创业企业里面执行能力差、领导力不高的问题，归根结底，都与沟通能力的欠缺有关。

对创业团队来说，彼此间良好的沟通至关重要。因为团队领导者要做出决策就必须从团队成员那里得到相关的信息，而信息只能通过相互间的沟通才能获得；同时，决策要付诸实施，又要在团队内进行相应的沟通。创业者再优秀的想法，再有创意的建议，再完善的计划，离开了与团队伙伴的沟通都是无法实现的，就像虚幻的空中楼阁，可见沟通在管理中发挥着多么重要的作用。

对于创业团队来说，要做到良好沟通的前提就是畅所欲言。

第十一章　大学生创业风险与危机管理

第一节　企业风险的形成及类别

一、企业风险的形成原因

企业风险的形成是多方面的，有内部原因和外部原因，有的是主观原因和客观原因。从企业与市场的关系来看，企业风险的形成主要有以下几个方面。

（一）企业经营环境的不确定性

企业经营环境的不确定性是导致企业风险的直接原因。从总体上看，它包含了社会政治的不确定性、政策的不确定性、宏观经济的不确定性和自然环境的不确定性。

1. 社会政治的不确定性

主要是指社会的政治、法律、人文观、民族文化等因素的变化。各种政治观点、政治实力的对抗以及不同宗教信仰的冲突等，都可能引起动乱、战争或政府的更迭，其结果可能会造成企业生产经营活动的中断或经营条件的损坏。

2. 政策的不确定性

指的是有关国家各级政府政策变化的不确定性给企业带来的风险。政府政策的不确定性越高，企业的风险也越高。例如，当国家出现通货膨胀时，政府往往采取紧缩货币的政策，减少货币投放，提高利率或中央银行再贴现率。利率发生变化，势必会给企业的经营带来一定的风险。

3. 宏观经济的不确定性

指的是由国家经济政策和由产业结构变化所引起的经济形势的不确定性而产生的风险。宏观经济环境的变化主要包括产业结构、国民生产总值增长状况、进出口额及其比例、人均就业率与工资水平、利率与汇率等方面。

4. 自然环境的不确定性

指的是在自然界的运动过程中呈现出来的不规则变化。例如，地震、洪水，虽然自然科学技术很发达，但人们却无法完全准确地预测这些自然灾害会在何时、何地发生。即使人们在资料相当充分的情况下，也只能做出一些判断。这些都会给企业带来风险。

（二）企业主观认识的不完整性

首先，由于市场本身并不完善，而身在其中的企业也会受其影响。自然运动和社会运动的不规则性、经济活动的复杂性及经营主体的经验和能力的局限性，不可能完全正确地预见客观事物的变化，因而企业风险就不可避免。

其次，从企业自身角度考察，企业运行中的人、财、物和供、产、销任一环节出现故障，如不能及时纠正，都可能使企业的经营活动无法进行。系统管理出现事故的地点、时间和程序是不可预测的。事实上，企业内部存在许多不确定性因素，虽然主观上企业可以预测，但往往这些不确定性交叉发生，增加了企业决策者甄别和防范风险的难度。

最后，人是多样化的，每个人对风险的认识也有所不同，因而面对风险时做出的反应也不相同。人们的认识与态度不同，因此不确定性也因人而异。人们主观上认识的不完整性主要源于个体的认识水平。

（三）企业的资金控制能力是有限的

不论是小企业还是大企业，对其资金的控制能力都是有限的。如果一个企业有充足的资金，即使发生风险损失也是不足为惧的。但当今社会企业对资金的控制能力很脆弱。虽然一些大企业控制的资金很庞大，然而一旦发生风险损失，就会在一夜之间化为乌有。这就是近年来许多优秀企业昙花一现的根本原因，它们的资金是一种泡沫，经受不起风险的考验。

（四）其他因素

1. 市场经济运行的复杂性
社会生产和再生产过程的四个环节以及与之相应的所有经济活动的运行是极其复杂的，特别是市场经济条件下，更加呈现出自身的不规则性，由此导致的不确定性不可避免地引起企业的一些风险。行业结构在变动，存在投入产品市场的不确定性以及竞争的不确定性。

2. 科学技术的发展
自工业革命以来，人类社会在科学技术的推动下得到了突飞猛进的发展，不但生产和创造出前所未有的大量物质财富，还建立了高度复杂的组织体系以及相应的社会文化和思维方式。然而，科技的发展以及人们对科技的依赖却在某种程度上增加了人类社会受到科技到来的负面影响的可能性。现代科技的风险既来自高科技、新技术发展带来的不确定性，也来自现代社会人们对科技的高度依赖。这种对科技的高度依赖使深化科技失效和对科技的不当利用都会产生严重的后果。

另外，经济全球化、国际关系变化等都会对企业经营活动产生一定的影响。

二、企业风险的类别

风险作为一种自然现象，也是一种社会现象和经济现象，普遍存在于社会中，无论是个人、社会还是其他组织都面临着各种各样的风险。在市场经济条件下，企业作为社会经济活动的基本单位，在不同的风险条件下生存和发展，时刻面临着各种风险的威胁。

从企业管理的角度来看，风险广泛存在于企业生产经营过程中，企业风险可以分为以下四种。

（一）经营风险

经营风险是指由于企业生产经营方面的不确定性而使企业收益产生变化的可能性。主要包括以下五个方面。

1. 生产风险

生产风险主要来源于生产过程中诸要素的不确定性。在生产过程中，企业所拥有的原材料、机器设备等经济资源的配置和使用，会随着生产经营的不断变化而进行调整，使企业预期收益具有不确定性。

2. 人力资源风险

人力资源风险是指在招聘、工作分析、职业计划、绩效考评、工作评估、薪金管理、福利、激励、员工培训、员工管理等人力资源管理的各个环节中产生的风险。

3. 市场营销风险

市场营销风险是指企业在开展市场营销活动的过程中，由于出现不利的环境因素而导致市场营销活动受损甚至失败的状态。企业在开展市场营销活动的过程中，必须分析市场营销可能出现的风险，并努力加以预防，制订控制措施和方案，最终实现企业的营销目标。

4. 新产品开发风险

新产品开发风险是指企业对新产品开发的内外环境不确定性估计不足或无法适应，或对新产品开发过程难以有效控制而造成新产品开发失败的可能。

5. 并购风险

并购风险是指由于企业并购所带来未来收益的不确定性，造成的未来实际收益与预期收益之间的偏差。

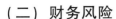

（二）财务风险

财务风险与企业资金的筹措、运用、管理以及安全密切相关。它是指企业在各项财务活动中由于各种难以预料或控制因素的影响，导致财务状况具有不确定性，从而使企业有蒙受损失的可能性。具体包括以下三个方面。

1. 筹资风险

筹资风险是指企业在筹资活动中由于资金供需市场、宏观经济环境的变化或筹资来源结构、币种结构、期限结构等因素而给企业财务成果带来的不确定性。

资金是企业生产经营活动的必备条件，任何企业在其创立、发展过程中都需要通过一定的渠道、方式来筹集所需资金。随着金融市场体系的不断完善，资金来源呈现多元化，筹资方式出现多样化。概括来说，不同的筹资方式包括债务筹资方式和股权筹资方式。在企业的债务筹资过程中，受固定利息负担和债务期限结构等因素的影响，若企业经营不佳，特别是投资收益率低于债务利息率时，可能产生不能按时还本付息破产的风险；在股权筹资过程中，企业通过发行股票方式吸收投资者投入的资金而形成企业的股权性资本。当企业投资收益不能满足投资者的收益目标时，投资者就会抛售公司股票，造成公司股价下跌。同时，也会使企业再筹资的难度加大，筹资成本上升。特别是在企业经营出现困难时，企业极易成为竞争对手的收购对象，从而面临被收购的风险。

2. 流动资产风险

流动资产风险是指企业资金流出与流入在时间上不一致所形成的风险。当企业的流动资产出现问题时，无法满足日常生产经营、投资活动的需要，或无法及时偿还到期的债务时，可能会导致企业生产经营陷入困境，收益下降，也可能给企业带来信用危机，使企业的形象和声誉遭受严重损害，最终陷入财务困境，甚至导致破产。

3. 投资风险

投资风险是指企业在投资活动中，受到各种难以预计或控制因素的影响给企业财务成果带来的不确定性，致使投资收益率达不到预期目标而产生的风险。通常，投资项目是决定企业收益和风险的首要因素，不同的投资项目往往具有不同的风险，包括对内投资项目风险和对外投资项目风险，它们对公司价值和公司风险的影响程度也不同。

（三）商业风险

商业风险是商业、法律和经济环境变化引发的企业风险，主要包括以下四个方面。

1. 信用风险

信用风险是指在商业活动当中，由于合同的另一方（简称对方）不能按照相关的合约、协议去履行相关的义务，从而可能给企业造成损失的风险。最简单的一个例子是银行贷款。根据贷款协议，企业必须按时付给银行利息和本金，如果企业不能及时做到这一点，银行就会面临损失，对银行来说这就是信用风险。对一般企业来说，一种典型的

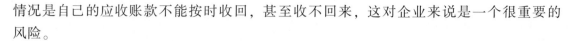

情况是自己的应收账款不能按时收回，甚至收不回来，这对企业来说是一个很重要的风险。

2. 市场（价格）风险

市场风险不是对方失约造成的，而是由于市场价格的波动，对企业造成的各种各样的风险。比如股价下跌，股票投资者会蒙受损失；企业的原材料采购成本会因为价格变化而受影响；企业的销售收入和利润则会因价格变动而起伏，这些不确定性就叫作市场风险。

3. 信誉风险

信誉风险和信用风险是两个不同的概念。信用风险是因为对方失信对企业造成的损失，而信誉风险则与企业自身的信誉和品牌有关系。因为企业自身的失误或经营意外，引起公众形象或者公司品牌受损就是信誉风险。

4. 法律风险

法律风险也包括两个层面的含义：一层含义是指公司在经营过程当中，因违反了法律所面临的风险；另一层含义则是指企业没有违法，但却面临着法律纠纷的风险。企业只要和对方发生业务关系，就难免会发生一些纠纷，这些纠纷不管责任在哪一方，都会对企业的利益产生影响，这就是法律风险。

（四）金融风险

1. 利率风险

利率风险是指企业由于利率波动而引起的对未来收益、资产或债务价值的波动性或不确定性所可能导致的损失。影响利率变动的因素有宏观经济环境、国家经济政策、借贷资金的供求状况、物价水平与预期通货膨胀、国际利率水平等。

2. 汇率风险

汇率风险又称外汇风险，是指经济主体在持有或运用外汇的经济活动中，因汇率波动而蒙受损失的可能性。影响汇率变动的因素有国际收支、通货膨胀、利率、外汇储备、经济增长率的差异、各国的宏观经济政策、市场预期政治因素等。

第二节 大学生新创企业可能遇到的风险

一、大学生创业企业初创期可能面临的风险

万事开头难。新创企业的生存阶段，即正式运营—收支平衡阶段，任何低估风险的

行为都可能使这个新生命夭折在摇篮当中。多数新创企业在生存阶段主要会遇到以下四方面风险。

（一）资金不足

创业资金不充分，或将过多的资金投在企业固定资产方面，致使处于起步阶段的新创企业缺乏流动资金，这将直接影响企业的生存和发展。

（二）管理不到位

新创企业刚起步，经营活动一齐发动，团队成员忙碌于各项事务性工作。此时，创业者极易疏忽管理和团队建设，陷入无序中的企业很难步入正轨。如果创业者自身能力有限，很可能导致新创企业出现混乱，难以生存。

（三）市场不乐观

市场对产品的需求量、接受时间、接受程度等均具有不确定性，如果在新创企业正式运营前，没有对市场做出准确调查，没有对市场做出准确的判断，高估了产品的市场前景，以致实际与预测销售额相差较大，那么，收不抵支状态的持续时间就会延长。例如，哈尔滨市某知名大学商业管理专业的大四学生刘小东等二人为了创业，从同学手里每人三百元、五百元地借到了 2 万元，一个月前从中央大街赛丽斯商场 6 楼"佳佳乐"快餐排档老板手里购买了其经营权并签订了转让合同。不料，接手后才发现赛丽斯商场 6 楼近期就要转项经营，"佳佳乐"快餐排档无法续约，等于花了 2 万元购买来的经营权只能"有效"一个月。刘小东在短短的二十来天里就赔了 4 000 多元。

（四）过于依赖支撑系统

很多创业者凭借当下丰富的政策资源，顺利设立了企业。为了生存，创业者还需要继续与政府相关管理部门、投资商、供应商、消费者等众多方面进行主动联系和沟通，并形成社会网络系统。一旦某一方面或者环节得不到相应的支持，就有可能使新创企业陷入困境。

二、大学生创业企业成长期可能面临的风险

当新创企业进入成长阶段，即收支平衡—巨额利润阶段，又会出现新的风险问题。这个阶段的风险一般体现在以下五个方面。

（一）管理机制不健全

进入成长阶段的新创企业已初具规模，创业者易被暂时性的成功蒙蔽，停滞不前。管理团队成员之间也容易出现分歧，很可能由于缺乏高效的管理团队，难以制定出适时

的发展战略和各项规章制度。

（二）市场机制不健全

新创企业发展到成长阶段，随着经营业务和规模的不断扩大，创业者的经营理念不能顺应趋势，缺乏市场洞察力，反馈滞后；创新能力弱，营销策略一成不变，导致用户粘度差。

（三）资源获取机制不健全

企业在不断成长过程中需要的资源会越来越多。由于资源匮乏，创业者难以平衡产品开发、技术升级、发展战略等相互之间的矛盾，不能及时解决问题。

（四）财务监管机制不健全

新创企业的融资计划往往具有严重的短期性，盲目引入投资人，丢失控制权；现金支出缺乏控制；为了获得盈利，盲目投资等。企业的财务监管机制跟不上发展的速度。

（五）决策机制不健全

创业者的发展思路不现实，超出自身实力，比如盲目追求多元化发展或扩大企业经营规模，不经全面论证改变经营方向和业务，采用先进但并不合适的营销策略等。这些都会给企业的成长埋下隐患。

三、大学生创业企业成熟期可能面临的风险

（一）保守而不思创新进取

成熟期创业企业因取得的成绩而不思进取，往往会使企业市场萎缩，逐渐失去竞争力。

1. 产生"小富即安、不思进取"的心理

当一个产品市场赢利有限的情况下，做到一定份额后再往上做，从企业付出的努力和获得的收益来讲是不划算的，这容易让企业产生"既然不划算，我们维持现状就可以了"的想法。企业在成熟期如果受到这样的困扰，下一步就容易陷入困顿甚至倒闭。

2. 进入成熟期的企业往往会对市场变化不敏感

进入成熟期的企业往往会对市场变化不敏感，不再像创业阶段那样捕捉到市场变化的蛛丝马迹，实际上可能会因此失去进一步成长的机会。

3. 缺乏创新精神

进入成熟期的企业或多或少在创新精神方面出现衰弱现象，创业的激情逐渐隐退。

在这样的条件下，如果市场发生变化，这个企业就容易被淘汰，再要恢复起来就比较困难了。

（二）盲目的产业多元化

已经取得的成绩会使创业者认为自己无所不能，出现盲目自信的现象，不断地拓展不相关的行业，为了扩张而扩张，忽视了对利润、现金流等更重要的财务指标，走入过分追求规模的误区，最终导致资金链断裂而走向破产。

与投资多元化一样，有些创业企业在成熟期盲目追求规模扩张，以抢占市场份额为主要目标。他们认为对企业发展和投资的控制会导致竞争对手抢先一步占据市场。但事实上，极少有成功的企业家认为在开始时就抢占大部分市场份额是至关重要的。像在临时服务、广告或公共关系（在这些行业里许多创业者找到了自己的市场）等成熟的服务行业里，无论早进入还是晚进入市场，想要取得统治地位是不可能的。即使是在高科技领域，先入优势也是非常短暂的。康柏率先进入 IBM 市场并没阻止后来像戴尔计算机和 AST 研究公司等白手起家的新公司的进入。同样文字处理软件市场上的领先者 Word Perfect 公司也并不在最早进入该市场的六家公司之列。

第三节　大学生创业企业在不同阶段对各类风险的综合管理

一、大学生创业企业初创期的风险管理

（一）加强对所开发技术配套生产设备的调查

对于技术风险，特别是新产品生产的不确定性，创业企业在开发、中试之初就应该对该技术所需配套设备和零配件有比较全面的调查，避免出现新技术与旧生产设备难以配套的现象，保证企业前期的研发投入能够得到可观的回报，并且能开发出适销对路的产品和服务满足消费者的需要。

（二）调整企业组织架构

以企业产品开发、中试成功为目标，调整企业组织架构。为了顺利实现新技术和新产品的中试成功，创业企业的组织架构应该与初创期的主要任务一致。这一时期，企业已有研究开发部、生产部门与市场营销部门的划分，但各职能部门都应该把开发出适销对路的产品看成是自己的职责。大家围绕这个目标，共同奋斗，密切配合。只要新产品还没有在市场上成功地销售出去，任何一个成员都不应该声称已经完成了自己的任务。所以，这时企业多采取一种单元组织的结构，即打破部门、学科的界限，将企业从事研

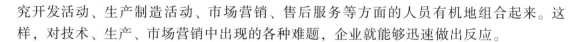

究开发活动、生产制造活动、市场营销、售后服务等方面的人员有机地组合起来。这样，对技术、生产、市场营销中出现的各种难题，企业就能够迅速做出反应。

(三) 加强与风险投资等相关机构的联系

在初创期由于资金收益不稳定，创业企业仍然难以获得风险投资公司的资金注入。但是初创期又是创业企业获得风险投资前的重要阶段，企业能够顺利渡过该阶段，创造良好的经营业绩，则获得风险投资的机会就大大增加。不仅如此，在这一阶段的良好表现可能还会为企业赢得银行的青睐，有些创业者就是通过与银行的频繁接触，在将企业良好运营状况的信息传递给银行的同时，也以低成本在银行建立了良好的信用记录，为以后从银行筹集债务资金奠定了坚实的基础。

二、大学生创业企业成长期的风险管理

(一) 创业者必须转变观念

这是最关键的一点。创业者应该认识到，尽管在创业企业的初创期，成长中的企业可以靠创业者的个人力量以及志同道合者来支撑，但到了创业企业快速发展阶段，这种方式就行不通了，必须采用现代企业的管理模式，才能使企业良好的运作。此外，创业者应该学会授权给下属，充分信任他们，以便将主要精力放在重大决策和处理难题上，而不是过多地消耗在企业管理的细枝末节上。

(二) 适当地转移工作重心

在成长期，创业企业应适时地将工作重点由工程技术转为经营管理。这并不是简单地否定前者的重要性；相反，它是在另一个更高的层面上促进工程技术的研究开发。对一个规模日益壮大的企业来说，只有良好的经营管理才能使企业的各项工作顺利进行，研究开发工作也才能更容易地得到资金、人才方面的充分支持。

(三) 稳定和储备人才

处于成长期的创业企业正值用人之际，企业不仅要引进各类人才，而且要千方百计地留住人才。对那些企业需要的高级管理人才或是掌握关键技术的特殊人才，更应采取特殊政策稳住他们。因此，这一阶段要集中做好紧缺骨干人才队伍的开拓建设和培养。此处的开拓建设是指贯彻"良将一名，胜似千军"的理念。通过用事业和重金双管齐下的方式，引进同行业相关企业骨干，充实到管理一线指挥作战。而培养主要指通过提拔自身企业内优秀员工，大胆使用，帮助和鼓励他们尽快成长。

(四) 提高核心岗位决策的正确性

由于处于快速成长阶段，不可避免存在经验的欠缺甚至没有经验可言，因此创业企

业在核心岗位人员配置时建议采用"AB 岗"的方式。"AB 岗"是指类似"书记 + 厂长"和"政委 + 司令"的方式，充分发挥"相互帮助、相互协调、相互监督、责任共担"的团结协作的长处，可以增强核心岗位决策和执行当中的正确性，避免风险的发生。

三、大学生创业企业成熟期的风险管理

（一）形成成熟的运营管理体系

创业时期的运营管理体系不能跟上发展需要，如果没有找到合适的管理模式，企业就会出大问题。实际上我们有很多的民营企业产权没有什么问题，机制也很灵活，往往就是栽在了这方面。很多企业最后成为"小老树"或者走向衰败就是因为这一关。

（二）突破创始人自身的成长瓶颈，在企业运营上不再靠个人英雄，而是靠职业化的团队

创业初期，一个英雄式的创业者尤其重要，他可能兼备冒险气质、人格魅力、对机会的敏感等成功所需要的素质。但如果企业要想实现基业长青，过分依赖创业者的个人英雄作用就不可靠了。这个时候企业的创业者必须能够突破个人局限，引导和推动企业走向制度的健全和文化的建立，用职业化管理团队来弥补创始人的个人局限，这是创业企业从创业期进入成熟期最难做好的一点。

（三）保证充沛的现金流

创业企业为了保持快速发展必须扩大规模，大部分企业就是在大规模扩展时，出现过度多元化现象，在诸多不相关的领域开展多元化，由于缺乏经验等原因，经常出现的结果是新涉足的行业不仅没有给企业带来盈利，还会不断蚕食企业原有利润，最终使资金链出现问题。因此，这个阶段一定要建立各种通畅的渠道，保证充沛现金流的供应。通过适度控制企业多元化的速度和规模、加强企业日常现金管理、改善与银行等重要资金来源的关系，为充足的现金流提供保障。

（四）要建立创业企业风险责任机制

与形成成熟的运营管理体系配套，创业企业还要在成熟期完善组织框架的基础上，逐步建立健全风险责任机制。创业企业风险责任机制是根据创业企业的风险控制规划和实施方案，确定相应的责任主体，做到风险管理工作责任到人，各司其职，各负其责。同时要建立和不断完善风险控制目标体系和风险报告制度。创业企业内部各风险管理运作主体要严格按照既定目标要求和具体标准从事相应的监控和管理。风险责任管理机制是有效控制风险的前提和保障。参照美国创业企业风险管理的组织设计，可以从以下几

个方面建立风险责任部分：项目分析调查部门、投融资决策委员会、投资执行部门、风险控制委员会、审计监察部门等，以内部严密的组织分置来控制风险。

创业企业由于其固有的特点长期面临巨大的风险，但是，只要企业领导人具有防微杜渐、居安思危的意识，并脚踏实地地建立和完善风险应对方案，就能临危不惧，不断防范和化解各个阶段各种不同类型的风险，最终实现创业企业"迎风而上，破浪前行"。

第四节　危机管理及企业危机的常见类型

一、危机管理的内涵

（一）危机与危机管理的基本概念

危机是一个会引起潜在负面影响的具有不确定性的事件，这种事件及其后果可能对组织及其员工、产品、资产、财务和声誉造成巨大的伤害。也有人说，企业危机泛指任何酿成企业在生产、运营、销售、财务、声誉等一个或数个方面受到沉重打击的事件。

危机管理是专门的管理科学，它是为了应对突发的危机事件，抗拒突发的灾难事变，尽量使损害降至最低点而建立的危机防范、处理体系和应对的措施。对一个企业而言，为了应对危机的出现以及减轻危机的负面影响在企业内建立防范和处理危机事件的体制和措施，则称为企业的危机管理。危机管理包括危机预防、危机处理和危机恢复管理。

一个企业在经营过程中，总有一些预想不到的事件发生，因此风险与危机是不可能完全避免的。企业要发展，就必然要面对形形色色的危险，有些危险难以预测，有些危险即使被企业预测到了，但是没有引起企业充分的注意，最后酿成危机并造成很严重的影响。危机管理就是要预测及预防这些危险事件，预测这些事件的影响，并且对这些影响做出相应的准备，防止这些事件的发生或者一旦这些事件不幸发生，企业也能因良好的危机处理能力而有的放矢，临危不乱。

（二）危机管理的重要性与意义

随着经济的全球化和大众传媒（包括自媒体）的快速发展，企业已经进入了一个危机多发的时代。企业的一个个意外或非意外的事件，经过网络和媒体的渲染，可以瞬间演变成一场广为传播的危机，并重创企业的声誉和运营。

1. 危机管理可以有效减少危机事件的发生

强有力的危机管理意识和危机管理制度可以帮助企业在危机事件发生前及早捕捉危

机发生的早期信号，识别可能诱发危机事件的各种因素，从而将危机事件消灭在萌芽状态，防止危机事件的爆发。

2. 危机管理可以有效帮助企业快速应对危机

管理危机好比医生给癌症患者治病，越早治疗，治疗效果会越好。快速应对不仅可以帮助减少危机传播范围，还可以降低危机后果的严重程度。

3. 危机管理可以有效减小危机造成的损害

重视危机管理，培养、造就企业管理者的危机决策技能、沟通技能、协调技能和解决危机能力，最终有利于减轻企业各类危机的损害程度。

二、企业危机的常见类型

具备危机意识是危机管理的前提，但不是全部。企业管理者必须具备危机管理的基本知识和方法，包括对可能出现的几大危机类型的了解。当然，危机分类的方法很多，也不统一。这里主要就企业常常遇到的危机进行简单分类。

（一）形象危机

错误的经营思想和方式、错误的管理理念和措施、企业领导或职工的不妥当或错误的言行，都会造成企业形象危机。形象危机看似是"面子"问题，实则为本质危机，可能会造成无形资产的巨大损失，从而严重削弱企业的经营、销售和盈利能力。企业形象是一个非常脆弱的东西，一个事件如若在社会上造成广泛的负面影响，可能会使企业的名誉扫地，难以翻身。

（二）经营决策危机

这是指企业决策者因为在生产经营方面的战略和策略的失误及管理不善造成的危机。这种危机是一种典型的"人祸"。一个耳熟能详的例子是巨人集团事件。当初巨人集团涉足房地产项目，建造巨人大厦，并一再盲目地增加层数，便隐含着经营决策危机。经营决策危机往往会给企业带来直接的利益损失，但外部影响较小。

（三）信誉危机

信誉危机是指企业的信誉下降，声誉受损，失去公众的信任和支持而造成的危机。从某种意义上说，市场经济就是一种信誉经济，在市场经济中，信誉是企业生存的基础，是企业竞争的有力武器。企业的良好信誉能激发员工士气，提高工作效率；能吸引和聚集人才，提高企业生产力；能增强金融机构贷款、股东投资的好感和信心；能以信誉形象细分市场，以形象力占领市场，提高企业利润；能提高和强化广告、公关和其他宣传效果。履行合同及企业对消费者的承诺是企业保持良好信誉的基础，应成为企业生

产经营的基本准则。失去公众的信任和支持往往意味着企业的衰落。

（四）媒介危机

由于媒介对企业的错误或恶意报道引发的企业危机称为媒介危机。媒介对企业和社会起着一种舆论监督作用，但是如果这种舆论监督出现偏差，可能会对企业造成难以估计的损失。即使企业诉诸法律，法律证明企业是无辜的，社会上的负面影响也难以消除。对于媒体有时候所做的道歉澄清等，很多人可能会认为是因为媒介迫于压力而不得已而为之。

第五节　企业的危机管理对策

一、企业的危机预防

（一）加强内外诊断

企业诊断是从繁杂的咨询服务中分离出来的，对企业经营活动进行全面诊断，提出改进方案，并负责指导其实现方案的应用科学工具。企业诊断分自我诊断和委托专家诊断，企业通常是将这两类诊断结合起来使用。

在快速变动的环境中，企业要有快速应变的团队来应对可能出现的危机。企业进行自我诊断是规避危机的好办法。其中，最核心的工作就是要注重前期的预警，首先要明确定义问题，再运用系统思考的方法来分析问题，不能采用"头痛医头、脚痛医脚"的方式，否则是治标不治本。

企业在平时的经营活动中，进行自我诊断时主要根据以下两点。

一是看结果与年度目标的差异，不论是达不到目标还是超额完成指标，如果差异大，那就要进行差异分析，看是什么原因造成的，从而采取相应措施。

二是针对不在计划之内的突发的事件、问题，主要采取的解决方式是用"5W1H"模式来探讨和分析情况，并着手解决。5W1H分析法也称六何分析法，是一种思考方法，也可以说是一种创造技法，是对选定的项目、工序或操作，都要从原因（why）、对象（what）、地点（where）、时间（when）、人员（who）、方法（how）六个方面提出问题进行思考。

有时，自我诊断可能进入这样的误区，即把问题的现象当作一种问题，而没有真正去了解发生的根本原因，没有用系统的方法去看问题。很多时候，企业自己既是病人又充当医生，这就容易产生"误诊"。因此当企业觉得"身体不适"时，尤其是情况较为严重时，应当聘请外部的诊断机构、咨询机构来为自己诊断。企业诊断通常包括三个阶段：一是对企业经营状况进行调查研究；二是提出改善企业经营的具体方案；三是指导企业实施诊断方案。

（二）建立预警系统

市场是变化的，但也是有规律的，一切在变化之前肯定有前兆，企业危机信息系统就是要求公司在历史数据及市场客观判断的基础上，对未来市场做出预测和分析。具体就是要通过各种信息收集、分析、总结，得出相关企业运行体系的情况分析报表，理想的状态应该是责任部门每周都有相关的分析报告上交给公司高层管理人员，以使他们做到及时掌握最新情况和生产运作情况。

危机信息系统可以使公司战略根据环境的变化进行适当的调整，避免因重大环境因素发生改变对公司造成的影响。公司必须建立危机预警机制，对可能发生的问题提出预警，使管理层能在情况变得无可挽回之前采取措施加以改进。信息系统在危机管理中的主要作用之一就是反应机制，在出现危机时，企业的反应速度是决定危机解决效果的最重要因素，往往危机管理失败的主要原因就是企业没有灵活有效的危机反应速度而导致失去控制危机的最佳时机。

（三）加强员工凝聚力

面对同样的危机，有的公司是"同仇敌忾"，员工和领导一起面对，而有的公司却是"树倒猢狲散"，这就是企业文化在危机管理中的体现。如果在企业文化中没有凝聚人心的文化导向，一旦发生危机，并不是危机使企业倒下，而是自己让自己倒下了。

（四）加强内部控制

控制就是检查企业日常工作是否按既定的计划、标准和方法进行，发现偏差，分析原因，进行纠正，以确保组织目标的实现。

内部控制一般分为六个步骤：限定控制的范围，即把什么列入控制的目标；识别所要测量的信息类别，即明确控制的几个关键元素；确定控制的标准；数据和信息的收集；衡量绩效，控制未来的绩效；诊断与更正。

对于新创企业，要特别注意对以下三方面的内部控制：成本控制、业务流程控制和风险控制。企业成本控制的重要性不言而喻，一般公司都比较注意；对于业务流程控制，一般而言，一家公司最好能有效掌握 5～10 个最具代表性的业务运作流程，一个重要流程通常是跨部门的，有产品、客户服务、销售、供应、财务等活动，流程控制的目的是要确保员工在思考、设计及执行相关活动时，一律以某个流程为依据，这样就不至于有大的偏差；对风险的控制，企业往往容易忽略，因而应当引起高度重视。

二、企业的危机处理

企业在遵守上述危机化解原则的同时，还须按照合理的程序来化解危机事件，方可做到临危不乱，张弛有道。一般来说，危机化解应按如下程序进行。

（一）听取危机事件报告及评估

危机事件的发生往往十分突然而且来势汹汹，此时，企业最高负责人应保持头脑冷静，首要的事便是召集企业高层听取关于危机事件的报告。报告应由一线员工或亲历员工汇报，力求准确、全面、详尽、客观。不能对危机事件的重要细节隐而不报，且必须站在客观的立场进行报告。因为汇报人在汇报时往往会有意无意地为自己或为公司开脱责任，隐瞒一些可能涉及自己或公司责任的事实或情节，从而影响对危机事件的全面、正确评估。最高负责人和高层人员听完汇报之后，必须在最短的时间内对危机事件的发展趋势、对公司可能带来的影响和后果、公司能够和可以采取的应对措施、对危机事件的处理方针以及人员、资源保障等重大事情做出初步的评估和决策。

（二）组建危机处理小组

当企业最高负责人对危机事件做出了初步评估和决策之后，紧接着的工作便是成立危机处理小组。危机处理小组的职权应为处理危机事件的最高权力机构和协调机构，有权调动公司的所有资源，有权独立代表公司做出任何妥协、承诺或声明。

在一般情况下，危机处理小组应由企业最高负责人担任小组负责人。小组的其他成员至少应包括公司法律顾问、公关顾问、管理顾问、业务负责人、行政负责人、人力资源负责人和小组秘书及后勤人员。

（三）制订危机处理计划，全面调配物质资源

危机小组成立之后，首要的工作便是根据现有的资料和情报以及企业拥有的可支配的资源来制订危机处理计划。计划必须体现出危机处理目标、程序、人员及分工、后勤保障和行动时间表，以及各个阶段要实现的目标。其中还必须包括社会资源的调动和支配，费用控制和实施责任人及其目标。计划制订完成并获通过后，策应小组应立即开始进行物质资源调配和准备，而核心小组成员则要立即奔赴危机事件现场，展开全面的危机处理行动。

（四）危机化解

核心小组在到达危机事件现场后，需首先进行事件的了解和核实，发现是否有与汇报不符的事实和情节，如有，则须立即进行针对性的调整危机处理计划，如无，则按原计划进行。危机处理根据危机事件的性质和情况不同，一般按如下方式进行处理。

第一，如果危机事件尚未被媒体曝光，则必须控制事件的影响。在对事件进行充分调查了解的基础上，根据法律和公理，果断做出处理决定。在这一阶段，企业可以在合理合法的前提下，适当让步，争取牺牲小利换来事件的快速处理，以免事态进一步恶化带来的无法控制的局面和企业声誉受损。但同时需要注意的是，在该阶段的处理方案中，必须包括对危机事件另一方的保密责任和违约责任进行严格的规定，以防其事后反悔，从而导致企业被动。

第二，如果危机事件已由媒体公开并已造成广泛影响，则危机处理应将重点转到媒体公关上。当然，对危机事件本身的处理也须尽快完成。对媒体的公关，主要方式是让媒体了解事实真相，引导其客观公正地报道和评价事件。与此同时，危机处理小组还需通过法律专家和顾问，向危机事件的另一方施加法律行动的压力，迫使其承认过错，承担责任，达成解决方案。

第三，危机处理小组在通过引导媒体进行事件报道的同时，需对企业的经营状况、业绩、产品和服务的特色以及企业文化等进行广泛的宣传，让关注事件的公众更多地了解企业和认同企业。在必要的情况下，还可以对企业的发展战略和经营计划进行适当的介绍，或是对与危机有关的企业产品或服务进行详细的介绍和说明，以期引起舆论的关注和兴趣。这就是所谓的利用危机，化危为机，将坏事变成好事。

（五）汇报结果，总结经验教训

危机事件解决方案的达成和实施，并不意味着危机处理过程的结束。对企业来说，最为重要的危机处理环节便是总结经验教训。这个环节之所以如此重要，是因为企业可以从这个环节中发现企业经营管理中存在的问题，并且有针对性地进行改进和提高。

第一，在危机处理过程中，企业往往会发现一些平时未能发现的问题，特别是与引发危机事件有关的问题。这些问题中有些是偶然的，有些是制度性的，有些则是人为造成的。随着对危机事件的处理，这些问题也逐渐暴露出来，而且还会引发一些与之相关联的或者本身虽然与危机事件无关但也很重要的问题。企业可以通过对暴露出来的问题做出分析，进行必要的改革和调整，从而避免企业犯类似的或更大的错误。

第二，在危机处理过程中，企业也会发现一些平时未能发现的长处，或是未能发现的资源。这样的发现将有利于企业将这部分资源进行有效的利用，或将这部分长处进行进一步强化，突出其重要性。

第三，企业还可以通过危机处理积累包括危机处理经验在内的各种经验，建立起一些平时没有机会建立起的社会关系资源，如媒体关系、政府关系或是与消费者的互信关系。

第四，还可以通过危机处理对企业进行广泛的正面宣传，扩大企业的社会影响，提升企业的知名度和美誉度，从而积累企业的品牌资源。

三、企业的危机恢复管理

危机过后，修复危机造成的硬伤，即物质损害，修补重建设施、维护更新设备，是危机恢复的必要环节，但并非危机恢复的全部。危机的侵犯对企业的美誉度和品牌也可能造成重大损害，降低社会公众和客户对企业的信任，伤害员工对企业的感情和信心。危机爆发之后，如何尽快消除危机的影响，使企业从硬件和软件两方面恢复到危机之前的正常状态，对企业的可持续发展至关重要。

(一) 团队和人员的恢复

危机通常会打击员工士气，降低员工对组织的信任。在这种时候安抚员工、增强员工的信心和自豪感，恢复员工对组织的信任，是企业尽快恢复正常的生产经营秩序的重要举措。此外，在企业因为危机而资产缩水、经营困难、财务窘迫、声誉受损的时候，也容易出现人才的流失。此时，稳定军心和员工队伍，尤其是留住核心人才，尤为重要。

(二) 生产和市场的恢复

恢复正常的生产、经营秩序，夺回企业因危机而丢失的市场份额，是企业危机后恢复和重建工作的重要诉求。显然，危机过后，企业的运营活动停顿越久，企业的损失一般也越大。因此，企业必须依照恢复生产经营活动的需要，依据各项恢复内容的轻重缓急，合理分配财力和人力以修补危机带来的有形和无形伤害，尽快恢复企业正常运营，力争以较快的速度重新获得因危机而失去的市场。当然，恢复并非简单地重回过去，企业完全可以合理利用危机恢复的契机，对受到危机破坏，但本已落后的生产设施和生产流程加以更新，对存在问题的产品加以改良和升级。

(三) 形象和声誉重建

危机对企业的口碑和形象多多少少会产生各种各样的负面影响，使企业的形象、品牌和声誉受损。一个企业的声誉和品牌是其最重要的无形资产，在危机之后进行声誉重建、恢复客户的信任和其无形资产的价值，就显得格外重要。

一般来说，公司可以采取如下措施进行对外公关和重塑形象：将对公司可能造成的不良影响列成表格，根据不同对象、程度、方面进行具体分析，并制定有效应对策略。

第十二章 提高大学生创业成功率的思考

第一节 加强创业教育

一、我国大学生创业教育现状

(一) 学校层面

1. 创业教育理念不到位

高校在人才培养、教育教学改革中，还没有真正把创业教育的理念贯穿到实际工作中，创业教育作为"第三本护照"还没有真正深入人心，没有真正担当起创业教育的使命，表现在就业指导方面，贯穿着"先就业—再择业—后创业"的思想，把创业教育作为就业指导的一部分，视创业为就业的补充途径。以创业带动就业的认识不足，甚至有些学校把考研、考公务员、进事业单位、进国企单位作为衡量学生是否成功就业的硬指标，高校对创业教育缺乏明确的认识。我国高校无论是学生还是教师，对创业教育的必要性和重要性理性认识尚未形成，其教育活动局限停留在实务层面，创业教育主要局限于指导学生自主设计、创办、经营企业、科技公司，还处在一种为大学生就业找出路的阶段，从而对大学生创业教育不愿投入更多的人力、物力和财力，创业文化氛围没有真正形成。

2. 创业教育定位不到位

创业教育不仅是一种生存教育，更是一种高层次的素质教育、全面发展的教育和健全人格的教育。但从目前高校创业教育的实际来看，还没有把创业教育纳入人才培养的教育教学体系之中，只是开设了以必修或选修课为形式的专业课程之外的课程。把创业教育目标误认为是培养企业家、帮助学生创办公司，存在功利主义倾向。

3. 创业教育课程设置不合理

与国外高校创业教育的课程设置比较，我国高校创业教育课程体系化建设较薄弱，创业教育的培养流于形式，主要处于学生基础能力和创业相关活动的基础阶段。突出表现在课程安排缺乏针对性和操作性。部分院校开设的创业教育课程只针对管理学院、工商学院等与经济较为紧密的学院的学生，很难向全校学生开放。部分高校根本没有开设专门的创业教育课程，一些学校仅仅通过专题讲座或者职业生涯规划简单讲授，还有一些学校虽然开设了相应的创业教育课程，但是教学方式落后，方法单一，重讲授轻指导，重理论轻实践，重形式轻内容。在课型设置上，很多学校把创业方面的课程设置为选修课。在课程安排上，不少高校将创业课定位为"公共基础课程"或者是就业指导课，停留在知识的介绍或者就业思路的拓展等表层。在教学内容上，很多学校又把创业课和不少专业课"一视同仁"，把大学生创业教育当成单纯的理论教学。

4. 创业教育师资不足

创业教育是一门跨学科的综合性较强的学科，对创业教师的要求很高。但实际上，很多高校并没有专门的创业教育服务机构，创业教育指导教师有可能是就业指导师、职业生涯规划师、心理咨询师，或者干脆就是学生辅导员或者行政人员，身兼多职现象比较多，职责不清，管理不到位。另外，无论是教学人员还是管理人员，从事创业教育指导，都缺乏创办企业的实战经验，这导致学生系统学习创业教育知识不透彻，创业思维不能有效得以训练，也不能在专业领域进一步拓展学生的创业能力。虽然一些高校经常举办由企业家或成功的创业者担任客座教师的讲座，但由于缺乏完善的组织协调、资金支持、制度保障，加之这些客座教师虽实践经验丰富却缺乏教学经验，教学效果很不理想。

5. 创业教育实践不够

从目前的高校创业教育的开展情况来看，创业教育实践主要是通过创业计划竞赛、创业论坛、创业讲座、创业园、开放性实验室、创业社团等方式展开的，一些高校也建立了大学生创业实践基地。但这些途径只能满足一部分学生参加，还不能满足全体创业需求学生的需求愿望。多数学校没有搭建大学生创业实践教育平台，缺乏像国外那样的校企合作，即使有企业实习，也很少真正接触到企业、创办企业式的实践。各地政府所创办的高新技术工业园区、创业园区，"门槛"较高，使还在校门内或者是刚刚走出校门的大学生无法进入。

6. 创业教育评价体系不合理

创业教育质量评价是创业教育工作评价的重要内容，它不仅是对"教育质量"的必不可少的价值判断，也是对"教育条件""教育管理"运行状况的重要检验。目前我国大部分高校在开展创业教育时，由于缺少科学完备的配套措施，在创业教育的评估与监督体系方面存在空白。

（二）学生层面

1. 对创业教育认识不足

随着创业时代的到来，大学生对创业有了一定的认识，但真正付诸行动的很少。主要原因在于大学生不能真正地认识和理解创业的内涵，有些大学生过于信奉"实践出真知"，认为只有在实践中才能积累创业知识和创业经验，并不重视学校的创业教育。还有一些大学生则信赖"网络"，比较排斥学校的创业教育，积极性不高，不能认真对待。高校学生普遍认为创业是毕业后没有找到合适工作的无奈之举。目前，许多高校学生将创业教育狭隘地理解为自己去当老板建立新企业，并没有把创业教育看作提升自身综合能力和素质的有效途径。

2. 创业资金和场地落实不足

创业资金和场地是大学生自主创业的根本保障。目前解决学生创业实践的资金主要有政府设立的创业基金、民营企业家设立的投资风险基金以及学校设立的创业基金。目前，这类基金不是很多，并且设立的门槛也很高，学生很难获得。少数重点院校和地方政府设立了大学生创业实践资金，但示范作用十分有限。

（三）社会层面

1. 社会对创业教育认识有偏差

我国曾实行高校毕业生"包分配"制度，这种制度存在的"铁饭碗"思想至今影响着人们，社会上普遍认为找份稳定的工作就意味着体面、有社会地位、薪酬丰厚，而创业是没出息的表现。很多人认为大学生创业是学习不好、找不到工作，不得已而为之。新闻媒体对大学生创业不认同、不支持甚至带着怀疑态度。

2. 政策法规体系不完善

政府虽然也制定了相应的法律法规和政策，但是由于我国经济体制刚刚开始转轨，这方面的法规政策建设又长期处于空白状态，有关创业教育的法律法规明显不够完善。目前我国政府尚未出台相关政策来发展大学生创业教育，如开发新课程、提出新理论、更新旧观念等，也没有为大学生提供筹集或投入资金的"绿色通道"，在开展创业教育的制度建设方面也比较落后等。

3. 企业参与创业教育积极性不高

我国企业与学校合作培养大学生创业能力的积极性不是很高，一是由于目前创业的大学生数量不多，而且创业成功的比率也比较小；二是由于国家对企业扶持大学生创业的优惠政策不能吸引企业注入资金，支持大学生创业；三是校企合作深度和广度不够，不能对大学生创业和创业成功起到更好的作用。

4. 国家创业环境不佳

大学生创业教育的发展和推进，还需要社会各方面的整体支持与共同努力，共同营造浓厚的创业教育氛围。目前，我国在金融政策、财政支持、政府项目、研究开发转移、商务环境和文化与社会规范等方面均处于劣势。因此，在社会资源的分配和支配上，我国的大学生创业所需的社会资源与配套服务还相当不健全，政策扶持与支持力度不够。

（四）家庭层面

长期以来，我国存在重义轻利、儒家中庸等思想，导致很多家长认为孩子理想的工作是公务员、事业单位或者国企单位的工作。许多家长不鼓励、不支持甚至极力反对大学生创业，他们认为创业太辛苦，创业的风险大于就业的风险，"稳定"才是生存之道。还有一部分家长认为只有找不到工作的人才去创业，因此极力反对大学生创业，更不会为大学生创业教育提供支持。

二、加强大学生创业教育的对策

大学生创业教育是一项长期的系统工程，就目前情况来看，创业教育仍需继续加强研究和探索，不断提升大学生创业教育的针对性和实效性。

（一）全员树立创业教育新理念

创业教育是一种新的教育观念，不但体现和丰富了素质教育的内涵，而且突出了对学生实际能力的培养和教育的创新。事实证明，教育改革与发展都是以教育理念创新为先导的。大学生创业教育是新时代中国特色社会主义现代化建设的发展需求，高等教育的改革必须更新教育观念，转变教育思想，改变传统教育模式，主动适应国家经济社会发展的需要。对此，应做到以下三点：

第一，要转变教育理念。高校要确立以培养创业意识、创业精神和创业能力为目的的创业教育理念，把这一全新的教育理念贯穿于高等教育教学改革与发展的全过程。

第二，转变就业观念。创业教育关键的问题是改革以传授知识为主、以就业为导向的传统教育模式，全面推进高校机制创新。高校及学生要由注重具体学科知识的传授向注重培养科学思维方法和创新精神、创业意识方向转变；要由注重机械记忆向注重培养学生创业素质的方向转变；要由注重考试分数、"就业导向型"向注重培养学生企业家精神，培养提高创新创业能力，毕业后既能就业又能创造就业岗位的"创业导向型"方向转变。

第三，全社会营造创业的良好氛围。社会应通过新闻媒介、政府相关部门的大力倡导、宣传创业政策、创业典型，开展创业培训，开设创业讲堂，评选创业先锋等，开阔民众的眼界，削弱公众对创业风险的盲目畏惧以及对创业的抵触情绪、歧视心理。

（二）科学构建创业教育教学新体系

科学构建创业教育教学体系，可以为社会造就更多的创新型创业人才。对此，高校应该做到以下几点。

第一，优化创业师资队伍。创业教育教学活动中，教师是创业教育的引导者，是创业教育质量的关键所在。高校要化解其师资力量结构性矛盾，必须优化创业教师队伍建设。首先，积极推进人事制度改革创新，以培养和引进两种方式进行高层次、高水平师资队伍建设，多措并举，建设一支思想素质高、数量优化、业务精湛、结构合理，能够满足学生创新需要的稳定的教师队伍；其次，借助外力，建立创业导师库。聘请政府经济部门专家、成功企业家、孵化器管理专家、创业投资者和外校较为知名的创业教育教师等校外各领域专家组建创业导师库，开展创业教育和实践指导。

第二，完善课程设置与教学方法。对此，要科学合理地设计课程体系。创业教育课程应包括理论课程和实践课程两部分，将理论课程与实践课程有机结合；推进创业教育与专业教育的融合；实行创业教育学分制；改进教学方法，增强教学效果。创业教育课程多属于综合性、创新性较强的课程，教师在讲授时应根据其特点，采用讨论式、问题式、探究式、案例式、启发式、小组式、模拟实践等方法，充分调动学生参与的积极性，激发学生的创业意识、创业灵感、创业精神，培养学生的团队精神，增强学生自信心。

第三，加强创业教育实践活动。创业教育不仅重视创业理论知识的传授，更应重视创业实践能力的培养。为此，一是建立创业教育实践基地，通过校企合作、创业园等平台，使大学生有机会参与企业创业的过程。以项目化运作的方式，增强创业实践能力。通过创业平台，帮助大学生寻找创业机会、提供启动资金、攻克创业难题。二是成立大学生创业指导中心，搭建创业实践服务平台，为大学生创业者提供创业政策、资金等信息的服务。三是通过形式多样的第二课堂创业实践活动，加强创业教育指导。鼓励学生组建各种创业团队、创业社团，通过开展电子商务的创意和策划、学术研究的申报、法律金融实践的模拟、创业计划大赛等活动形成以专业为依托，以项目和创业社团委组织的创业实践群体，使各科学生在日常一些实践活动中为将来的创业活动积累经验。

第四，加强创业教育理论研究。对于创业教育而言，专业化、系统化、科学化的理论才能更好地指导实践。因此，一方面，高校应当通过对比国内外高等学校创业教育教学的工作，加强自身教学理论的研究；另一方面，高校也应当提高创业教育的科研水平，构建完整的创业教育理论体系，为国内高校创业教育的开展提供理论指导。

除上述四点外，还应分层分类开展创业教育，增强教育的针对性；建立创业教育评价体系，推行创业教育认证制度；营造浓厚的校园创业文化氛围等。

（三）建立大学生创业教育社会保障体系

大学生创业教育的开展需要整合多方面的资源，得到社会各界的支持和配合。高校应充分运用各类社会资源，以高校为主体，形成政府—高校—企业—社会"四位一体"的良性互动，共同推进创业教育的有效实施，形成政策扶持、高校支持、企业资助、社会保障的互动模式，为大学生自主创业提供全方位支持。

第二节 强化大学生创业训练与实践

一、大学生创业训练

（一）创业训练途径

第一，加入大学社团。学校社团的任何一项活动，从策划到最后实现是个综合过程，可锻炼组织、协作、资源利用等能力。这是锻炼综合能力最基本的途径，特别是一些社团的"外联部"。在大学里面，很多的活动都要用到很多资金。活动能否顺利举办，就是要看"外联部"的交际能力。

第二，利用大学课余和寒暑假打工得到实践锻炼。现在社会给大学生提供的打工机会很多，利用打工可充分锻炼自己的综合能力。市场调研、销售、组织、人力资源管理、财务管理、物流管理等各方面能力都可以在打工的过程中或多或少地得到锻炼。大学生打工的工作内容往往都是很烦琐的或者重复性强，但不能小看这些工作。例如，做销售的过程，大学生可以观察消费者的消费能力、消费观点、对公司产品及市场相关产品的评价等，掌握市场消息、预测市场需求。如果担任市场销售的学生团队领导，还可以借机向公司相关销售人员讨教经验，申请到生产现场参观等。以后，若从事相关的项目创业，在市场方面便有了对照和参考。

第三，参与创新创业训练项目获取实践经验。参与学校创新创业训练项目，有更多接触项目导师的机会。项目导师跟社会的接触往往很紧密，在导师那里能学到很多实践经验。

第四，毕业后在企业实际锻炼。企业就是个实际创业团队。在这个团队里，锻炼能力积累经验都是可取的。但在企业里，要想独立创业，还需要善于发现全新的创业点子，或在所在企业市场空白处找到创业契机，或自己组建的团队高于所在企业的团队，那么独立创业才会有成功的把握。

创业不是一蹴而就的，大学生创业不能只有一腔热情，更需要的是自己去学习很多东西，去掌握新的技巧，以有效地规避风险，更好地走出创业之路。

（二）创业训练方向的把握

对于没有任何经验的大学生来说，找准自主创业的方向极为重要。结合目前的社会实际情况，大学生要想创业成功，须把握好以下四个创业方向。

1. 高科技领域

身处高新科技前沿阵地的大学生，在这一领域创业有着"近水楼台先得月"的优势，但并非所有的大学生都适合在高科技领域创业。一般来说，技术功底深厚、学科成绩出类拔萃的大学生才有成功的希望。有意在这一领域创业的大学生，可积极参加各类创业大赛，获得脱颖而出的机会，以期吸引风险投资。

2. 智力服务领域

智力是大学生创业最先掌握的资本，因此在智力服务领域创业，大学生游刃有余。例如，教育机构领域就非常适合大学生创业，特别是师范专业的大学生。智力服务也是大学生勤工俭学的传统渠道，可以积累丰富的经验。另外，大学生可以充分利用高校教育资源，更容易成功。智力服务创业项目成本一般也较低，有一张桌子、一部电话便可开业。

3. 连锁加盟领域

在相同的经营领域中，个人创业的成功率要远低于加盟创业。对创业资源十分有限的大学生来说，借助连锁加盟的品牌、技术、营销、设备等优势，可以以较少的投资、较低的门槛实现自主创业。但连锁加盟并非"零风险"，对于涉世不深的大学生而言，选择加盟项目时更应注意规避风险。一般来说，大学生创业者资金实力较弱，适合选择启动资金不多、人手配备要求不高的加盟项目。

4. 开店

大学生开店，一方面可充分利用高校的学生顾客资源；另一方面，由于熟悉同龄人的消费习惯，入门较为容易。走"学生路线"，要靠价廉物美来吸引顾客。此外，由于大学生资金有限，不可能选择热闹地段的店面，因此推广工作尤为重要。

（三）创业训练项目的选择

大学生选择创业训练项目，要从需求入手，选定行业和产品，项目要"短、平、快"，着眼实际，要学会销售。

1. 从需求入手

大学生创业要注意日常生活需求"量"很大的项目，只有需求量大，项目才具有持久性。"高端"需求项目的产品利润会很大，但是销售时间太长、产品淘汰期长、资金流动慢，不适合刚开始创业的大学生。还要注意一点，要杜绝做"引领或培育市场、观念的项目"。这些不是处于起步阶段的大学生创业者要做的，也不是容易做到的。

2. 选定行业和产品

依据行业发展的前景、自己本身的兴趣、专长、过去相关的经验、行业竞争性等因素，加以评估考虑，看自己适合从事哪种行业，依据自己准备的资金，先初步筛选可以投入的行业。

3. 项目要"短、平、快"

"短"就是运作时间短，投资少；"平"就是项目要针对平常人的需求；"快"就是资金流通要快，如代理。产品的核心技术要能操作、把握住。

4. 着眼实际

如果一开始就想投入几百万元，通常很容易失败。大学生应该从虚拟做起，先干起来，而且网络上创业投资比较小，即使不成功，损失也比较小。

5. 要学会销售

想创业要从销售开始。大学生创业者可以不懂管理，但一定要懂销售，要会推销自己、推销自己的产品，需有销售的意识和具备销售的技巧。

（四）创业训练项目的选题范围

创业训练项目选题可来源于以下四个方向。

（1）你先期已经完成的创新训练项目。

（2）其他有关的实验成果、设计、创意、发明等项目。

（3）基于你对社会生活的调查研究所发现的问题，而且问题可以转化为你的创业项目。

（4）结合专业的各类实践项目。例如，音乐器乐专业的大学生，针对学生、成年人的器乐培训就是一个很好的创业项目。

二、大学生创业实践

（一）创业前准备

创业前，做好充足的准备非常重要。想要创业成功，需要做以下七方面的准备。

1. 咨询创业顾问

在创业之前，应该先就请教专业的创业咨询机构或顾问。如果条件允许，可以咨询坊间的创业企管顾问，也可以选择一些免费的咨询机构，如协会及政府机构。

2. 撰写创业企划书

通过企划书的撰写，不仅可以让自己更清楚地知道计划是否完整周密。同时，找人投资入股、申请青年创业贷款，也必须附上企划书。

3. 筹措资金

当创业者的创业资金不足时，除了可以向亲友借贷，还可以设法寻求政府的相关贷款。这些途径包括青年创业贷款、下岗贷款、微型企业创业贷款，以及须具备特定身份的身心障碍创业贷款、特殊境遇妇女创业贷款、农村青年创业贷款，还有由部分银行所推出的加盟创业贷款。

4. 学习经营技术

如果选择连锁加盟店，有总部的技术移转教育训练。但如果是自行创业，就必须自己想办法学习。就学习途径而言，如果只在补习班学会相关技术还是不够的，还缺乏店面临场的实战经验。所以在自己开店之前，最好先到相同的店中工作，一是学习经营技术及实战经验；二是考验自己适不适合这个行业。

5. 评估商圈

地点的选择对日后店面的营运好坏影响很大，所以一定要找个商圈位置好的地点。一般而言，做商圈评估应包括商圈属性、店面大小、楼房、周遭设施、附近的竞争店及互补店、租金多寡、合法证照取得难易度、马路宽度、发展前景（商圈变化）等因素。

6. 与房东签约

与房东签约不能太早，必须待前面几项步骤都完成后才能进行。因为，一旦与房东签约之后，就开始支付房租，自然就会有时间压力。在与房东签约时，租期最好不要太短，租期以 3~4 年较为理想。当然，如果是选择连锁加盟店，则租期不能短于加盟期限。

7. 申请营业证照

在营业之前，必须先办理相关证照。除了营业证照的申请办理外，如果想要自己店所挂的招牌能为自己专用，就还必须向工商局申请服务商标注册。如果店门口所挂的招牌名称，除了名称文字或图样，还有自己特殊的设计，这种属于非商品类的文字及图像，称之为服务商标。这与自己所申请的公司或商号是两码事，二者名称可能不同。

（二）创业要注意的细节与风险问题

1. 细节问题

创业是一项庞大的工程，涉及融资、选项、选址、营销等诸多方面，因此创业前，一定要进行细致的准备。根据自己的实际情况选择合适的创业项目，为创业开一个好头。

政府部门有很多鼓励创业的政策，是对大学生创业的鼓励和支持，创业时一定要注意"用足"这些政策，如免税优惠、在某地注册企业可享受比其他地区更优惠的税率等。

第一步的成功靠的也许是创意好、时机合适、运气不错和良好的业务关系。不过，这一切随时都可能消失，因此不要太过自信，盲目地投入过量的资金，使自己陷入泥沼之中。

2. 风险问题

创业风险与其他事件的风险相比，其特点是创业风险发生的链条长。从项目选择、资金筹措、团队组建、产品生产、市场开拓以及企业发展等，战线长、变数大，任何一个环节都有可能存在风险。但成功的创业者是有计划地冒风险，这就要求创业者在创业的过程中要学会规避风险、转移风险、补偿风险、抑制风险、评价风险、预测风险和管理风险。

第三节　优化创业激励政策环境

一、优化以公共资源为基础的资本支持体系

优化以公共资源为基础的资本支持体系，需要加强以公共资金为主的支持政策，强化政策类基金的投资引导功能，促进创业投资产业的发展与壮大，开辟有效的市场退出渠道。

（一）加强以公共资金为主的支持政策

资金在大学生创业者进入过程中具有关键性的意义，在这种情况下就更需要公共资金发挥作用，公共资金的支持将直接改善大学生创业者在进入过程中所拥有的资本资源禀赋，而有利于激励更多的进入行为发生。在具体支持方式上，基于公共资金的有限性和激励效果考虑，无偿资助应该只作为其中的方式之一，还应该综合使用有偿资助、低息贷款、贷款贴息等方式，无偿资助也可以更多地以小额资助方式为主。对于部分市场前景稳定、预期收益较好的创业项目，也可以以公共资金为权益资本金的方式进行投入。

（二）强化政策类基金的投资引导功能

政府通过设立专门基金的形式，将包括公共资金在内的各类资金注入大学生创业者的创业活动，以形成对大学生创业者的激励。这种政策类基金对于大学生创业者进入活动的金融支持，既有直接性，即直接的资金资助；也有引导功能，通过对于大学生创业者的直接资助带动和吸引来自金融机构、风险投资机构、企业和地方政府的投资资金，以形成共同支持的投资机制，政策类基金在此过程中因而具有了放大效应。因此，在设计和促进对创业活动的金融支持方面，公共政策更应该考虑综合性和系统性。一个可行的途径是将政策性资金的运作与金融支持政策的设计结合起来。通常情况下，能够获得基金支持的大学生创业者，表明其创业项目前景被看好，且其质量、预期收益都得到了一定程度的认可，因而可以鼓励传统金融机构在对这些项目的贷款审核方面进行适当的放松，加大投资力度。另外，我国大学生创业者进入活动的资金来源渠道还包括天使投资者、创业者关系网络等非正式投资。政策类基金在支持大学生创业者进入活动的过程中，也可以考虑将这部分投资者纳入引导的范畴。这就形成在政策类基金支持的引导下大学生创业者进入活动筹集金融资源放大的效应。

（三）促进创业投资产业的发展与壮大

从许多国家推进创业活动的公共政策实践来看，创业资本产业在支持创业活动的过程中都发挥了巨大的作用，因而我国在激励大学生选择从事创业活动的过程中，也需要重视创业投资产业的发展与壮大。过去，由于我国的法律不允许设立有限合伙制，使创业投资机构面临着双重征税的问题，一定程度上制约了创业投资产业的发展。《中华人民共和国合伙企业法》的修改，增加了有限合伙制度、有限责任合伙制度，明确法人可以参与合伙，有效地解决了创业投资的市场准入和双重征税问题。

创业投资引导机制的形成、创业投资引导基金的设立，既可以发挥政府在创业投资产业发展中的引导和鼓励作用，也可以扩大创业投资资金的来源，这将有力地促进创业投资产业的发展与壮大，从而对大学生创业者的创业活动形成更大的激励。作为试点的创业投资引导基金在苏州、北京中关村、上海张江等地的成功设立，为我国创业投资引导机制的拓展积累了宝贵的经验，也为政府支持创业投资产业的发展寻找到了有效的途径。

（四）开辟有效的市场退出渠道

大学生创业者的创业活动是一种风险行为，这种风险投资通常是以谋求高资本回报为目标，在大学生创业者的创业过程结束、进入稳定发展期的时候，投资者就将考虑退出问题。因此，在考虑缓解大学生创业者金融约束的激励政策设计中，应该重视投资者退出途径的问题。

从当前国内外的情况看，创业活动投资的退出方式，主要包括创业者的回购、其他投资者的并购等，这就涉及多样化的市场建设问题。我国目前对柜台交易市场和创业板市场的需求尤为迫切，因而，从发展以创业激励为核心的金融支持体系角度考虑，大力推进资本市场建设、推动创业企业进入资本市场是公共政策改进的一个重点。

二、构建以放松规制为内容的激励政策

构建以放松规制为内容的激励政策，可从以下两点入手。

（一）降低创业过程中规制所引发的成本负担

大学生创业者的创业活动成本较多由政府规制、行政性壁垒所引发，公共政策的激励出发点就应该更多基于创业活动的预期收益方面考虑，降低整个创业过程中的成本。因此，激励政策或优惠政策中应更多包含放松规制的成分，以放松规制、降低壁垒为内容进行公共政策设计，措施的范围则应该更广并更具综合性，将税收减免、简化注册流程、降低登记费用和减少行政审批等结合起来，在法律规定的行政许可范围内使创业企业的负担最小化。

（二） 以其他领域规制的放松为配套

大学生创业者的创业活动本质上是一种市场行为，涉及更多的方面。对于规制的关注点不能只集中于大学生创业者创业活动本身，还应该关注其他领域的规制问题。因此，在降低针对大学生创业者创业过程本身壁垒的同时，还应该改革其他领域的规制举措。在现有研究中，探讨较多的是降低市场准入门槛，以扩展社会个体发现市场机会的空间，减少对劳动力市场的干预，放松对金融体系的严格限制等，以形成对大学生创业活动共同激励的局面。

第十三章 从创新到创业

创新和创业，是我国未来经济持续健康发展的希望。如今，"大众创业、万众创新"已经上升为国家战略，政府简政放权、减免小微企业税费，1元就可以注册公司。在时下，创新和创业不是口号和标语，而是一个充斥无数烦琐细节的过程。互联网时代的创新，绝不仅仅是产业的迭代和产品的更新。对于满怀斗志的大学生创业者而言，从创新到创业，更应多几分反复的印证和冷静的省思。本章就大学生创新与创业的必然结合、创新与创业结合的两个基本模式展开阐述。

第一节 大学生创新与创业的必然结合

一、大学生创新与创业结合的必要性

在金融危机和高校不断扩招的背景之下，大学生的就业问题日益凸显。党和国家及相关教育部门、各地方政府及各高校都在努力搭建就业平台，先后出台了很多关于大学生就业的政策及措施，以促进大学生就业问题的解决。但是，大学生就业仍然很艰难。这主要还是大学生在就业问题上缺乏一种创新精神，如果把"就业"改为"创业"，那就可以把就业的路子拓宽一点。也就是说，要从根本上解决大学生就业的难题，就是要提高高校人才培养质量，增强学生就业特别是创新、创业的能力。大学生是国家的未来和希望，青春、创新无疑是大学生身上最亮的闪光点。将创新与创业结合起来至关重要，而其必要性主要体现在以下三方面。

（一）创新与创业的结合是应对金融危机、推动经济发展的需要

要继续保持经济社会又好又快的发展，应对金融危机，特别需要尽快转变经济发展方式，加快创新型国家建设，特别需要鼓励、支持全民创新、创业，推动经济实现新的发展。作为高知识群体，大学生有着创新、创业的良好的内在基础和条件，能够在全民创业中起到很好的引领和带头作用。但是一直以来，我国大学生创业率、成功率都很低。

创新是一个民族进步的灵魂，是一个国家兴旺发达的不竭动力。一个拥有创新能力

和大量高素质人力资源的国家，将具备发展知识经济的巨大潜力。21 世纪的竞争是经济和综合国力的竞争，但归根到底是高素质人才的竞争。高校是人才培养的摇篮，大力培养大学生的创新、创业能力是建立高校创新体系的关键性环节和基础性内容，能有效地支持和推动国家创新体系的建立，对建设创新型国家也会起到积极的作用。

（二）创新与创业的结合是创新就业机会、促进大学生就业的需要

结构性就业问题正成为我国经济新常态下的最为突出的特征。主要表现为：东南沿海地区的"民工荒"突出、全国范围的"技工荒"明显、大学生结构性就业问题凸显、工匠型人才严重不足。

中国人力资源市场信息监测中心对全国 101 个城市的公共就业服务机构市场供求信息分析显示，一季度大学（本科）教育程度的求人倍率为 0.96，低于 1 的均衡水平，说明市场上出现供大于求的情况。在供给持续高企而有效需求不足的情况下，毕业生就业的结构性失衡也更加突出。与此同时，大学毕业生的预期与市场需求也存在结构性失衡。人力资源和社会保障部调查显示，一季度高校毕业生最希望去的工作岗位多集中在管理岗位和技术岗位；但从企业需求看，多数企业需要生产岗位和销售岗位。另外，在当前经济条件下，企业更趋向于选聘具有工作经验的熟练人员，这对应届毕业生来说无疑是雪上加霜。面对严峻的就业形势和巨大的就业压力，作为大学生，必须更新就业思路，转变就业观念，主动进行自主创业，由单纯的就业者成为职业岗位的创造者，实现以创业带动就业。

（二）创新与创业的结合是促进大学生成长成才、实现人生价值的需要

大学生不仅要学习和掌握扎实的科学理论知识，还要有创新思维和创业意识，勇于投身社会主义现代化建设事业的伟大实践，在创业中成就事业，在创业中成长成才。大学生一踏进大学校园，就在规划着大学生涯；大学生一毕业，就开始规划人生蓝图。

创新与创业的结合，符合大学生成长成才的需要，有利于帮助大学生更新就业思路，转变就业观念，强化创业意识；有利于帮助大学生掌握创业方法，养成克服困难、承担风险的意志；有利于帮助大学生积累实践经验，增强实践能力，增长实践本领。随着一系列鼓励就业、创业政策的出台，富有创新精神的大学生将在人生事业的征途上创造辉煌的业绩，实现自己的人生价值。大学生积极创新，勇于创业，在创业中实现自我价值，是当代国家社会所支持的。

二、大学生创新和创业的有效结合

要将创新和创业有效地结合起来，可从以下两个方面入手。

（一）以项目和社团为载体，整合各种社会资源，增强创新意识和创业精神

创新意识和创业精神是形成和推动创业行为的内驱力，是产生创业行为的前提和基础。

要适应新时代的要求，大学生必须强化自身的创新意识和创业精神。学习大学生中涌现出的自主创业的先进典型，增强创新、创业的信心和勇气；将第一课堂与第二课堂结合起来，创新性地投身于各种社会实践活动和社会公益活动中；加入创业社团，通过创业沙龙、创业技能技巧大赛等活动锻炼提升自己。

（二）培养创新创业品质，注重团队

创业品质有着丰富的内涵，包括敢于竞争、敢于冒险的精神，脚踏实地、勤奋求实的务实态度，锲而不舍、坚定执着的顽强意志，不畏艰难、艰苦创业的心理准备，良好的心态和自控能力、团队精神与协作意识等多方面的品质。

单枪匹马创业，其成功率非常低，创业需要组建起自己的团队。一个精诚团结、各方面都能起互补作用的团队，才能实现 $1+1>2$ 的效果，才能保证创业的成功。

第二节　创新与创业结合的两个基本模式

一、知识创新与知本创业

在以知识为基础的知识经济社会，知识成为经济发展最活跃的要素，知识创新成为经济发展的不竭动力，人力资本高度集中的知识型企业大量出现。依靠智力创新成果，创办知识型企业，创新和销售知识产品，为客户提供个性化的、知识化的服务，是当今知识经济时代的一种新趋势。

（一）科学研究的过程

创新知识，探索未知，离不开科学研究，科学研究是人类为认识客观事物的内在本质和运动规律而进行的调研、实验、总结，以及应用知识从事发明创造，进行创造性劳动的一系列活动。一个完整的科学研究过程，一般要经历选择课题、方案构思、实验研究这三个基本阶段。

1. 选择课题

一切科学研究活动都是从选择课题开始的。选择课题决定着研究的具体方向和目标，直接关系创造的效果、效益甚至成败。选择课题应遵循需要性、可能性和相对最优三项原则。

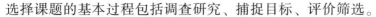

选择课题的基本过程包括调查研究、捕捉目标、评价筛选。

（1）调查研究

即调查社会需要，包括生产、生活和技术本身的需要。在思考分析中找出可能构成目标的问题，再围绕这些问题，进一步广泛收集尽可能多的信息，使针对问题的某些模糊设想逐渐明朗。

（2）捕捉目标

运用研究者敏锐的观察力、积极的态度和知识经验，并借助良好的方法、技巧，捕捉到科学研究课题。

（3）评价筛选

按照选题依据、实施条件和后果预计三项准则对选题进行筛选。

2．方案构思

方案构思是科学研究过程中的实质性攻关阶段。在这个阶段，研究者的头脑处于最激烈、最紧张的冥思苦想状态，是渐变与突变的辩证统一过程。方案的优劣直接影响创造发明的质量与水平，是对创造者才能的真正检验。

方案构思的基本过程包括调研、搜集资料，思考酝酿，产生创造性设想，构思建立模型。

（1）调研、搜集资料

其目的是掌握有关课题的信息，了解国内外对这一课题的研究进展情况。

（2）思考酝酿

是在占有大量与课题有关的情报信息和专业知识的基础上，运用创造性思维方法进行的深层次思考。

（3）产生创造性设想

围绕一个目标进行持久不懈的多方位观察，学习消化有关知识，加工处理有关资料，经反复思考酝酿，在头脑中灌输和储存大量与研究目标有直接或间接联系的信息。

（4）构思建立模型

模型包括数学模型、物理模型、几何模型、结构模型和工艺模型等。

3．实验研究

实践是检验真理的唯一标准。在提出技术方案后，要通过科学实验和样品试制，验证新技术方法和新产品发明的方案构思的正确性。

实验研究首先是观察，可以在人为条件控制下对实验对象进行科学观察，或者在研究对象通常所处的环境下进行科学考察；其次是确定实验方法。实验方法按照实验的步骤分为预备性实验、决断性实验和正式实验。预备性实验是一种小规模的预试，以决定是否值得在更大范围和规模中进行实验；决断性实验是指从总的方面做一些实验，以检验假设是否正确，然后再分细节检查，而不是一下子全面铺开；正式实验是在预备实验或决断性实验的基础上经过周密设计后进行的实验。

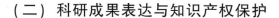

（二）科研成果表达与知识产权保护

科研成果形式多样，不仅有论文、书刊、专利，还有电子作品、软件等，作为智力成果，成为一个企业取得竞争优势的核心要素。智力成果作为一种财产权，很多国家以法律的形式进行保护，随着智力成果形式的多样化，智力成果保护的法律体系也在不断完善。

1. 科技论文与著作撰写

科技论文和著作是科学研究成果的重要表达形式。一部好的著作，一篇好的论文，必须具备以下条件：一是逻辑上的一致性。前后概念和观点等都应协调一致。二是对以往理论的概括性。论文或专著中所提出的见解或理论，要对以往理论所能解释的事实都能概括解释，并具有抽象性和简单性。三是能提出自己独立的、经过充分论证的新见解。四是科学的严谨性。作为一篇好的论文或专著，其科学内容包括公式、计算数据、引用资料和实验等，要反复认真推敲，做到精益求精。五是形式的优美性。论文、专著的文字、图示和表格等要符合美学原则。前面的摘要、后面的结论、参考文献、人名和概念索引都不能有遗漏或差错。

2. 专利申请与知识产权保护

（1）专利制度

专利制度作为利用法律和经济手段保障和推动知识创新、技术创新和科技进步的知识产权制度，是运用法律手段保护发明创造者的合法权益，促进知识产品的合理流动和技术成果转化、规范知识产权在市场经济中有序流动的重要制度。法律保护和技术公开是专利制度的两大基本功能。以出版专利文献的形式实现发明创造向社会的公开和传播是专利制度走向成熟的最显著特征。

（2）专利申请

规范申请专利既可以保护发明人和专利申请人的发明创造成果，防止科研成果流失，取得应有的经济和社会效益，同时也利于科技成果的推广应用，从而促进科技进步和经济发展。人们可以通过申请专利的方式占据新技术及其产品的市场空间，通过生产销售专利产品、转让专利技术、专利入股等方式获得相应的经济利益。专利申请一旦得到批准，专利权将归专利申请人而不是发明人，所以，专利申请权成为取得专利权的前提。《中华人民共和国专利法》规定的发明人或者设计人，是指对发明创造的实质性特点做出创造性贡献的人。《中华人民共和国专利法》第6条规定：执行本单位的任务或者主要是利用本单位的物质技术条件所完成的发明创造为职务发明。职务发明创造申请专利的权利属于该单位。非职务发明创造，申请专利的权利属于发明人或设计人。

（3）专利权的法律保护

专利权的法律保护必须具备一定的条件，它包括形式条件和实质条件。

形式条件：该专利必须属于一项有效专利。拿到了专利申请号或发明专利初审合格进行公布，在没有取得专利权之前不能成为有效专利，不会真正受到法律保护。

实质条件：专利权的法律保护以什么为总原则。《中华人民共和国专利法》第59条规定：发明或者实用新型专利权的保护范围以其权利要求的内容为准，说明书及附图可以用于解释权利要求的内容。外观设计专利权的保护范围以表示在图片或者照片中的该产品的外观设计为准。

根据《中华人民共和国专利法》的规定，在确定专利权的保护范围时，应当以权利要求书中记载的技术内容为准。当权利要求书中给出的内容不明确或不准确时，可结合说明书和说明书附图进行综合判断。

（三）知识产业的发展与知识型企业经营管理

知识产业是随着经济知识化、网络化、虚拟化等特征的出现而产生和发展起来的新兴产业。作为知识经济社会的基本细胞和经济主体的企业，特别是从事知识生产和销售的知识型企业，必须转变传统管理观念，提高自主创新能力和水平，实施适应知识型企业发展的经营管理模式。知识型企业的经营管理，包括供应链管理、客户管理和项目管理等。

1. 知识型企业的经营管理理念

知识型企业的经营理念有别于传统经济领域里的企业，必须确立符合知识产品的创新、生产、消费与共享的特点。具体而言，主要表现在以下三个方面。

（1）为顾客创造价值

网络时代，互联网为顾客与企业之间、企业与企业之间构筑了一个平等交互环境，人们在一个极为广阔的虚拟市场中寻求满足需求的最佳模式和路径，其消费理念由传统的"产品购买者"转向"需求满足者"，正在向"价值实现者"转变。传统意义上的满足需求已无法从根本上解决企业的营销问题，这决定了知识型企业必须奉行为顾客创造价值的经营理念。

（2）协同竞争

合作与竞争对立统一，但经济的全球化、企业的信息化正在改变着竞争的性质。企业的竞争正进入利益共享的合作竞争，即协同竞争的时代。企业孤立经营的传统格局被打破，企业与企业、企业与顾客、企业与其他相关群体的相互作用和相互影响日益密切，进入了从孤立生产向协作经营、从独立发展向互联合作的大转变。

（3）内外部经营协调

随着信息技术和电子商务的发展，知识型企业成为一个由各种职能或各个部门组成的有机整体，企业系统的各组成部分只有保持高度的协调，才能高效运转。

2. 知识型企业的供应链管理

当今社会，客户拥有了越来越大的权利。企业竞争优势的取得，不仅要注重企业内部管理，更要关注企业整个供应链间的管理。供应链管理包括：供应链组织结构设计，如供应商、制造商、经销商、用户的选择；信息网络设计，需求预测、计划，生产计划和物流、资金流、信息流管理等。随着信息技术的发展与管理思维的创新，供应链管理正成为知识型企业赢得竞争优势的重要源泉。

知识型企业的供应链管理应具备以下特点。

（1）柔性化

为满足市场多样性需求，提高服务水平，知识型企业的供应链管理呈现出柔性化的供应链管理组织形式。提高知识型企业供应链的柔性即灵活性，需要 Internet 信息技术支持，以加速市场信息在链中的反馈速度。

（2）集成化

知识型企业的供应链是将链中的企业加以集成，使链中企业资源能够共享，以获得优势互补的整体效益。供应链集成包括信息集成、物资集成、管理集成等，因此需要形成信息中心和管理中心。

（3）协调性

知识型企业的供应链是不同企业独立的利益个体之间的集成，所以供应链的协调特别是利益协调和管理协调更加重要。

（4）增值性

知识型企业的供应链是物流链、信息链，同时也是一条增值链。供应链中每一个环节都必须是价值增值的，非价值增值过程不仅增加了供应链管理的成本，而且降低了供应链的柔性。

3. 知识型企业的客户关系管理

供应链管理将企业的各项职能有机地整合在一起，供应链存在的目的在于为顾客创造最大的价值。客户是企业利润的源泉。因此，客户服务、客户关系管理居于十分重要的地位。客户关系管理可以通过与客户沟通与交流，建立客户档案，从中获得大量针对性强、具体的有价值的市场信息，包括需求变动、潜在用户等，将其作为企业各种经营决策的重要依据。良好的客户管理有助于加强相互了解和信任，缩短交易成本和时间。客户关系管理的出现表明了企业管理的视角从"内视型"向"外视型"的转换。

为赢得顾客的高度满意，建立与客户的长期合作关系，在客户管理中应做好以下几方面的工作。

（1）顾客分析

分析谁是企业的顾客和顾客的基本类型，了解个人购买者、中间商和制造商客户的购买行为和需求特征，分析顾客差异对企业利润的影响等。

（2）对顾客的承诺

企业通过做出某种承诺，尽可能降低顾客的购物风险，以达到最好的购买效果。

（3）客户信息交流

从本质上说，客户管理活动就是与客户交流信息的过程，通过交流实现双方的互相联系、互相影响，有效的信息交流是建立和保持企业与客户良好关系的重要途径。

（4）以关系留住客户

为客户所想，为客户提供增值服务，与客户建立和保持长期稳定关系，才能取得顾客的信任；保持企业与客户的长期友好关系，留住客户。

（5）客户反馈管理

投诉是客户反馈的主要途径，及时有效地处理客户的意见和投诉，对消除顾客不满、维护客户利益、赢得顾客信任具有重要意义。

4. 知识型项目管理

项目可看成是新企业、新产品、新工程、新系统和新技术的总称。知识经济时代，项目管理正成为社会管理和企业管理现代化的重要内容，以项目为主导，按项目进行管理整个企业成为知识型企业管理的一个新亮点。尽管每个项目的内部千差万别，但每个项目都有一个明确的预期目标，涉及许多不同的专业领域和部门，有明确的资源预算，对各项工作也有严格的时间期限。

知识型企业处于高速发展并以项目为主导的环境中，所面对的不仅仅是几个大型项目，而是众多不断发生和进行的项目，总是需要努力满足不断变化的市场需求，需要考虑实施新的管理方法，即在知识型企业中需要进行知识型项目管理，其对象主要是知识型项目，如知识创新、知识产品的生产和销售等。

知识型项目是创新性劳动的载体，因此，知识型项目管理具有四个特征：一是复杂性、综合性。知识型项目技术含量高，涉及知识创新、智力资源的管理。二是广泛的风险。知识型项目是一个探索过程，不确定性因素多，投入大、风险大。三是超常的经济效益。一旦知识型企业在某一领域获得成功，占据了领先地位，并能不断进行知识创新保持领先，就有可能在该产业领域占有垄断地位，显示出超常的经济效益。四是更高的运行效率。知识型项目管理运作的部门之间围绕项目组成团队，对产品开发、财务预算、客户关系、合同管理以及后勤行政部门等项目都有深入了解，各部门间相互协调、整体联动，形成更高的运行效率。

从项目管理的观点看，企业业务往往是一种多项目的组合，所有项目构成企业的业务并支持企业的发展。知识型项目的管理更依赖于人的智力和创新能力。因此，知识型项目，强调的是人本管理和目标管理，而不是过程管理。

二、技术创新与创业

知识经济时代由知识创新引发的技术创新，给大学生创业带来无限机遇和挑战。从技术创新与创业的关系来看，技术创新既可以为增加创业机会、提升创业质量起到促进作用，同时创业者也只有通过持续的技术创新，才能使所创立的企业得以生存、发展并保持持久的生命力。随着创新日益成为经济社会发展的主要驱动力和国家竞争力的核心要素，运用所学专业、技术和能力进行技术创业，必将成为大学生创业的主要形式。

（一）技术创新能力与技术竞争力

技术创新能力是指企业或创业者依靠新技术推动自身发展的能力。发展企业或创业者的技术创新能力，需要不断适应经营环境的发展变化，在对自身进行总体、长远谋划的基础上制定技术发展战略，以指导技术竞争力的不断增强。企业或创业者的整体技术水平、对创新的资源投入能力、研究开发能力、创新管理能力、营销能力共同决定技术创新能力水平的高低。

技术竞争力是指企业或创业者输出技术商品和凝聚在产品中的多种技术的竞争能力。技术竞争力一般由技术的直接竞争力、间接竞争力和核心竞争力三个层面构成。

技术的直接竞争力是技术或产品在市场竞争中诱发用户购买动机，决定用户购买行为的实力。

技术的间接竞争力是决定技术直接竞争力的基础，主要包括研究开发能力、引进消化吸收能力，以及由两者汇集形成的生产制造能力和工艺水平等。

技术的核心竞争力主要是指企业或创业者拥有的自主知识产权和高端人才，由技术活件（人才）、技术硬件（装备）和技术软件等组成。

由于原有技术基础水平不同，各种类型的企业和创业者可在市场竞争与技术发展中选择实施不同的战略，主要有领先型技术战略、独特型技术战略、模仿型技术战略、从属型技术战略、机会型技术战略、跃进式技术战略，各自的适用范围不同。

（二）技术创业

技术创业是指创业者运用技术创新成果创办新企业的过程。高新技术产品具有技术含量高、产品附加值高等特点，因此技术创业往往意味着巨大的利润空间。但是，技术创业企业往往持有的是一项创新技术，推出的是一种全新产品，面对的是一个崭新市场，因此在技术的成熟度、可靠性、产品的市场需求方面都可能存在不确定性。为此，在技术创业过程中加强对技术项目的评价、选择和可行性研究，将直接关系技术创业的成败。

1. 技术项目的评价与选择

（1）技术评价

技术评价是指在进行技术开发和应用时，预先从各方面研究技术带来的影响，并对其利弊得失做出的综合评价。技术评价的内容主要包括技术开发的迫切性与重要性，技术的先进性与适用性，技术的可靠性与连锁效应，技术的研究开发周期与成功概率，技术与国家政策、法律、规划的一致性以及危害性，技术的效益与代价。

（2）技术选择

技术选择是创业者为实现一定的经济技术与社会目标，以技术项目评价的结论为依据，对多种技术路线、技术方针、技术措施和技术方案进行比较优选的过程。技术选择着重应把握好行业定位、市场定位、技术定位。其中，技术定位是指对技术类型和技术

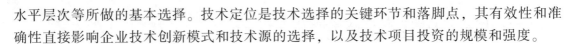

水平层次等所做的基本选择。技术定位是技术选择的关键环节和落脚点，其有效性和准确性直接影响企业技术创新模式和技术源的选择，以及技术项目投资的规模和强度。

2. 技术项目可行性研究

通常来讲，一个项目从提出到完成都要经历若干工作阶段，这些阶段相互联系并按一定程序进行，构成一个项目的进展周期。项目周期各阶段工作的主要内容包括项目机会研究、项目初步可行性研究、项目可行性研究、项目评估与决策、项目实施、项目的投产经营、项目的总结评价。在项目发展周期中，机会研究、初步可行性研究和可行性研究合在一起，被统称为项目的可行性研究时期。基础资料的占有程度、研究深度和对可靠程度的要求不同，可行性研究各阶段工作的性质、内容和投资成本估算精度以及工作时间和费用等各不相同。需要说明的是，可行性研究各阶段工作的内容顺次由浅入深，工作量由小到大，估算精度由粗到细，因此研究工作所需时间和费用也逐渐增加，也可以根据项目的规模、性质、要求和复杂程度不同，进行适当调整与简化。

3. 技术创业与成果转化

（1）成果转化的途径与方法

技术创新成果转化的途径和方法主要有两种：一是技术许可路径。这意味着技术拥有者先申请专利，而后主要通过技术许可的方式获取技术的经济效益。二是创业路径。这意味着技术拥有者通过直接创建企业创造经济效益。虽然技术创业风险较大，但因为技术创业带来的回报通常比技术许可带来的回报更大，因此创业路径可能成为更有效的创新成果转化模式。

（2）技术创业公共服务平台建设

现代信息技术的发展为促进科技创新、推动科技创新成果的转化和技术创业，提供了极大的便利条件。以国家科技基础条件平台中心在长三角的重要节点——上海研发公共服务平台的建设为例，科技创新公共服务平台主要由科学数据共享、科技文献服务、仪器设施共用、资源条件保障、专业技术服务、行业检测服务、试验基地协作、技术转移服务和创业孵化服务九大功能系统构成，它不仅服务于科技创新的上游（科学研究）和中游（技术开发），还延伸至下游（技术转移和创业孵化）。作为科技创新公共服务平台的重要组成部分，创业孵化服务系统的建设可帮助企业降低创业风险和创业成本，促进科技成果转化，为产业结构调整与经济发展提供活力和动力。

参 考 文 献

[1] 卫晓怡，吴芹. 大学生创新创业实践简明教程 [M]. 北京：首都经济贸易大学出版社，2017.

[2] 苏华. 大学生创新创业探索与实践 [M]. 北京：北京理工大学出版社，2018.

[3] 谢艳. 大学生创新创业思维导论与实践 [M]. 长春：吉林大学出版社，2018.

[4] 伍媛婷. 大学生创新创业项目理论指导与实践 [M]. 西安：西北工业大学出版社，2018.

[5] 张成龙. "设计＋"艺术类大学生创新创业理论与实践 [M]. 长春：东北师范大学出版社，2018.

[6] 傅安洲. 大学生创新创业教育的理论与实践 [M]. 武汉：中国地质大学出版社，2018.

[7] 杨青山. 基于"两个融合"的大学生创新创业综合实践基地建设与实践研究 [M]. 桂林：广西师范大学出版社，2017.

[8] 徐稳. 创业创新实践2014年度大学生创新创业训练计划项目报告 [M]. 济南：山东人民出版社，2016.

[9] 郭辉，李英，徐海峰. 大学生创新创业实践 [M]. 北京：经济科学出版社，2018.

[10] 郑炳章. 创业计划及其竞赛的研究、应对与启示大学生创新创业教育的探索与实践 [M]. 北京：中国大地出版社，2017.

[11] 赵希文. 大学生创新创业实践导论 [M]. 哈尔滨：哈尔滨工业大学出版社，2019.

[12] 毛志斌. 大学生创新创业实践教程 [M]. 北京：人民邮电出版社，2019.

[13] 刘建中. 大学生创新创业基础与实践 [M]. 上海：上海交通大学出版社，2019.

[14] 吴小平. 大学生创新创业实践教育 [M]. 吉林出版集团股份有限公司，2019.

[15] 康海燕. "互联网＋"大学生创新创业实践教程 [M]. 北京：北京邮电大学出版社，2019.

[16] 孟凡琦. 大学生创新创业指导与实践 [M]. 北京：九州出版社，2018.

[17] 刘海滨. 大学生创新创业实践教程 [M]. 上海：上海交通大学出版社，2017.

[18] 孙跃东，宇振盛，朱坚民. 大学生创新与创业实践教程 [M]. 北京：九州出

版社，2017.

［19］赖先志，郑栋之. 大学生创新创业实践指导教程 ［M］. 上海：上海交通大学出版社，2017.

［20］牛得学. 机电类大学生创新创业实践与指导 ［M］. 西安：西北工业大学出版社，2017.

［21］熊维娟. 应用型人才培养视阈下的大学生创新创业实践能力培养研究 ［M］. 延吉：延边大学出版社，2020.

［22］张华荣. 基础类课程规划教材高等教育大学生创新创业实践课程 ［M］. 大连：大连理工大学出版社，2019.

［23］王博. 新时代背景下财经类大学生创新创业实践指导 ［M］. 北京：中国商务出版社，2018.

［24］雷霖，江永亨. 大学生创新与创业实践丛书尝试创业 ［M］. 长沙：中南大学出版社，2018.